规则与规训
现代大学知识场域的运行逻辑

陈 乐

·上海·

图书在版编目(CIP)数据

规则与规训：现代大学知识场域的运行逻辑 / 陈乐著. -- 上海：同济大学出版社，2025.5
ISBN 978-7-5765-0624-2

Ⅰ.①规… Ⅱ.①陈… Ⅲ.①高等学校-学校管理-研究 Ⅳ.①G647

中国国家版本馆 CIP 数据核字(2023)第 202238 号

规则与规训：现代大学知识场域的运行逻辑
陈 乐 著

| **责任编辑** 孙铭蔚 | **责任校对** 徐逢乔 | **封面设计** 陈益平 |

出版发行	同济大学出版社　www.tongjipress.com.cn (地址：上海市四平路 1239 号　邮编：200092 电话：021-65985622)
经　　销	全国各地新华书店、网络书店
排版制作	南京展望文化发展有限公司
印　　刷	上海新华印刷有限公司
开　　本	787 mm×1092 mm　1/32
印　　张	12.375
字　　数	228 000
版　　次	2025 年 5 月第 1 版
印　　次	2025 年 5 月第 1 次印刷
书　　号	ISBN 978-7-5765-0624-2
定　　价	68.00 元

本书若有印装质量问题，请向本社发行部调换　　版权所有　侵权必究

精细且严密的奖励与惩罚机制,使规则与规训系统得以具体且实在地施展下去。相比于惩罚,奖励是一种更为高效也更为可怕的规训机制。惩罚或者可能的惩罚,会引起人们的畏惧,从而使人尽可能地避免它、远离它。在一定程度上,人们只要不去触碰会引起惩罚的事物,就可以避免它。然而,奖励或者可能的奖励,其威力在于,它不是让人感到畏惧而避免和远离,而是诱惑人自觉地向它靠近,人们调动自身的一切能力和潜力去接近它,最终全方位地成为它的俘虏。与惩罚类似,奖励可能以各种不同的形式呈现它的面貌,无论是否获得了奖励,奖励对于那些对它感兴趣的人都可能构成某种规训,这种规训隐秘而强大,它的力量可能超出了被规训者自身的想象。在大学里,这种奖励无处不在。

前　言

现代大学是一个复杂组织，其运行的背后蕴藏着深层的逻辑，"知识场域"是探究现代大学运行逻辑的一个重要视角。现代大学通过一系列制度化规则筛选出特定的知识人，知识人围绕知识资本和知识权力等要素在大学知识场域中上演着一系列排斥与争夺，知识人之间既存在关联也存在区隔。制度化的筛选规则表面上是对个体所展示出来的知识产品的考量，实质上是通过对知识产品的考量从而隐匿性地筛选出匹配知识劳动与知识生活的知识惯习。在知识场域以及知识游戏、知识劳动和知识生活中长期存在会进一步塑造和强化知识人的知识惯习，使之与知识场域达至更深的适配；这种适配使知识人在知识场域中体验到某种契合感，从而深化其在知识场域中的存在，抑或使其与知识场域之间构筑起一种绑缚；这种适配、契合与绑缚可能会驱动或强化知识人入场与在场的倾向性而抑制或弱化其退离知识场域的倾向性,从而使之被知识场域深深"套牢"。大学为知识人及其知识劳动与知识生活提供了一个"庇护空间",在这个"庇护空间"当中营造着某种特殊的环境与氛围,它既是"温室"也是"牢笼"。知识是大学知识场域中的一种核心资本,知识资本就像"货币"一样可以在知识场域中换取其他"物品",于是,吸引着知识人投身于知识场域中的知识劳动与知识游戏并奋力争夺游戏赏品。在知识劳动中生产知识产品,是知识人参与知识游戏并争夺游戏赏品的基础和前提。作为某种"幻象",知识人在知识游戏中的在场既已表明他们对游戏和赏品的兴趣;当他们参与游戏、在游戏中在场时,他们便成为"游戏者"。某种程度上,游戏中没有"人",只有"游戏者";知识游戏中没有"知识人",只有"知识游戏者"。现代大学通过布设名目繁多的知识游戏、设计精细且严密的游戏规则、搭配丰厚且诱人的赏品、营造高度竞争性的环境,从而吸引着、激励着、驱动着、鞭策着知识人不断投身于知识劳动并不断生产知识产品,以寻求在大学里的存在与生存。在大学的制度情境与规则情境中寻求存在与生存,知识人需要遵循知识游戏的游戏规则去施展自身的行动策略,在这个过程中,知识人或能获得知识游戏的游戏赏品,同时也或将自身导向规则所鼓励的方向、将自身打造为规则所奖赏的那种人。于是,大学便隐匿性地对知识人施展了某种规训,这种规训塑造了知识人遵从规则所鼓励和奖赏的方向去施展自身的行动策略的惯习;而且,知识人或有意识或无意识地"配合"了大学对他们的规训,因而这种规训某种程度上也是知识人的"自我规训"。当知识人进入知识场域、参与知识游戏并成为"游戏者"时,便落入了一张巨大、精细且严密的"规训之网"当中,成为某种"笼中之物"和"囊中之物";这张"规训之网"隐蔽且温和,知识人身在其中有时却感知不到它的存在抑或遗忘了它的存在;于是,知识人有时候坦然、安然、欣然地将自身悬在这张"规训之网"当中。现代大学的规则与规训系统既隐蔽又温和、既精细又严密、既灵巧又深刻,它依凭于特定的制度体系与规则体系、特定的奖励与惩罚机制以及特定的游戏与赏品从而具体且实在地运行着;而且,这套规则与规训系统是在大学与知识人之间的"互利"与"合谋"之下建构并运行的;因而,它得以在知识人身上潜移默化、悄无声息、自然顺畅地施展下去,而不会遭遇太多的抵制与反抗;于是,知识人便成为这套规则与规训系统的特定制品。现代大学的规则与规训系统削弱知识人的闲逸性而增强其生产性,从而将"自主的"知识人制造为"有用的"知识劳工。某种程度上,"高产的""有用的"知识劳工在现代大学当中具有超强的合法性存在,而"自主的""闲逸的"知识人的存在空间似乎在不断式微。然而,规则的规训不只是把人制造为规则想要的那种人,有时也可能把人异化为规则所意想不到的人。在某种程度上,现代大学知识场域对知识人的规训或许是一把"双刃剑",这把剑的锋利刃口既可能朝向知识人,也可能反过来朝向大学自身。

从知识场域的视角对现代大学的运行逻辑进行反思性的分析具有某种意义和价值。然而,特定的研究有其局限性,无法全面阐释现代大学的运行逻辑;因而,须结合更多的研究才能获得更充分的理解。

目　　录

前言 ·················· 1

第一章　知识场域：探究现代大学的运行 ········· 1
一、大学的运行 ············· 2
二、大学的隐喻 ············· 7
（一）浪漫的理性："象牙塔"的大学隐喻 ····· 9
（二）功用的价值："服务站"的大学隐喻 ····· 19
（三）多元的城市："才智之都"的大学隐喻
·················· 34
（四）知识的空间："知识场域"的大学隐喻
·················· 39
三、多学科分析············· 62

第二章　游戏空间：作为知识场域的大学 ········ 66
一、场域的理论基础··········· 66
（一）场域 ············· 66

（二）资本 ·················· 74
　　（三）惯习 ·················· 79
二、大学知识场域的内涵·············· 88
　　（一）大学知识场域 ············ 88
　　（二）大学知识资本 ············ 97
　　（三）大学知识惯习 ············ 101
三、大学知识场域的要素·············· 106
　　（一）知识人 ················ 106
　　（二）知识劳工 ·············· 107
　　（三）知识游戏 ·············· 109

第三章　流通货币：大学知识场域的资本 ······ 113
一、知识产品的资本化 ··············· 114
　　（一）交换 ·················· 114
　　（二）再生 ·················· 123
　　（三）确证 ·················· 127
二、知识资本的合法化 ··············· 133
　　（一）效力认可 ·············· 133
　　（二）人为制造 ·············· 140
　　（三）合法边界 ·············· 147
三、知识资本的支配性 ··············· 153
　　（一）认知支配 ·············· 153
　　（二）话语支配 ·············· 162
　　（三）支配边界 ·············· 166

第四章 规则控制：大学知识场域的权力 ………… 170
一、知识资本的权力化 ………… 171
（一）权力属性 ………… 171
（二）权力互动 ………… 177
（三）权力位置 ………… 182

二、知识权力的分散化 ………… 189
（一）权力分散 ………… 189
（二）权力协商 ………… 193
（三）权力结构 ………… 196

三、知识权力的控制性 ………… 199
（一）权力控制 ………… 199
（二）权力游戏 ………… 206
（三）权力暴力 ………… 213

第五章 堡垒构筑：大学知识场域的排斥 ………… 220
一、知识场域中的惯习筛选 ………… 221
（一）惯习筛选 ………… 221
（二）惯习强化 ………… 227
（三）惯习排斥 ………… 230

二、知识场域中的领地镇守 ………… 236
（一）领地镇守 ………… 236
（二）专业强化 ………… 244
（三）知识城堡 ………… 248

三、知识场域中的空间封闭 ………… 254

（一）准入门槛 ………………………… 254
　　（二）无形围墙 ………………………… 257
　　（三）庇护空间 ………………………… 261

第六章　多重博弈：大学知识场域的争夺 ……… 270
　一、知识场域中的显性争夺 ……………… 271
　　（一）显性争夺 ………………………… 271
　　（二）层级结构 ………………………… 277
　　（三）规则公开 ………………………… 281
　二、知识场域中的隐性争夺 ……………… 287
　　（一）隐性争夺 ………………………… 287
　　（二）显隐交互 ………………………… 292
　　（三）群体区隔 ………………………… 295
　三、知识场域中的自我争夺 ……………… 300
　　（一）自我争夺 ………………………… 300
　　（二）自我选择 ………………………… 303
　　（三）自我建构 ………………………… 308

第七章　规则与规训：审视现代大学的运行 ……… 316
　一、奖励与惩罚：现代大学对知识人的规训 …… 317
　二、游戏与幻象：知识场域与知识人的规训 …… 335
　三、人与游戏者："有用性"与知识人的规训 …… 344

参考文献 ……………………………………… 357

第一章
知识场域：探究现代大学的运行

大学的诞生可溯源于中世纪，至今已有近千年的历史，与大学同时代诞生的诸多机构已销声匿迹，大学却跨越了近千年的历史长河而延绵至今并枝繁叶茂，大学之所以能维系这种持久的生命力势必有其特定的原因。时至今日，大学已日益成为社会发展的重要动力，大学之于国家和社会的意义与价值已不容置疑，因而，大学在现代社会获得了超强的合法性存在以及巨大的发展契机。如今，散落在全球各地的大学在类型、层次、规模、实力等方面存在诸多不同，彰显出现代大学作为一种多元化与复杂化机构的存在。然而，在大学多元化与复杂化的表象之下，跨越历史时间与地域空间，古今东西各种能被称为"大学"的机构实际上存在着某些共同的要素，"知识"便是其中之一。知识是大学亘古通今的一个联系纽带，是大学之为大学的一个核心要素，也是大学持续运行的重要缘由。因而，"知识"是理解大学的一个有力抓手。

一、大学的运行

现代大学是一个极具包罗性的组织,它从最初职能相对单一的组织已逐渐演变为集人才培养、科学研究、社会服务等多重职能于一身的复杂组织。尤其是在知识经济时代,知识在为全球经济增长提供动力的过程中促进了自身价值的日益增长,知识的生产、筛选、更新、转化的能力已成为持续性经济增长与生活改善的关键动力(世界银行,2007:7-8)。于是,当大学在知识生产、知识传播、知识转化等方面展示出强大功能之时,其对国家建设和社会发展所具有的意义与价值便赢得了各界的认同,因而大学就不容置疑地获得了在社会中持续存在的超强合法性。国家和社会亦不遗余力地赋予大学一系列"特权"和丰厚的资金,为的是最大限度地挖掘和发挥大学所特有的功能与价值,从而造福国家和社会。现代大学在促进社会发展中所展示出的超强功用为它赢得了资金、荣誉、认可、尊重、合法性以及一系列潜在的机遇和可能性,也使得现代大学被赋予了诸多角色和职责以及更高的期待,同时也使得现代大学的运行变得更为复杂。

有学者指出,大学的存在形式从本质上而言是不同个体聚集起来基于自由求知而构筑成的一个精神空间(刘铁芳,2007)。它的初始形态不过是渴望求知的青年追随有学问的大师求知问学的场所,在相对远离社会喧嚣的地方探究高深知识与终极意义。后来,它广泛而又深层地卷入实用性知识的生产和传播中,接着它又直接开展社会服务,再后来它索性自己也参与创办企业或者直接介入物质生产。在不断增添职能、扩大规模、开拓知识领地的过程中,现代大学被建构成了一个集多重角色与多种功能于一身的复杂组织。它既扮演着知识的发现者、保存者、解释者和传播者等传统角色,同时也扮演着年轻人的机会创造者、新技术和新产品的开发者、政府和企业的合伙人以及公益慈善家等现代角色(Vest,2007:37)。由此看来,当今时代的大学,似乎既是教育机构也是科研机构,既是公益组织也是商业组织,既参与人才培养和知识生产也参与物质生产乃至风险投资。现代大学职能的多元性使得它的运行也日趋复杂化,尤其是处在高速发展、不断变化的现代社会当中,大学与其所处的社会环境联系紧密,大学对不断变化的社会环境所做出的反应也在不断变化,这种变化也将反映在大学的运行逻辑当中。"知识经济""学术资本主义""知识生产模式转型"等时代特征也将在现代大学的运行逻辑中有所体现。从现代社会的诸多特征中可见,深嵌在现代社会中的现代大学的运行逻辑势必不同于古典时代的大学。

那么,作为一个拥有多重角色与多种功能的复杂组织,现代大学的运行逻辑是什么?有学者将大学的运行理解为大学作为一个复杂组织不断整合内部资源与外部资源并协调内部与外部的各种关系和矛盾的系统性过程,大学的各种活动都囊括在大学运行的范畴之中(顾远飞,2010:9)。可见,大学的运行囊括了各种活动以及各种关系(甚至是矛盾、冲突和博弈关系)。本书所指涉的大学运行主要聚焦在大学内部,投身于知识生产(研究)、知识传授(教学)、知识获取(学习)等知识劳动的教师和学生等知识人在大学的一系列知识劳动和知识活动中的一系列互动过程。探究大学的运行逻辑即是要厘清这一系列过程的内在规则、机理、特征与意蕴。"逻辑"一词有多种含义,可以指事物发展的规律、思维的规律或规则、特定的理论或观点(张广荣,赵兰香,刘卉,2013:1)。本书所探讨的"逻辑"主要指涉蕴含在事物背后的规律、规则、机理等要素。有学者强调大学的运行应以教育的逻辑和学术的逻辑为主(龚放,2015),反映了遵循教育和学术的规律与规则对于大学运行的重要性。教育和学术彰显着大学的核心主题,而知识是支撑教育和学术的一个核心元素,知识将是本书对现代大学运行逻辑展开分析的切入点。本书对现代大学运行逻辑的探究,更多是从整体上对现代大学内部的人员、活动、资本、权力等要素之间的互动关系进行分析,主要是从整体上去把握现代大学的运行逻辑,而非在具体层面上对诸如学术权力、行政权力等特定类型的权力及其关系的探讨。概而言之,本书对现代大学运行逻辑的分析,主要是从整体性的层面对现代大学内部的教师和学生等知识人在知识劳动和知识活动当中的互动关系及其背后所隐含的规则、机理与意蕴进行分析和阐释。本书并不试图对现代大学的运行逻辑进行全面的分析,而是着重围绕知识人、知识劳动、知识活动等要素以及其中所隐含的互动关系展开论述。因而,本书实际上是从特定的视角对现代大学的运行逻辑进行分析,而不是对其进行全方位的阐释。实际上,对于现代大学这样的复杂组织,我们很难对其复杂的运行逻辑进行全方位的、事无巨细的分析,从特定视角进行研究虽然可能略失全面性,但或许更易获得某种洞察性。事实上,对大学理念进行历史性的解读表明,现代大学并没有一个单一的本质或理念(Angus,2012)。如今,散落在全球各地的大学在类型、层次、规模、实力等方面存在诸多不同,我们既已认识到现代大学客观存在的多样性与复杂性,那么,从不同的视角(比如,组织的视角、文化的视角等)去理解大学,从不同的层面(比如,人才培养层面、科学研究层面等)去分析大学,或者对不同类型的大学(比如,研究型大学、应用型大学等)进行研究,所观察到的现代大学的运行逻辑势必是有所不同的。因而,本书无意于对现代大学的运行逻辑进行全面的阐释,而是着重从知识的视角去分析,主要论及知识生产(研究)、知识传授(教学)、知识获取(学习)等知识劳动以及诸如学生选拔、教师招聘、职称晋升、学术评奖等各类知识活动。本书所讨论的"现代大学"指的是当下的大学,即我们当下所处的这个时代的大学,但并非指特定的某所大学或某些大学,而是对当下大学的整体性理解;就所论及的大学的内在特征而言,主要体现的是研究型大学,而非囊括所有类型的大学。为了分析现代大学的运行逻辑,本书先从分析大学的内在属性入手,梳理了传统上从"象牙塔""服务站""才智之都"等概念和视角对大学的认知与刻画,从而阐释了大学内在的知识属性,继而从皮埃尔·布迪厄(Pierre Bourdieu)的"场域"和"知识场域"等理论和概念的视角去理解大学,并着重从"知识场域"的视角对现代大学的运行逻辑进行研究和阐释。

从"知识场域"的视角对现代大学的运行逻辑进行研究,一方面,有利于剖析现代大学内部的教师和学生等重要群体围绕知识以及知识生产等要素和活动所展开的互动关系,将知识的属性与场域的复杂互动特征结合起来,从而对现代大学的运行逻辑进行理解和阐释。布迪厄的场域理论所具有的深刻解释性,有助于我们从行动者、知识、资本、权力、位置、惯习、幻象、游戏、规则等要素之间的复杂互动关系中对现代大学的运行逻辑进行阐释,从而拓展我们对现代大学的运行逻辑的理解。另一方面,对现代大学的运行逻辑进行研究,是在实践中建设大学、管理大学、发展大学的重要基础。现代大学处于现代社会当中,其所身处的环境在不断变化着,大学对不断变化的环境的应对在潜移默化地改造大学自身,对现代大学运行逻辑的分析则有助于我们对复杂的现代大学进行理解和把握,有助于我们在不断变化的环境中把握大学发展的前进方向。倘若我们对现代大学的运行逻辑的理解停滞不前,那么,我们或将难以充分把握处在不断变化中的现代大学及其运行逻辑,也将难以对现代大学运行中不断出现又不断变化的现实问题进行诊断和解决。尤其是在"知识经济""学术资本主义""知识生产模式转型"等时代特征之下,现代大学的运行逻辑已与几个世纪前的古典大学具有较大差别,甚至与几十年前的大学也有所不同。因而,我们有必要对置身于现代社会中且面临着诸多巨大变迁的现代大学的运行逻辑进行分析。这些变迁体现在诸如在科技进步与市场化情境中知识生产、知识转化、知识传播等诸多领域所呈现出的新动向与新特征,这些时代特征是此前的大学所未曾面对的,它们对现代大学的运行、改革、发展具有直接且显著的影响。因而,对处于现代社会中的现代大学的运行逻辑进行分析,或能为现代大学的改革与发展提供有价值的启示。而且,现代社会的不断发展变迁以及现代大学自身的不断发展变迁表明,对现代大学的运行逻辑的分析不可能毕其功于一役,而是需要在不同情境中、从不同视角持续不断地对其进行研究和阐释,才能不断更新我们对现代大学运行逻辑的理解,并不断地为大学的改革与发展提供具有时代意义的、鲜活的启示。

二、大学的隐喻

大学是一个持续变革的复杂组织,人们对大学并没有一个确切的、固定的、普适的认知和理解。处在不同的时代、不同的个体、基于不同的价值系统和理论视角去审视大学,可能会建构出对大学的不同理解和不同阐释。而且,对大学这样的复杂性组织进行理解,有时候借由特定的隐喻能够将其特征更加形象地勾勒出来。隐喻是人们形象地感知和解释事物的一种概念工具(徐吉洪,2015),它在一定程度上能够以形象化的方式刻画事物的内外特性(施晓光,2006)。例如,基于"国家是人造的有机体""细胞是工厂""原子是太阳系的缩影"等隐喻(斯坦哈特,2009:6-10),人们可以更形象地认知和理解"国家""细胞""原子"等事物的特征。在对大学的特征进行理解的过程中,人们创造了许多隐喻词来描绘大学。诸如将大学视作"象牙塔""服务站""动力站""知识工厂""学术殿堂"等等(张敬威,平和光,2016),抑或将大学描绘为人才摇篮、科学源泉、社会灯塔、精神家园、社会动力站、知识生长点、科技孵化器等(韩延明,2003:28)。其中,"象牙塔""动力站"等称谓被认为是对大学的经典隐喻(杨天平,刘爱生,2009)。

然而,不同时代的不同个体从不同视角去理解大学有可能赋予大学不同的隐喻。因而,有关大学的隐喻并非一成不变的,而是处于流变状态之中的。大学隐喻的流变正反映出不同时代大学的不同精神内涵,并勾勒出大学发展演进的脉络,同时也反映出不同时代的人们对大学的不同认知方式和不同的价值判断(张敬威,平和光,2016)。实际上,"象牙塔""服务站""才智之都"等描绘大学的概念映射着大学职能与结构演变的历程,代表着不同时代、不同个体、不同视角的大学解读,体现出大学隐喻的差异与流变及其与大学自身的发展和演变的某种契合。这一系列大学隐喻勾勒出了大学多重职能与复杂结构的特征,为我们理解大学提供了基础。不过,没有哪一种大学隐喻是完美无缺的,也没有哪一种大学隐喻是对大学进行的一种全面的、彻底的、普适的解读。每一种大学隐喻都是对大学的某种理解或者是对大学某个侧面的理解,因而,从不同的隐喻去理解大学所构建的对大学运行逻辑的阐释也可能会有所不同。

(一)浪漫的理性:"象牙塔"的大学隐喻

"象牙塔"一词早已有之,19世纪法国文艺批评家奥古斯丁批评有的人忽视社会现实悲惨与丑恶的生活而隐于其理想中的美满之境——"象牙塔",后来,"象牙塔"一词被用以借指文学家与艺术家脱离现实生活的小天地,即一种与世隔绝的世外桃源(转引自:蔡先金,2007)。某种程度上,在大学诞生之后的几个世纪里,古典形态的大学具有远离现实社会、崇尚独立自治与自由探究的精神传统和价值取向,与"象牙塔"具有某些神似性与契合性,因而,"象牙塔"的大学隐喻广为人们所接受便是容易理解的事了。实际上,在对大学的诸多隐喻概念中,"象牙塔"是被人们普遍接受的经典隐喻之一,"象牙塔"这一隐喻形象地勾勒出具有某种文化保守性的传统大学的外部特征与内在精神(施晓光,2006)。在某种程度上,传统大学的风格和气质与象牙塔精神所存在的某种契合性使得人们可以从象牙塔的精神特征中形象地把握大学的内在性质。

象牙塔精神内嵌着纯洁典雅与高贵神圣之含义,一方面,"象牙"象征着洁白、高贵、神圣等品性,另一方面,"塔"则附着了内敛性与神秘性的文化内涵(吴松,2002)。因而,以"象牙塔"来隐喻大学喻示着大学是一个探究高深学问、追求真理的具有一定崇高性和神圣性的精神殿堂(蔡先金,2007)。这种崇高的精神殿堂在一定程度上疏离于喧嚣的社会而独处一隅,以避免高深学问的探究活动遭受过多的干扰。隐于"象牙塔"之中的学者们反感外界的干扰,竭力将大学塑造为知识群体的"精神家园"和"学术堡垒"(施晓光,2006)。因而,作为"象牙塔"的大学的内在精神表现在以知识为目的的学术取向,将探究高深学问作为一种生活方式、个人品质与存在形式,恪守"为真理而真理"的价值原则(吴松,2002)。在纯粹的"象牙塔"中,学者群体对理性的崇尚胜过金钱,并与现实社会保持一定的距离,沉浸于理性的思考和反思之中,正是出于这些高贵与神圣的精神品性,大学才能被称为"以理智为基石的国家神殿"(吴松,2002)。因而,作为"象牙塔"的大学是一座理性的堡垒,理性是"象牙塔"的价值追求(丁亚金,2009)。在理性的支配与主导下,大学独立于外部力量的左右而沉浸在对真理和高深知识的自由探究之中,并坚守着自身的独立个性(柯佑祥,2008)。实际上,大学探索知识的理性与神圣性,以及作为"象牙塔"的大学的高贵性与纯洁性建基于其独立性,独立性是大学塑造象牙塔精神的前提,否则,大学只能是外部组织与外在力量的附庸(钟大鹏,张艳红,2010)。这种独立性折射出内在于大学的保守性和审慎性,理想中的大学正是独立地遵循自身特有的规律而发展的机体,并固守在"象牙塔"内进行纯粹的、不受外在社会直接影响的知识探究(丁亚金,2009)。很长时间以来,学者们远离社会现实问题而试图从事"价值无涉"(value-free)的研究,这种情形正是"象牙塔"的某种写照(Van Geenhuizen,2013)。因而,理性、独立性、保守性、审慎性等特质呈现出作为"象牙塔"的大学远离社会诸多侵扰而专注于知识探究的内在要求。可见,从"象牙塔"的大学隐喻中所窥见的大学是一个远离社会、专注于探究高深知识、渴望过一种超脱世俗物质之精神生活的幽静场所,聚集在"象牙塔"中的学者们像是隐居在世外桃源中的隐士般过着孤独寂寞却精神愉悦的知识生活。学者们的本性中或许就隐含着这种能够忍受孤独寂寞与物质贫乏并为知识探究和精神追求而"献身"的品质。或许对他们而言,"躲藏"在"象牙塔"中过一种脱离世俗日常实践的知识生活并非某种"献身",反而恰恰是对他们的一种"奖赏",因为他们的内在本性契合了象牙塔精神,他们的内在需要驱动着他们沉浸在对高深知识的探究之中而相对淡忘对物质的欲求。因而,如果说大学本质上具有象牙塔气质,那么大学中的学者的内在本性也具有与"象牙塔"相契合的属性,否则,他们可能不会甘于寂寞地存在于"象牙塔"之中。换言之,进入大学并沉浸于探究高深知识的学者在某种程度上匹配了大学的内在精神,彼此"气味相投"。可见,大学的封闭性、保守性、高贵性等属性是由大学里的知识人及其知识劳动和知识活动的性质所建构出来的。因而,分析大学的运行逻辑,可从知识人的知识劳动和知识活动的内在逻辑以及知识人在知识劳动和知识活动中的互动关系入手。

以"象牙塔"一词来隐喻大学,实质上意在彰显大学是一个摆脱外界束缚、远离外界喧嚣、追求宁静闲暇以保护师生在其中探究知识的场所(高耀明,2011)。实际上,大学正是一个由学者组成的社团,在这个学者的社团当中,大学被构造为独立探究学问的场所,并与社会维持有利于沉思的恰当距离(刘宝存,2003)。正如雅斯贝尔斯(Karl Jaspers)所言:"国家应当尊重并保护大学以免它遭受各种形式的干扰……因为它永恒地承担着发现真理的责任"(Jaspers,1959:121)。为大学提供探究真理的适当空间,最终会使国家和社会受益无穷。纽曼(John Henry Newman)也强调大学与知识之间的内在联系,在他眼中,大学"是一个传授普遍知识的地方"(约翰·亨利·纽曼,2001:1)。虽然他宣称大学"以传播和推广知识而非增扩知识为目的"(约翰·亨利·纽曼,2001:1),但他也同样强调:"知识不仅仅是达到知识以外的某种东西的方式,或是自然地发展某些技能的基础,而且是自身足以依赖和探求的目的"(约翰·亨利·纽曼,2001:24)。因而,以知识本身为目的是大学的初始命题,也是大学的精神内涵。探究学问作为大学的本质内涵,继而也是大学区别于其他机构的关键所在(刘宝存,2003)。怀特海(Alfred North Whitehead)也指出类似的意涵:"大学存在的理由是,它把年轻人和老年人联合在一起,对学术展开充满想象力的探索,从而在知识和生命热情之间架起桥梁"(怀特海,2012:125)。实际上,就大学的本质而言,它是一个探寻真理的机构(Walshok,2005)。对高深知识的传递与发现是大学区别于其他教育机构的本质所在(张相乐,2011)。而且,大学对高深知识的探究内在地要求其与社会保持一定的距离并免遭过度的侵扰,从而维护知识群体在大学之中从事着看似脱离世俗生活但最终会使社会受益的知识劳动。

可见,诸多关于大学的理性思考都指向远离社会而探究高深知识的象牙塔精神。以"象牙塔"隐喻大学标示出大学游离于社会经济发展进程之外并脱离现实生活的一种形象,作为"象牙塔"的大学对社会经济发展的价值甚微,其目的在于维护师生的利益(程晋宽,2006)。大学师生的"利益"很大程度上在于摆脱外在力量的过度干扰而自由地探索真理、过一种独立的知识生活。这种知识生活得以持续进行的基础在于社会所提供的物质支持，但同时又不能遭受社会的过多干扰。换言之，国家和社会一方面要为"象牙塔"中的知识劳动和知识生活提供物质保障，另一方面又不能对"象牙塔"进行过多的干扰，不能强制"象牙塔"中的学者们符应社会的过多欲求。国家和社会具有支持大学的"责任"但又不能对它进行过度干扰，从而保障大学遵循其自身的规律运行。此种逻辑就像是赋予了"象牙塔"中的师生某种"特权"，以保障他们消耗大量公共资金进行脱离日常实践的知识劳动。而且，社会也默许了大学的这种"特权"，其前提在于大学师生不受干扰地进行知识劳动最终会使社会受益。实际上，作为"象牙塔"的大学在中世纪诞生伊始便被赋予了各种"特权"。中世纪大学本身即是一种相对独立和自治的机构，教权、王权赋予了大学诸如内部自治权、独立审判权、免除赋税及兵役权、学位授予权以及任教权、迁校权等一系列特权，这些特权奠定了大学发展的基石，也强化了大学对社会的脱离，并不断地将大学建构为远离世俗生活的"象牙塔"（程晋宽，2006）。实际上，远离社会是大学躲避外部干扰的一种重要方式，与社会保持理性的距离才能将"象牙塔"真正建构为知识堡垒和学者乐园（朴雪涛，2007：63）。由此，学者们才能安心地居于"象牙塔"之中少受干扰地追求高深的学术。而且，正如布鲁贝克所指出的：

"既然高深学问需要超出一般的、复杂的甚至是神秘的知识,那么,自然只有学者能够深刻地理解它的复杂性。因而,在知识问题上,应该让专家单独解决这一领域中的问题。他们应该是一个自治的团体。这就是学院和大学常常被称为学者王国的原因"(约翰·S·布鲁贝克,2001:28)。

相对而言,具有在"象牙塔"中从事纯粹知识探究的意愿、能力和资格的是少数群体,并非社会全体人员均具有这种意愿、能力和资格。正如雅斯贝尔斯所指出的:"本真的科学研究工作是一种贵族的事业,只有极少数人甘愿寂寞地选择了它"(雅斯贝尔斯,1991:141)。在雅斯贝尔斯看来,这少数"精神贵族"某种程度上具有这些特征:"品德高尚、个体精神的永不衰竭和才华横溢"(雅斯贝尔斯,1991:144)。"因此精神贵族只能是少数人。大学的观念应指向这少数人,而芸芸众生则在对精神贵族的憧憬中看到了自身的价值"(雅斯贝尔斯,1991:144)。加塞特也指出:

"无论我们喜欢与否,科学把普通人排斥在外,它所涉及的是一种非常少见、与人类一般常规活动相距遥远的行为,科学家就像是现代修道士……甚至是在理想状态下,希望普通人成为科学家的妄想也是不可取的"(奥尔托加·加塞特,2001:75-76)。

高深知识的劳动所具有的门槛将普通公众"排斥"在外,只有经过特定的训练和筛选,那些适合高深知识劳动的人才能从社会公众当中被识别出来。因而,作为从事高深知识探究活动的"象牙塔"的大学并不是一个任何人都能介入的场所,并不是一个任何人都能在其中开展知识劳动并过知识生活的地方。即使进入高等教育大众化乃至普及化时代,大学的准入门槛依然存在,而且大学的分类与分层会建构出一系列不同层级的门槛,将不同的个体匹配到不同的大学之中。整个高等教育系统的选拔性和排斥性或许降低了,但精英大学的准入门槛依然很高,它仅向少数被认为具备其所认可的智力、能力和资历的个体开放,从而维持其作为精英大学的选拔性和排斥性,以及某种程度上的"高贵性"。期望在大学里从事知识劳动、过知识生活,在任何时代都不是所有社会个体均能如愿以偿的,大学始终会为其成员划出一定的范围和边界,以展示其并非任何人都能介入的"高贵性"。在某种程度上,大学尤其是精英大学,正是通过对社会个体的选拔和排斥从而建构起某种"高贵性"与"神圣性"。

"象牙塔"大学不可否认地具有某种高贵性、神圣性、封闭性、排斥性,并享有一系列"特权",这种高贵性与特权在大学作为行会而诞生伊始便已存在。正如涂尔干(Emile Durkheim)所指出的那样,中世纪大学以一种行会的形式而存在,一方面,是由于行业的相似性使得从事同一职业的劳动者建立并维系着紧密的关系,另一方面,社会生活的实际条件也要求他们联系起来,只有联合成强大的社团才能得到足够的尊重以及存在的合法性权利,并且这种权利实质上包含着某种垄断(爱弥尔·涂尔干,2003:111)。行业共同体的联合可以帮助他们与其他行业竞争社会资源和生存空间。因而,学者需要找到一个机构以寻求庇护从而免遭他人的剥削(爱弥尔·涂尔干,2003:137)。"象牙塔"大学在某种程度上正是为那些远离世俗生活,崇尚探索"无用"真理的"赢弱"学者们提供了一个庇护空间,从而保护他们免遭社会诸多力量的过度干扰,享受独立自由探究知识的安宁与悠闲。就像罗斯布莱特(Sheldon Rothblatt)把大学比喻为"贝壳",教师和学者就如同无家可归的"寄生蟹"一样爬进大学这个"贝壳",从而在其中寻求依靠和栖身(谢尔顿·罗斯布莱特,2013:387)。但"象牙塔"大学不会为所有人提供庇护,它有选择地为特定群体提供这种庇护。只有那些具备了"象牙塔"大学所崇尚的学术气质与探究精神的人才能获得准入权,并得到"象牙塔"大学的庇护而少受干扰地探究高深知识并过一种安宁闲适的知识生活。这种对特定庇护对象的选择在某种程度上塑造了"象牙塔"大学的封闭性与排斥性。

"象牙塔"隐喻实质上表征出大学追求真理的学术精神的高贵性,同时也刻画出大学所具有的封闭性和排斥性,以及某种程度上的神圣性甚至神秘性。正是这种高贵性、神圣性、封闭性、排斥性建构了使学者能够自由求知的庇护空间,同时也使大学与社会之间形成了某种区隔,并使大学对世俗生活具有一定程度的疏离。在某种程度上,"象牙塔"就像寺庙一般,远离世俗世界;而学者们就像僧侣一样,过着一种封闭的、神圣的知识生活,学者们的这种知识生活是一种不同于世俗物质生活的精神生活,体现着他们对知识探究具有宗教般的虔诚。然而,虽然"象牙塔"的隐喻揭示了大学骨子里的独立性、高贵性、精神性、知识性等特质,但以"象牙塔"之名隐喻大学实际上存在某种程度的浪漫化与理想化色彩。在"象牙塔"探索知识与真理的崇高精神之下,我们也应该看到"象牙塔"以及居于其中的学者群体所具有的一系列"特权",以及潜藏在"特权"之下的对社会其他群体的一系列排斥。社会赋予"象牙塔"及其学者以一系列"特权",并将那些不具有从事知识劳动的意愿、能力和资格的个体排斥在"象牙塔"之外,从而维护知识劳动的崇高性、纯粹性、神圣性甚至神秘性。可见,大学并非仅仅是一个自由求知的"象牙塔"那般浪漫的场所,在大学边界内外时刻存在着一系列封闭与排斥以及对资源和权力的争夺。在"象牙塔"的自由求知的浪漫化色彩之下,还隐藏着知识群体之间为各自的利益而展开的争夺与控制。因而,"象牙塔"的美好形象无法完全遮蔽大学作为利益场所的现实一面。从纯粹的"象牙塔"视角理解大学,可能观察到的大学的运行逻辑是建基于为知识而知识的自由求知;而从大学所具有的利益属性的一面去理解大学,可能观察到的大学的运行逻辑则是建基于对知识的外在功用的追求以及由利益争夺所建构的权力关系。因而,倘若单纯从"象牙塔"的视角去理解大学,在某种程度上容易被浪漫主义遮蔽了不那么浪漫的排斥与争夺等潜藏在大学场域中的一系列张力。在理解大学机构本身以及分析大学的运行逻辑时,象牙塔精神及其内含的封闭性、排斥性等属性具有重要的启发意义,但我们也需要从其他视角加以补充,从而更充分地理解大学的内在属性以及大学运行的内在逻辑。

(二) 功用的价值:"服务站"的大学隐喻

古典时代的"象牙塔"大学远离社会的干扰,为渴望求知的学者们营造出一片宁静的乐园,提供了一个庇护的空间,从而让他们得以独立自主地开展纯粹的知识劳动并过知识生活。从这个层面来看,古典时代以"象牙塔"隐喻大学是一种褒义的美称,而当大学与社会发展息息相关之时,人们则呼唤大学摆脱对"象牙塔"的固守,于是"象牙塔"不再是美称,而暗含了一定的贬义(蔡先金,2007)。19世纪中叶以来,以美国赠地学院为代表的高校逐渐将社会服务发展为大学的一项基本职能,加速了大学与社会发展的互动。尤其是在第二次世界大战期间,大学在参与实用性的科研项目中所呈现出来的实际效益更进一步让国家看到了大学在促进社会发展中所具有的现实功用性。20世纪中后叶以来,政府、社会以及大学自身的多方合力驱动着大学不断深入地参与到社会发展的进程当中,大学已日益成为社会发展的重要动力。超强的社会服务功能已成为大学走进社会舞台中心的重要原因,社会服务已成为大学获取大量资金并获得在社会中的超强合法性存在的重要基础。当大学与社会的联系日益紧密、大学为社会提供服务的能力日益强大时,大学便越来越多地被隐喻为社会的"服务站"(朱国仁,1999;俞俏燕,2008)。虽然难以考证是谁最先将大学比喻为"服务站"(刘宝存,2003),但显然"服务站"是不同于"象牙塔"的另一种对大学的隐喻(徐吉洪,2015)。如果说,"象牙塔"的隐喻标示出大学与社会之间构筑着一道"防火墙",那么,"服务站"的隐喻则表明大学要超越和拆除其与社会之间的这道"围墙"(徐吉洪,2015)。正如德里克·博克(Derek Bok)所指出的,现代大学要"走出象牙塔"去承担相应的社会责任(德里克·博克,2001)。赋予大学"社会服务站"的形象,一方面,描绘了现代大学与社会发展的紧密联系,展示出现代大学对"象牙塔"的超越;另一方面,也暗含着对大学长期远离社会、躲藏于"象牙塔"的封闭空间中表示一定程度的不满,对大学通过其人才培养与科学研究而造福社会怀有一种迫切的期待。在某种程度上,现代大学要想持续获得国家和社会的资金支持,要想持续不断地获得存在的合法性以及持续运行的物质保障,就不可避免地要走向社会,为社会经济发展提供实质性的服务,以确证自身大量地、持续地消耗国家和社会的珍贵资源的合理性与合法性。

实际上,大学的知识向商业领域转移不是什么新现象,早在20世纪40至60年代,这一现象便已在美国的航空、国防和能源等领域中存在(Van Geenhuizen,2013)。几十年来,学术知识的商业化已经引起了全球范围内政策制定者和学者越来越多的关注(Bölling,Eriksson,2016)。如今,为大学的研究成果申请专利、颁发许可证等已成为美国大学不可或缺的活动,技术转化意味着大学与工业界产生各种互动关系,这种互动可能是发表或出版研究成果、举办研讨会、提供咨询服务,或者是毕业生将其所具备的知识和技能转移给未来的雇主(Nelsen,2004)。随着知识经济时代的到来,作为知识组织的大学与社会的联系不仅不会被削弱或者被瓦解,反而会得到持续的巩固。今天的大学不仅与商业界有着紧密的联系,而且与更广泛的社会领域进行合作与互动,现在的问题已经不是要不要在大学与社会之间建立知识的互动关系,而是如何去提高既已存在的合作与互动的效率,因为知识经济的快速发展正不断地向我们施压,要求我们采取这样的行动(Van Geenhuizen,2013)。对于兼具多重职能的现代大学而言,其健康运行需要不断消耗大量的资金和资源,资金链的断裂或者仅仅是资金的削减都可能让大学走向衰颓甚至停滞和关门的境地。假如大学发现自己正处于一个竞争更加激烈的环境当中,并且公共研究资金还在不断被削减,那么,它就会更加积极地寻求外部资金来源(Kitagawa,2005)。而开展社会服务,通过知识转化是大学获取外部资金的重要途径,因而现代大学具有充分的内在动力去开展知识转化与社会服务等活动。

而且,大学的许多活动是以服务国家和地方经济发展之名而获得合法性的,基于对服务的强调,大学的领导者既能让外部支持者满意,同时也能扩展大学自身的利益(Gumport,2002:73)。我们这个时代"多元化巨型大学"(multiversity)的科研与经济发展之间已建立起了紧密的联系,这使得支持大学的科研已成为经济政策的一部分,大学的教授们也被要求将他们的研究成果商业化(Fallis,2007:57)。如今,对于政策制定者和大学管理者来说,问题已经不再是大学是否应该在经济发展中扮演关键角色,而是这种角色如何才能被进一步强化,从而充分发挥投入在大学中的资金的价值(Sigurdson,2013)。

"全球环境在20世纪最后十年发生了重大变化,这种变化给世界各国高等教育体系的角色、功能、形态和运行模式带来了重要影响,而知识在全球经济增长中的驱动作用与日俱增则是最具影响力的变化之一"(世界银行,2007:7)。

经济合作与发展组织(Organisation for Economic Co-operation and Development,OECD)成员国用于研发和教育等知识性的、无形的资产投资已日渐超过固定资产投资,对于全球社会而言,知识创新、知识商业化的能力已成为促进经济持续增长和生活水平持续改善的至为关键的要素(世界银行,2007:8-9)。而且,"信息和资料的全球流动似乎是正在形成的知识经济的固有特征,知识的流动甚至比金钱更容易"(罗杰·金,等,2008:85-

86)。知识的全球流动加速了知识经济时代全球范围内的产业革新。

"与传统的劳动密集型产业主要依靠降低劳动力成本从而获取利润的发展模式不同,知识经济时代的产业发展更多是依靠不断的知识创新来获取竞争优势,而知识不断配置还能创造更多的新知识"(王志强,2014:168)。

随着知识经济逐步向纵深处发展,知识的价值边界被极大拓展,知识不仅是经济发展的驱动力和生产要素,知识本身也已成为炙手可热的市场化商品。而且,知识的"再生性"(知识在配置、使用、消费、重组过程中能创生新的知识)使得知识不仅成为市场竞争力的源泉,也成为资本竞逐的对象。于是,作为生产和传播知识的重要中心,大学在知识经济时代将会展现出更强的社会价值。而且,大学不仅仅是专业技能的提供者,它在促进经济发展方面也扮演着重要角色,大学在将知识转化为技术的过程中所发挥的作用,远比少数机构所提供的引人注目的创新更具普遍性(Geoghegan,Pontikakis,2008)。换言之,为数众多的大学在知识生产与知识转化中所形成的重要影响力可能会大于少数处在行业领先位置的企业在知识创新中所具有的影响力。虽然大学并非开展基础研究的唯一场所,但大学是培养研究人员的主要中心(雅罗斯拉夫·帕利坎,2014:91)。高等教育机构培养了专业人士、思想家、未来教师、研究人员、经济学家以及知识工作者(knowledge workers)等,这些人不仅生活在知识社会之中,而且还在构建知识社会的进程中发挥作用(Ravi,2012)。也就是说,大学不仅通过生产和转化知识从而为社会发展提供动力,它还通过源源不断的人才培养和人才输出为社会创新提供源头活水。这也是大学作为集教育机构和科研机构等多重角色与多种职能于一身的组织所具有的优势之所在。此种格局,使得作为知识的生产者、传播者、转化者的大学进一步强化了自身存在的价值、地位与合法性,继而进一步推动大学承担"社会服务站"的角色并展示其实用功能。在知识经济时代,作为知识组织的大学很难继续维持"象牙塔"的遗世独立的风格,它已被强烈地要求参与社会服务,并且它也具有服务社会的内在动力。大学能够并且必须在帮助个体和社区应对全球知识社会中存在的经济、社会、文化等方面的挑战中扮演新的和重要的角色,大学应充分发挥其数据库、图书馆以及全球网络等资源的作用,以促进其所在地区变得更好(Walshok,2005)。

当然,知识经济时代的特别之处不只在于知识的市场化与商业化,同时也伴随着诸如信息技术革命、高等教育大众化和普及化等多重特征,多重因素的交织作用促进了知识生产模式的转型,而在知识生产模式转型的时代,大学的"象牙塔"气质可能会进一步式微,而"服务站"的角色可能会进一步被强化。迈克尔·吉本斯(Michael Gibbons)等人将传统的知识生产模式称为"模式1",将知识生产的新模式称为"模式2";模式1是在学术情境中的、基于学科的、同质性的、等级制的知识生产模式,而模式2则主要是在应用情境中的、跨学科的、异质性的、弥散化的知识生产模式(迈克尔·吉本斯,卡米耶·利摩日,黑尔佳·诺沃提尼,等,2011:1-13)。迈克尔·吉本斯等人系统地阐述了模式2的鲜明特征,大致可概括如下:第一,在应用情境中的知识生产——与模式1依照特定学科的操作规则进行问题探究不同,模式2则更多的是在应用情境中开展研究,所生产出的知识对企业、政府或社会其他机构更为直接实用;第二,跨学科的知识生产——模式1倾向于特定学科兴趣所驱动的知识劳动,而模式2则集合各个领域的专家组建跨学科团队进行问题研究和知识生产;第三,异质性与组织多样性——模式1更多的是在大学内部进行的传统的学术性知识生产,而模式2的知识生产是异质性的、弥散化的,即知识生产的场所超出了大学的范畴而弥散到社会各个场域,除大学之外,诸如政府的研究机构、企业的研发部门、咨询公司等非大学类机构也参与知识生产并成为知识生产的重要场所,不同机构之间通过各种网络建立紧密的联系;第四,社会问责性与反思性——模式1更多的是由大学教师等学术人员进行知识生产,而模式2的知识生产者团队则更为多元,科学家、工程师、商人等都参与到这个知识生产团队中来,涉及更多元、更复杂的利益关系,不同利益主体都有权对知识生产过程进行问责甚至直接干预,因而社会问责便渗透到整个知识生产过程之中;第五,多元旨趣的质量控制方式——模式1主要依靠同行评议以及学术守门人把控知识生产的质量关口,而模式2中知识生产者群体具有多元性,因而使得质量控制被纳入更大范围的利益偏好,各方力量均在模式2的质量控制中发挥作用、产生影响(迈克尔·吉本斯,卡米耶·利摩日,黑尔佳·诺沃提尼,等,2011:1-13)。从迈克尔·吉本斯等人的研究中得以窥见,至少有三股力量驱动着这一转型的发生和发展:其一,知识日益成为市场竞争的决定性要素,企业对知识的需求不断扩增;知识尤其是技术性知识成为企业维持竞争优势和市场占有的关键因素,企业对专业性知识和技术以及掌握这些知识和技术的专业人士与研究者的需求极大扩增(迈克尔·吉本斯,卡米耶·利摩日,黑尔佳·诺沃提尼,等,2011:1-13)。其二,高等教育大众化使得受过研究训练并掌握研究技能的毕业生数量日益增多,但由于学术岗位的流动性和容纳能力相对有限,因而过剩的研究人才不可能全部进入学术体系从事学术职业,他们中很大一部分人则进入诸如政府研究机构、企业研发部门、咨询公司等知识生产机构从事研究工作或者自主创立类似的研究机构,于是在大学之外的地方衍生出大量知识生产场所和知识生产活动(迈克尔·吉本斯,卡米耶·利摩日,黑尔佳·诺沃提尼,等,2011:1-13)。其三,信息技术与交通运输能力的快速发展使得分散在全球各地的知识生产机构之间得以开展无缝的对接、密切的互动、紧密的合作;而这些互动与合作又使得新知识和新技术在全球范围内的交换、流动、传播变得更为迅速、便捷与频繁,其结果便是逐渐形成一个社会弥散性的知识生产体系(socially distributed knowledge production)(迈克尔·吉本斯,卡米耶·利摩日,黑尔佳·诺沃提尼,等,2011：1-13)。概而言之,在需求方面——企业对知识需求的扩增,在供给方面——高等教育大众化与普及化带来知识生产者供给的扩增,以及在互动互联方面——信息技术和交通运输的发展带来知识、信息、技术、人员、资本在全球的快速流动、配置与重组,三方合力,共同推动了知识生产模式的转型。知识生产模式转型不仅将强化大学"社会服务站"的角色与功能,而且还可能使得"象牙塔"大学传统的学术性知识生产模式逐步被挤压而式微,大学将更全面地走出"象牙塔",与社会各个知识生产和知识应用机构开展广泛合作。知识生产、转化与应用等活动建构起一个庞大的知识市场,大学也正逐渐被纳入这个知识市场。市场氛围或许会促进学术圈里面及其周围发生一些变化,将模糊大学与外部环境之间的界线,大学或将突破其既有的边界,在人力、知识、利润的流动网络中与国际性企业合作伙伴进行互动(Warshaw,Hearn,2014)。可见,知识经济以及知识生产模式转型不仅驱动大学走出"象牙塔"积极服务社会,而且还可能促进大学自身内在结构的变革,并逐步改变大学运行的逻辑。因而,在知识经济时代背景下,从"社会服务站"的角色视角去审视大学,可以窥见其运行逻辑势必不同于作为"象牙塔"角色而存在的大学。对知识的外在效益的追求成为大学知识生产者们生产知识的重要驱动力,也成为大学知识生产者们相互竞争的重要领域。尤其是研究者数量在不断增长,伴随着研究经费的竞争日益激烈,使得研究者们通过知识转化以获得研究资金成为大学知识生产的重要逻辑。而且,大学所培养出的数量日益增多的博士毕业生与相对有限的学术岗位之间的矛盾驱动着许多博士毕业生转向大学之外寻求从事研究工作的机会,就业去向的转变或者分流将影响博士生对研究活动的认知,并影响他们在大学中从事研究活动的目的和行为。大学的教师、研究人员、博士生等群体对研究活动的认知、目的、行为的转变最终或将影响大学内在的运行逻辑。

相较于"象牙塔"所崇尚的在理性主义主导下自由地探究真理而言,"服务站"所崇尚的则是工具主义和功利主义,其衡量逻辑不是探究纯粹真理的学术性,而是服务社会经济发展的实用性(丁亚金,2009)。尤其是在商业化时代,在"象牙塔"中从事传统的学术探究活动正日益被市场化的知识生产所挑战。出于服务社会的需要以及获取多元资金的需求,现代大学中的知识探究日渐走向希拉·斯劳特和拉里·莱斯利等人所说的"学术资本主义"(academic capitalism),即大学及其教师和研究者为获取外部资金而开展市场性活动(希拉·斯劳特,拉里·莱斯利,2014:8)。诚如布鲁贝克在《高等教育哲学》(*On the Philosophy of Higher Education*)一书中所指出的"认识论"和"政治论"两种高等教育哲学,前者意指探究知识主要出于闲逸的好奇,而后者则偏向于追求对社会发展的有用性而探究知识(约翰·S·布鲁贝克,2001:13-18)。与之相应,"象牙塔"大学更偏向于"认识论"高等教育哲学主导下的知识探究,而"服务站"大学则更偏向于"政治论"高等教育哲学主导下的知识探究。在商业化日渐蓬勃的时代,大学与社会之间的距离日渐缩小,大学"沾染"了营利性企业的诸多习性,而企业也具备了大学的某些特质,大学与企业似乎逐步走到了一起,大学的知识探究也日渐朝着市场化、应用性的方向发展。因而,"政治论"高等教育哲学似乎将进一步主导大学的知识探究,大学作为"服务站"的形象似乎仍将继续存在并得到进一步的彰显。

然而,即便处在知识经济时代,大学并非一味地以"服务站"的角色而呈现,人们对现代大学的角色认知依然存在争议和分歧。事实上,大学在当代社会中的位置、角色和作用等问题是高等教育领域争论的核心问题之一,这个问题涉及多个维度以及诸多利益相关者,由于全球的、国际的以及国家的情境的差异,不同主体可能会对此问题持有不同的见解(Fumasoli,2016)。这也体现着现代大学的多元性与复杂性,以及人们认知视角的多元性和流变性。换言之,人们对大学的认识不是单一的、绝对的、固定的,而是多元的、相对的、变动的。人们可能会在"象牙塔"和"服务站"等认知模式中来回摇摆。不过,相比于"象牙塔"的大学隐喻获得世人较多的认可、赞同以及某种程度上的留恋与怀念,"服务站"的大学隐喻则遭遇拥护与反对的显著分野。哈罗德·珀金、克拉克·克尔、德里克·博克等人是"服务站"的拥护者,而奥尔托加·加塞特、亚伯拉罕·弗莱克斯纳则是"服务站"的反对者(徐吉洪,2015)。我们可以从德里克·博克对"走出象牙塔"的呼吁中窥见他对"服务站"的赞同,哈罗德·珀金则进一步肯定了大学推动社会发展的"动力站"角色:

"如果我们可以用一个比喻来说明大学千百年的荣辱兴衰,说明它是怎样从中世纪的宗教和世俗的知识团体,演变成今日在以知识为基础、以科学为方向的技术型后工业社会中起关键作用的机构的话,那就是大学是人类社会的动力站"(哈罗德·珀金,2001:24)。

克拉克·克尔(Clark Kerr)在《大学的功用》(*The Uses of the University*)的前言中则写道:"我们意识到大学的无形产品——知识可能是我们文化中影响各个专业、甚至社会各阶级、各地区,以至于各个国家之兴衰的最强有力的因素。由于这样的基本现实,人们正在要求大学为城市、地区与国家的种种目的前所未有地创造知识……这种现实正在改变大学本身的性质与功能"(Clark Kerr,1993:前言第5页)。

而亚伯拉罕·弗莱克斯纳则强调大学具有其特定的职能,该由其他机构承担的职能应该交由其他机构去承担,而大学不应在服务上有过多的追求;而且,诸如新闻学院、商学院等职业性学院和系科不应在大学中存在,它们不属于大学,倘若知识界无法辨别真正的文化,那么学术机构的水平将会降格(亚伯拉罕·弗莱克斯纳,2001:4-5,110-134)。虽然不认可大学盲目地提供浅薄的服务,但弗莱克斯纳也并非完全否认大学可以通过特定的方式在满足社会需求方面做出努力,他强调大学应在各种现象和问题的研究中承担职责。然而,后来的历史表明,大学并未在服务社会方面有所收敛,反而加速了走向社会的步伐,弗莱克斯纳那时候或许没能预见我们这个时代的大学如此热情地成为"社会服务站"。

在某种程度上,"服务站"的拥护者大都活跃于20世纪中后叶,见证过大学在服务社会和促进社会发展中的超强力量,他们多少持有一些实用主义的价值观念;而"服务站"的反对者大都活跃于20世纪中叶以前,怀念古典的"象牙塔"大学的崇高理性,他们多少带着一些理性主义的价值信仰,崇尚为知识而知识。在21世纪,市场化、商业化大踏步地入侵大学的阵地,大学亦无比热情地拥抱市场和商业,当大学被认为过度参与市场的时候,便激起了人们新的不满。就像当初人们抱怨大学固守"象牙塔"对社会发展缺乏实际的贡献而呼吁大学走出"象牙塔"一样,人们开始抱怨大学过度参与社会、过度市场化和商业化而抛弃了"象牙塔"的精神底色,于是又开始怀念"象牙塔"的美好,呼唤大学回归或者至少部分回归象牙塔精神。于是,作为"服务站"的大学在获得人们的热情拥抱之后或将迎来冷静的反思与理性的批判。斯坦利·阿罗诺维兹(Stanley Aronowitz)指出:"大学是唯一能让学者追求稀奇古怪的知识,或者从事那些很少或者没有实际用途的学问的地方"(斯坦利·阿罗诺维兹,2012:10),但现实是:"大学已经与那种僧侣般的学者们在其中沉思星空和其他遥远事物的象牙塔形象相去甚远……对于绝大多数教授,科研和学术不再是像以前那样的带着宗教色彩的响应神的号召的'天职'了……有些大学变成了生意场所"(斯坦利·阿罗诺维兹,2012:9-10)。

阿罗诺维兹继而将这种追求知识的实用性、开展一系列培训而非真正的教育的现代大学称为"知识工厂"(Knowledge Factory),并对现代大学这种功利性的知识生产和肤浅的培训予以批评,呼吁废除企业型大学而回归真正的高等教育(斯坦利·阿罗诺维兹,2012)。阿罗诺维兹所说的"知识工厂"实际上是"服务站"的另一种诠释,二者都呈现了现代大学在不断地为满足社会的需要而生产知识或提供培训的逻辑取向,大学的知识探究与知识传播等活动不再纯粹,不再独立于社会力量的干预,而是裹挟着些许商业化和功利性,某种程度上背离了大学作为探究高深知识的场所的神圣性、高贵性与独立性。知识的外在效益并非无须付出代价就能获得的,大学以及大学的教师、学生、研究人员等在通过知识转化而获得实际利益的同时,可能会被市场和资本所控制。在某种程度上,市场和资本对知识的诉求与大学中的教师、学生或研究人员对知识的诉求是不同的,大学及其师生通过知识转化获得外部资源的过程中可能要满足市场和资本的某些诉求,这些诉求可能与大学的学术逻辑相矛盾。因而,如果大学依然是不同于企业的组织,那么,大学就很难不顾代价地扮演"社会服务站"的角色。实际上,在商业化和功利性泛滥的时代,人们已经开始对以"服务站"或者"知识工厂"的形象而存在的大学展开一系列冷静的思考与理性的批评。虽然现代大学不应继续固守在远离社会的"象牙塔"之中,但大学本质上作为探究高深学问的机构,不论在何种时代,都应继续维持一定程度的象牙塔精神,而不是心甘情愿地沦为"知识工厂"(王海燕,2017)。

可见,大学既不能纯粹地作为"象牙塔"而存在,也不能过度地成为"服务站"。当大学过于固守"象牙塔"而远离社会时,它会遭受持续的质疑与批判;当大学热情拥抱"服务站"这一角色而大步卷入社会时,它也会遭受持续的质疑与批判。于是,大学似乎要在"象牙塔"和"服务站"两者之间的某个状态下存在,似乎要兼顾"象牙塔"和"服务站"的双重属性和特质才能获得广泛的赞许和认同。然而,虽然"象牙塔"和"服务站"看似处于两个不同的方向、具有相互对立和矛盾的特征与属性,但实际上,两者之间却存在本质性的联系,这种联系的关键要素是知识。因为,无论是作为"象牙塔"的大学还是作为"服务站"的大学,其立身之本都在于对知识的探究;无论是出于理性主义的"认识论"高等教育哲学,还是出于功利主义的"政治论"高等教育哲学,大学始终是一个探究知识的场所,只不过是探究知识的目的和动力有所不同而已。"象牙塔"大学的尊贵源于其在探究真理上的能力,而"服务站"大学为社会提供服务也建基于其知识探究的学术成果(丁亚金,2009)。正是由于聚集了大量掌握知识以及具备探究知识的意愿和能力的人才,大学才能开展高水平的知识探究活动,也才能获得"象牙塔"的尊贵性或者"服务站"的功用性。可见,无论大学是以"象牙塔"还是"服务站"的角色而呈现,知识以及掌握知识的人始终是理解大学及其运行逻辑的关键要素。

(三) 多元的城市:"才智之都"的大学隐喻

19世纪中叶,纽曼在《大学的理想》(*The Idea of a University*)中如此阐述其大学理念:"我对大学的看法如下:它是一个传授普遍知识的地方……它以传播和推广知识而非增扩知识为目的。如果大学的目的是为了科学和哲学发现,我不明白为什么大学应该拥有学生"(约翰·亨利·纽曼,2001:1)。纽曼理想中的大学是一个传授普遍知识的场所,知识探究则不在大学的职能范畴之内。20世纪30年代,弗莱克斯纳在《现代大学论》(*Universities: American English German*)中则说:"我认为现代大学的最重要的职能,是在尽可能有利的条件下深入研究各种现象:物质世界的现象、社会世界的现象、美学世界的现象"(亚伯拉罕·弗莱克斯纳,2001:18)。与纽曼不同的是,弗莱克斯纳不仅认同知识探究在大学中存在的合法性,而且还非常强调这一点。他说道:"现代大学在最高层次上全心全意并毫无保留地致力于增进知识、研究问题和训练学生"(亚伯拉罕·弗莱克斯纳,2001:19)。只不过,弗莱克斯纳强调大学探究知识不能过于考虑社会的现实需要,而是应该在不关注实际效用的前提下开展知识探究。"我已经强调过,作为科学之科学,是不关心功用和效果的"(亚伯拉罕·弗莱克斯纳,2001:16),"摆脱实际责任压力的创造性活动和富有成效的批判性研究,必须在现代大学占有越来越重要的地位"(亚伯拉罕·弗莱克斯纳,2001:6)。弗莱克斯纳崇尚的研究更倾向于是不受功用性干扰的纯粹的知识探究,他反对大学过分迎合社会的需要。"大学不是风向标,不能什么流行就迎合什么。大学应不断满足社会的需求,而不是它的欲望"(亚伯拉罕·弗莱克斯纳,2001:3)。因而,他尤其强调大学在承担保存知识、追求真理、培养学生等职能时,"当然要有图书资料和实验室,但还需要安静,尊严,不受琐事干扰的自由"(亚伯拉罕·弗莱克斯纳,2001:20)。可见,弗莱克斯纳眼中的现代大学是一个尽力规避外部干扰而探究知识、保存知识、传授知识的机构,它不应直接作为"社会服务站"而存在。

20世纪60年代,克拉克·克尔提出"多元化巨型大学"(Multiversity)的理念(Kerr,1963:1;Clark Kerr,1993:1;克拉克·克尔,2008:1)。克尔指出,大学开始时只不过是由教师和学生组成的单一的共同体,而当下的大学则是由一系列有关目标结合在一起的一系列共同体及活动(克拉克·克尔,2008:1)。也就是说,当今的大学是一个整合了多元共同体和多元活动的多元化机构。克尔指出,现代大学不再是弗莱克斯纳所认为的那种由部分和整体有机组合起来的"机体",当今巨型大学的部分和整体并非一种有机的结合,增加或减少某些部分可能对整体并无影响(克拉克·克尔,2008:11)。换言之,"多元化巨型大学"的各个部分之间是一种松散的结合,而不是牵一发而动全身的有机结合。这种多元化赋予了现代大学前所未有的特征,因而现代大学不再是纽曼或弗莱克斯纳所描述的那种机构。克尔指出,在纽曼看来,大学是一个有着一批教士的村庄;在弗莱克斯纳看来,大学是一个拥有一批知识寡头的单一工业的城镇;而克尔所说的"多元化巨型大学"则是一个变化无穷的城市(克拉克·克尔,2008:23)。克尔认为:"与村庄和城镇相比,'城市'更像文明的总和,而随着文明的演变,城市越来越多地成为文明的内在部分,并且城市也越来越快地与周围的社会发生互动"(克拉克·克尔,2008:23)。可见,作为城市或都市的大学,其内部更具多元化与复杂性,内部机构与成员之间以一种松散的结合而存在。而且,与作为村庄和城镇的大学相比,作为城市或都市的大学与外部社会的联系可能更为紧密、互动更为频繁。因而,这种"多元化巨型大学"表现出更强的活力。

"多元化巨型大学"与外部社会建立联系的重要纽带在于知识以及掌握知识的人。克尔指出,新知识是经济和社会发展的最重要因素,作为大学的无形产品的知识已成为影响各种职业、社会阶级、地区和国家兴衰的重要因素(克拉克·克尔,2008:序言1)。事实上,"知识前所未有地处在了整个社会活动的核心位置上"(克拉克·克尔,2008:51)。而知识是大学核心职能的基础材料(或者说,是核心材料),可见,随着知识在社会发展中的地位日益凸显,大学与社会的联系势必会日益紧密。大学拥有包括终身教授、研究者、技术人员等具有高资历的专业人士在内的丰富的"才智资本"(intellectual capital)(Walshok,2005),因而在知识经济时代,大学毋庸置疑地成为社会互动的中心机构之一。而大学的核心依托不仅在于知识,也在于从事知识劳动的人。掌握了知识并具备生产新知识的能力的学者聚集在一起,使得现代大学成为克尔所说的"才智之都"(City of Intellect)(Kerr,1963:94;克拉克·克尔,2008:54)。

克尔所指称的"才智之都"是:"一个有着卫星郊区的大学城……它包罗了社会上一切的才智资源,它甚至在更广阔的视野中把才智力量当作社会的核心力量,即社会的灵魂……才智以及作为它最快乐之家的大学可以发挥巨大的潜在作用"(克拉克·克尔,2008:70)。

克尔指出,他将研究型大学称为"才智之都",这种"才智之都"有着多元化的活动,而且许多活动之间没有关系,而文理学院则是一个由亲密朋友和同事组成的"村庄",或者拥有农学院、法学院或医学院等"单个产业"的乡镇,这类大学一心专注于单一专业或产业(克拉克·克尔,2008:149)。可见,"才智之都"是"多元化巨型大学"的另一种阐述方式。克拉克·克尔以"才智之都"比喻现代大学,照应了其"多元化巨型大学"的现代大学观。

在克拉克·克尔的眼中,现代巨型大学是一个多元化的机构:"它并不是一个群体,而是若干群体——本科生群体与研究生群体;人文学者群体,社会科学家群体,科学家群体,各专业学院群体;所有非学术人员群体;行政管理者群体。一个群体应当有一个灵魂,一个单一的有活力的宗旨;而巨型大学则有若干个灵魂"(克拉克·克尔,2008:10-11)。

多元化群体和多元化目标赋予了现代大学诸多新的特征,正如克尔所指出的,"多元化巨型大学"不再是纽曼眼中的教士的村庄或者弗莱克斯纳眼中的由知识寡头控制的单一的工业化城镇,而是一个城市,一个"才智之都"(克拉克·克尔,2008:23,54)。作为"教士的村庄"的大学是由少数同质化的人群组成的联系紧密的空间,作为"工业化城镇"的大学则是专注于相对单一的学科领域的专门性机构,而作为"才智之都"的大学则是具有多元目标、多元学科、多元群体的多元化的巨型知识组织。现代大学作为"才智之都",聚集了大量掌握知识及知识生产能力的人才,这些人才是社会发展的智力资源。这些智力资源在现代大学当中聚集,使得现代大学成为一个智力密集型机构,使得作为"才智之都"的现代大学以其超强的知识创造能力,日渐成为社会发展的"动力站",为社会经济发展提供源源不断的动力。

从克拉克·克尔的"才智之都"和"多元化巨型大学"的现代大学论当中可以窥见,现代大学是一个聚集了大量知识以及掌握知识生产能力的人才的场所,大量智力资源的聚集使得现代大学成为一个充满智慧的"都市"。相比于村庄的紧密性和城镇的单一性,"才智之都"则拥有多元化的目的、多元化的群体、多元化的职能。多元化的人员、学科、机构在大学里共存,并置身于复杂的关系网络之中。因而,作为"才智之都"的现代"多元化巨型大学"相比于"象牙塔"和"服务站"的大学形象而言,更具内在复杂性。多元职能、多元目标、多元群体、多元学科之间的关联、互动、协调以及矛盾、冲突、博弈建构了一座活跃的"才智之都"。可见,考察大学内部不同主体基于知识和才智的多元化与复杂化的互动关系是分析现代大学运行逻辑的重要线索。

(四)知识的空间:"知识场域"的大学隐喻

1. 大学隐喻的知识纽带

从"象牙塔"到"服务站",大学隐喻随着大学本身的变化而流变,但这种流变并非一方替代另一方的流变,每个隐喻词都随大学理念的出现而出现,只要对应的大学理念依然存在,那么,这种隐喻就依然存在(俞俏燕,2008)。实际上,以"象牙塔"或"服务站"等不同概念隐喻大学,表明了大学的丰富性与多面性,不同的隐喻捕捉到了大学不同的特征和形象,从不同层面诠释了大学的内在属性(徐吉洪,2015)。一系列经典的大学隐喻为我们理解大学提供了启发的思维和观察的视角,"象牙塔"隐喻凸显的是大学为知识而知识的理性,"服务站"隐喻则揭示了大学的功用性及其与社会的紧密关联。然而实际上,现代大学既不是纯粹的"象牙塔",也不是单纯的"服务站"。"象牙塔"是对古典大学的隐喻,略显理想化与纯粹化并带着些许浪漫主义,现代大学显然已经不再是纯粹的"象牙塔",即便象牙塔精神多少还依然存在,但如今基本已没有纯粹的"象牙塔"大学。实际上,从中世纪大学诞生至今,那种绝对性的脱离现实社会的真正意义上的"象牙塔"并未存在过,"象牙塔"更多是一种象征意涵,是大学的一种"神话"(阎光才,2002)。"服务站"更多是对大学单一功能的隐喻,凸显了大学的社会服务职能,却遮蔽了大学的人才培养与科学研究职能。在现实中,并没有哪一所大学是纯粹的社会"服务站",而且大学也不可能脱离人才培养和科学研究而单纯地成为社会"服务站",大学的社会服务职能实际上建立在知识探究与知识传播等职能的基础之上,缺失了知识生产和人才输出,大学服务社会就失去了凭借。因而,"服务站"的隐喻虽然彰显了现代大学的时代特性,展示了现代大学与社会发展的密切互动,但却偏于对大学社会服务职能的刻画而并未捕捉到大学作为教育机构和科研机构的内在属性,况且,社会服务很难说是大学最核心的职能或体现大学本质属性的职能。相比之下,"才智之都"的隐喻更贴近现代大学的核心属性,现代大学正是一个聚集了大量才智的"都市",在这个拥有多元化群体的"才智之都",各类才智竞相展示其价值性与功用性。不过,"才智之都"的隐喻更偏向于对现代研究型大学的刻画。克尔所描绘的"多元化巨型大学"体现的是美国实力雄厚的大型大学,它们整合了本科教育、研究生教育等,并高度专注于科研生产(Sigurdson,2013)。在高等教育系统中,不同类型的大学构成了一个层级化的结构体系,研究型大学通常处于这个结构体系的顶端。当政府加紧了对分配公共研究资金的控制时,便把能够开展研究的大学和为了维持自身地位而必须开展研究的大学区分开来了,而且"研究型大学"这个术语表明了在"才智之都"中存在的分层化(Neave,2002)。倘若要从知识的视角去分析现代大学的运行逻辑,那么,"才智之都"的大学隐喻指引我们将目光更多地聚焦在研究型大学,因为研究型大学才真正聚集了现代大学所具有的知识传播、知识生产、知识转化等多重职能,并且聚集了各类才智,构成了一个智力密集型、知识密集型的机构,更能展示现代大学知识劳动与知识活动的内在机理,也因而更能为我们研究现代大学的运行逻辑提供充分的观测点。由此,这为本书从知识的视角切入去探究现代大学的运行逻辑提供了指引。实际上,人们习惯从教育或科研的功能视角去理解大学,虽然有关现代知识社会的分析浩如烟海,但真正从知识的视角对大学进行的解读还比较匮乏(Ricken,2007)。因而,本书无意从"才智之都""象牙塔"或者"服务站"的视角去研究现代大学的运行逻辑,而是抓住"知识"这个关键纽带与关键要素,从知识的视角切入。

从"象牙塔""服务站""才智之都"等大学隐喻中以及从约翰·亨利·纽曼、亚伯拉罕·弗莱克斯纳、克拉克·克尔等不同时代和不同个体的大学观中似乎可以窥见,不同的大学隐喻以及不同大学观本质上是在特定时代、从特定视角对大学进行的解读。他们所面对的和所解读的大学并不是同一种大学,大学的形式是丰富的,也是变化着的。几百年来,大学的变化不曾止步,纽曼和洪堡(Wilhelm von Humboldt)当年所看到的大学,与我们今天所看到的大学是不同的;亚伯拉罕·弗莱克斯纳和克拉克·克尔当时所看到的大学与今天的大学或许更接近,但也依然是不同的。无论哪个时代的人们,都是在其所处特定时代、从其特定的视角去解读大学,我们所处的时代以及我们所站的视角建构了我们理解大学的角度和方式。而且,由于人是特定时代的存在物,并且每个个体都带着一套特定的价值系统,因而,在不同时代人们所

第一章 知识场域：探究现代大学的运行

面对的大学是不同的，从不同视角对大学的理解是不同的，不同的人对大学的理解也是不同的。今天的我们对大学的理解恐怕不会和纽曼一样，也不会和几百年之后的人们对那时的大学或者对我们今天的大学的理解一样。正如哈罗德·珀金所言："自12世纪产生于意大利和法国以来到被移植到整个现代非欧洲世界为止，大学的含义和目的可以说是因时而异、因地而异"（哈罗德·珀金，2001：24）。因而，只有放置在特定的时代以及特定的地点的具体情境下，我们才能真正理解大学（哈罗德·珀金，2001：24）。我们对大学的理解建基于我们对自身在特定时空中所遇见的大学的审视，因而我们对大学的理解只可能是一种特定的理解，而不可能是一种毫无偏见、毫无偏颇的绝对公正、绝对客观的理解。我们站在今天这个时代，可以回溯过去的大学，但难以摆脱我们所处的特定时代和我们特定的价值系统的影响和限制，我们实际上是依托于今天的价值观以及今天所观察到的大学而对过去和现在的大学进行解读。我们在今天所处的这个时间点所看到的大学以及我们对大学的思考，与往前两百年或往后两百年的人们所面对的大学以及对大学的思考都不会一样。19世纪以前的大学或许比今天的大学更似"象牙塔"，而20世纪以来，大学已充分展示出"服务站"和"才智之都"的形态，而且大学的形态仍在持续变革，未来的大学或许会构筑出前所未有的新样式。大学始终是变化着的，它与历史共同变化。不过，在大学的职能和形态不断变化的背后存在一些亘古不变的要素,知识便是这种要素之一。虽然"象牙塔""服务站""才智之都"是从不同侧面对大学的隐喻,而知识却将它们联系在一起,知识是其共有的属性。"象牙塔""服务站""才智之都",其实质都与知识有关,知识是联系这一系列隐喻的核心纽带,是大学的本质要素之一。无论从哪个视角去理解大学,都无法绕开知识这个属性。现代大学不是纯粹的"象牙塔",也不是纯粹的"服务站",而且也并非所有大学都能被称为"才智之都"或"多元化巨型大学"。"象牙塔""服务站""才智之都""多元化巨型大学"等概念和隐喻都难以解释大学所共有的本质属性,而从知识的视角去解读大学则更能抓住大学本质的和永恒的属性。因为,过去、现在和未来的大学都与知识有关,倘若大学不再与知识有关,那么大学可能就不再是大学了;知识是大学的核心元素,也是大学这个机构的内在属性。

2. 大学的知识属性

知识是大学跨越历史和地域、跨越时间和空间、跨越类型和层次而存在的一个要素,是大学作为一种知识组织所具有的内在属性。实际上,大学是一个知识中心,知识是左右大学发展的一种根本性动力,一方面,大学借由知识而确定自身的存在依据,另一方面,大学也正是在知识功能的扩展中延续生命(茹宁,2014:22)。无论处于哪个时代抑或何种社会当中,教育机构皆是围绕着一系列知识而组织起来,尽管机构形式存在差异,但知识操作始

第一章 知识场域：探究现代大学的运行

终是它们的共同内容，而大学也正是这种操作知识的机构中的一种特殊形式而已(孙益，2012：5)。古今东西，各种被称为"大学"的机构无不与知识联系在一起，作为大学的机构，无一不以知识为其各项活动和各类职能的关键元素。可以说，知识是大学的活动对象，从大学的内在性质而言，大学是一个知识组织(刘建银，2017)。事实上，能够被称为"大学"的机构需要具备某些特定的条件，首先就是它应整合各个领域的知识(Calhoun，2011：2)。而且，大学不只是在保存静态的知识，还是知识创造与真理发现的场域(崔延强，吴叶林，2015)。作为一个以探究真理为核心要旨的机构，对于大学而言，真理即是其合法性源头(王建华，2014)。虽然"知识"并不一定等同于"真理"，但真理和知识具有实质性的内在关联，大学对真理的追求依托于其对各个领域的知识的探究。各类知识在大学中聚集、整合并不断创生新的知识，于是，大学便成为知识与智力的源泉(眭依凡，2013：60)，知识则成为大学得以存在的原由(陈曦，胡晓娜，2006)。大学的存在本身即是知识逻辑发挥作用的结果，倘若失却了对高深知识的追求，难以想象世上会有大学的产生和发展(朴雪涛，2007：2)。在某种程度上，"如果没有理性主导的探索知识的精神冲动，就不会有大学"(希尔德·德·里德-西蒙斯，2008：13)。大学运行的理念就是要创造知识、传授知识(张维迎，2004：49)。可见，大学的持续运行须依托知识所提供的基本原料和动力。

伯顿·克拉克(Burton R. Clark)指出:"只要高等教育仍然是正规的组织,它就是控制高深知识和方法的社会机构……在教授和教师的许多特殊活动中,我们可以找到的共同内容就是知识操作,只是发现、保持、提炼、传授和应用知识的工作组合形式有所不同罢了"(伯顿·R.克拉克,1994:11-12)。因而,"知识是处于行动核心的无形材料"(伯顿·R.克拉克,1994:26)。换言之,作为知识组织的大学,其一系列核心劳动是以知识为操作材料的知识劳动。

在布鲁贝克的《高等教育哲学》一书中提到:"每一个较大规模的现代社会,无论它的政治、经济或宗教制度是什么类型的,都需要建立一个机构来传递深奥的知识,分析、批判现存的知识,并探索新的学问领域"(约翰·S·布鲁贝克,2001:13)。继而布鲁贝克引用普西的观点:"凡是需要人们进行理智分析、鉴别、阐述或关注的地方,那里就会有大学"(转引自:约翰·S·布鲁贝克,2001:13),进一步强调了大学与理智、学问、知识之间的内在关联。无论是"传递深奥的知识",还是"分析、批判现存的知识",抑或是"探索新的学问领域",这些活动的共同属性在于知识本质性。从事这些活动的群体是"知识群体",开展这些活动的机构则是"知识机构"。因而,大学与知识有着天然的本质性、制度性、合法性联系。实际上,"大学本质上是一个知识机构,大学离不开知识,知识也离不开大学"(王建华,2012)。大学的教师和研究人员主要是因为在专门性知识领域中拥有专长而受到尊重(罗杰·盖格,2013:1)。可见,知识合法性是大学最稳固的合法性(何淑通,2015)。在知识经济时代,作为发展知识的重要场所,大学依然成为社会的重要机体(金耀基,2001:序第2页)。不仅如此,在知识经济时代,大学的知识属性将进一步彰显大学存在的合法性与价值性。

然而,知识属性并非置身于知识经济时代的现代大学才具有的特质,作为知识机构的大学与生俱来便以知识为其合法性基础。实际上,大学从其诞生伊始便是一个知识机构(叶赋桂,2016)。追溯历史可知,大学成型于中世纪欧洲,"是有志于探索学问的人们聚集在一起形成的自律性组织"(金子元久,2009:18)。哈斯金斯(Charles Homer Haskins)指出:"大学兴起之时,正处于一场伟大的学术复兴时期,这个复兴不是我们通常所指的十四和十五世纪,而是更早一些时期"(查尔斯·霍默·哈斯金斯,2007:3)。无论作何解读,大学的诞生都与发生在那个时代的学术复兴、知识繁荣有着内在的联系。"在1100年和1200年之间,新的知识开始大量传入欧洲"(查尔斯·霍默·哈斯金斯,2007:3),"欧洲突破了中世纪的蒙昧与黑暗,迎来了知识的伟大复兴,一方面是重新发现古典知识,另一方面在与中东的贸易往来过程中,输入了阿拉伯的文化,成为欧洲的新知识"(转引自:郭丽君,吴庆华,2012:6)。于是,"大学,与其各种教研活动直接产生的影响,构成了中世纪智识范畴内最伟大的成就"(海斯汀·

拉斯达尔,2011:2)。不可否认,大学诞生之初是被镶嵌在教会这个更为古老的组织当中的(彼得·伯克,2016:37),然而,拉斯达尔认为,相比于气势恢宏的教堂,中世纪给后世留下的更为珍贵与不朽的是各种组织制度,而大学,"毫无疑问正是中世纪最独特的组织建制之一"(海斯汀·拉斯达尔,2011:2)。实际上,探索知识的大师云集,中世纪的大学便已经是一个有着"普遍知识"的场所(杰勒德·德兰迪,2010:33)。

虽然说现代大学的角色和功能已与中世纪大学有着根本性的区别(Ion, Nicolae, 2017),然而,从人类社会有大学开始一直到现代大学的成型与演进,知识始终是大学的一个核心元素。虽然现代大学与中世纪大学在校园、规模、学科、职能、文化、制度、管理等方面存在诸多不同,但不可否认现代大学的源头是中世纪大学,是中世纪时期渴望求知的青年追随掌握学问的大师开展学问探究的地方。在某种程度上,中世纪大学实现了知识生活的制度化(刘海峰,史静寰,2010:296),而且这一制度化的知识生活在大学当中一直延续至今。大学借由知识、知识制度以及探究知识的活动培养青年人的心智、涵养与能力,从而将青年人塑造为延续大学知识生活的血脉,推动着大学生生不息地运行。我们承认现代大学对中世纪大学的诸多超越,但不可否认现代大学与中世纪大学之间借由知识而建立起来的内在联系以及绵延不断的承续。知识是大学在纵向上联系古今、在横向上联系东西的纽带,那些能够被称为"大学"的机构,虽然在规模、学科、实力、文化、制度等方面存在一系列差异,但都是以知识为劳动对象的机构,其所加工的核心材料是知识,其所生产的核心产品是知识产品。当然,这种"知识产品"从更广义的视角来看,既包括各种类型的知识,也包括各种类型的掌握知识的人。而且,作为构筑于知识之上的社会建制,大学组织演进的动力源生于知识的逻辑变迁(杨菁,2003)。从中世纪大学到现代大学,大学的演变历程可以被解读为知识及其概念的演变,是一个"知识螺旋"(spiral of knowledge)的过程(Ricken,2007)。从大学的发展史和演进史中可以看到,尽管大学在不同时代所扮演的角色有所差异,但不变的是,大学始终维护着知识的权威地位,假如大学丧失了知识的权威地位,那才是大学的真正危机(阎光才,2001:17)。从历史发展的视角而言,高深知识的发展会驱动高等教育机构的发展,当高等教育制度对高深知识的发展形成阻滞时,高深知识也可能会驱动高等教育机构的革新,以使其符合知识的发展状况(陈洪捷,2012:178-179)。不可否认,知识的不断演进时刻在影响着大学的发展,因而需要从知识的视角切入去研究大学(毛亚庆,王树涛,2008)。换言之,要理解作为知识机构的大学的运行逻辑,难以绕开知识这个属性。

虽然具有知识属性的机构不唯有大学,但大学作为一种知识机构具有其自身的特殊性,这种特殊性的重要体现在于大学知识的高深性与专业性。蔡元培指出:"大学者,研究高深学问者也"(蔡元培,2018:3)。大学不仅是研究学问的场所,而且是研究高深学问的场所。这种"高深学问"可以说是知识的一种特定类型,是一种高深的知识,这种知识的"高深性"很大程度上源生于专业性。毋庸置疑,知识密集型组织不只有大学,制度化的知识机构也不只有大学,而大学的鲜明特征在于其知识属性的专门性与高深性。在大学当中,各种知识劳动所加工的知识材料以及所生产的知识产品不是普通的知识,而是一种专业性的知识。

在洪堡看来:"中小学与大学之间,初等、中等教育与高等教育之间存在本质的差异,前者在于传授已被认可的知识,而后者的存在则主要在于对前沿知识的探索以及探究未知的问题"(转引自:大卫·帕尔菲曼,2011:13)。而且,"甚至在中世纪大学相对简单的机构中,教授们保存、提炼和传授的也不是普通知识,而是他们以专家见长的特定知识体系"(伯顿·R. 克拉克,1994:16)。

正如布鲁贝克所说的"高深学问"需要"超出一般的、复杂的甚至是神秘的知识"(约翰·S·布鲁贝克,2001:31)。这种专门性、复杂性、高深性等特性,决定了高深知识的深奥性、前沿性与变革性。一方面,专门性、深奥性、高层次性表明高深知识的排他性存在,因而只有接受过专门性、系统性、长期性知识训练的那一部分个体才具备探索高深知识的先决条件;另一方面,由于高深知识始终处于知识边界的前沿、始终处于探索之中,通常是未定论的、仍在发展中的知识,因而此种知识并非完全性、确切性的事实性定论,而是始终处在不断更新、不断纠正、不断重构、不断丰富的过程之中。相对而言,以久经检验的事实性、定论性、基础性知识为核心的中等或初等教育机构则因远离知识边界的前沿而通常处于相对稳定的状态,这些知识机构的知识劳动所经历的本质性、结构性变革则相对较少且不频繁;而高深知识的前沿性、变革性、非稳定性、非定论性则决定了大学始终处于知识边界的前沿与持续变革的前夜。可见,知识的高深性和专业性强化了大学自身的复杂性和变革性。而且,专业性知识因其高深性、前沿性等特性会表现出很强的排他性,因而大学自身也会因其知识的高深性与专业性而表现出某种排斥性。那些未能占有专业性知识以及未经受专业化知识训练的个体很难在大学场域中获得良好的存在。

马克斯·韦伯(Max Weber)指出:"个人唯有通过严格的专业化,才能在学术研究的世界里,获得那种真实感的意识,达成某种真正完美的成就……真正被明确了的、并且重要的成就,无不属于专业性的成就"(马克斯·韦伯,2006:96-97)。

大学,尤其是研究型大学,通过知识探究活动训练了具有探究知识能力的人才,从而延续着知识探究与知识传承,这是大学区别于其他知识机构的重要方面。因而,研究型大学通过本科教育和研究生教育尤其是博士研生教育培养了一批又一批专业的知识从业者,从而延续着大学以及一系列知识机构的持续运行。大学的专业性知识以及专业性知识从业者的培养活动并非凭空存在,它们的存在需要依托一系列知识载体。然而,在大学兴起之初,学生追随学问大师求知问学可能并没有固定的场所,那时候的大学可能没有设施完备的教室、没有藏书丰富的图书馆,也没有设备先进的实验室,甚至连一个固定的校园都不存在,正如哈斯金斯指出的:"在整个启蒙时期,中世纪的大学都没有图书馆、实验室或博物馆,没有捐赠,没有自己的建筑物"(查尔斯·霍默·哈斯金斯,2007:1)。在某种程度上,教师和学生在何处开展探讨学问的对话,那里就是"大学"。而现代大学则已远远超越了这般简单狭窄的概念,现代大学不仅拥有庞大的校园以及华丽的校舍,还发展出一系列机构、活动与职能,大学也不仅仅是教师和学生的场域,大学的运行需要纳入更多元的人力、物力和财力。然而,虽然许多人员和机构都为大学持续运行所不可或缺,但作为知识机构的大学,其知识和知识劳动则以一系列知识载体为核心依托。换言之,作为大学的核心活动的知识劳动是在一系列知识载体上发生的,因而这一系列知识载体是大学运行的核心场所。可见,虽然现代大学是一个包含图书馆、实验室、教室、博物馆、体育馆、宿舍、食堂、超市、银行、酒店等诸多知识性机构和非知识性机构并开展诸多知识性劳动和非知识性劳动的复杂组织,但大学存在的本质要素在于知识以及围绕着知识和知识劳动而存在的各种作为知识载体的人、事、物。因而,剥去大学的一系列外壳之后,剩下的本质性的东西就是知识以及与知识相关的人、事、物。大学可以没有体育馆、没有宿舍、没有食堂、没有银行、没有酒店,甚至没有教室、没有实验室、没有图书馆,但大学不能没有知识,不能没有知识人和知识劳动。中世纪大学创建伊始并没有固定的教室、实验室和图书馆,但已然被称为大学,因为它们具有属于大学的那种知识、知识人和知识劳动。从某种意义上而言,大学的图书馆是人类历史的储存器,大学的实验室掌握着未来的秘密,大学的研讨室和演讲厅则是智力探究、发现和对话的空间(Walshok,2005)。但图书馆、实验室、报告厅等机构的存在不是因为它们本身的重要性,而是因为它们作为知识以及知识劳动的载体而不可或缺。这些知识载体承载着一系列知识劳动,它们是大学运行的重要依托,由此建构了它们在大学中存在的合法性与价值性。如果有其他机构可以承载知识和知识劳动,那么,图书馆、实验室或许就可以从大学里剥离出去或者被其他载体所替代。恰切的逻辑在于,图书馆、实验室等一系列机构是大学不可或缺的,这种不可或缺性的根本原因在于它们与知识有关。同样地,食堂、宿舍等机构之所以重要,并非因为它们本身重要,而是因为它们对于保障大学师生从事知识劳动和过知识生活而言至关重要。因而,究其根本,知识与知识人才是大学真正不可或缺的;而且,知识人也是由于和知识相关从而在大学这个知识组织中具有不可或缺性。没有图书馆、实验室、食堂、宿舍的大学还是大学,但没有知识和知识人的大学可能便不再是大学。知识是在大学与社会其他诸多机构之间作出区分的重要元素,也是区分大学场域内部不同人员、机构、活动的角色作用的重要元素。某种程度上,包括人、事、物在内的知识和知识劳动的载体之所以是大学的核心组件而为大学所不可或缺,原因是在于知识,知识在大学中的核心性建构了承载知识的人、事、物在大学场域中的合法性与核心性。

罗德斯说道:"大学是第二个千年中意义最为重大的创造,九百多年前她平淡地出现,而如今却成为现代社会有效运行的关键因素"(弗兰克·H.T.罗德斯,2007:29)。现代大学之所以在社会舞台中日益占据着轴心性地位,正是源生于它在知识传授(教育)、知识生产(科研)、知识应用(服务)等知识密集型活动中的制度性作用,大学的一系列活动和职能皆以知识为运行基础。可以说,大学因学术复兴而生成,因知识转型而演进,大学的科研、教学、服务等与知识相关的核心职能之间的差异和冲突是表面的,而其归根于知识属性却在本质上是相通的。换言之,大学的多重职能皆是以知识为依托的知识密集型活动。因而,知识、知识人以及维持知识劳动的稳定性、秩序性、规范性与持续性运作的知识组织、知识机构和知识制度等知识性物品是大学运行的关键。进一步而言,知识、知识人、知识组织、知识机构、知识制度等是大学得以持续运行的基本载体和支撑。在大学发展的历史进程中,围绕知识而产生的一系列组织、机构、制度在某种程度上都是服务于知识、知识人、知识劳动而存在,知识以及维系知识劳动的运行的人、事、物是大学里的合法性存在,也是大学存在的合法性基础。非知识性机构和活动是以辅助和保障知识性机构和活动而存在,倘若这些非知识性机构和活动丧失了辅助和保障知识性机构和活动的功能,那么也就丧失了其在大学中存在的合法性。因而,大学的核心成员是操作知识的人,大学的核心机构是承载知识和操作知识的机构,大学的核心要素都打上了知识的烙印。离开了知识,大学就失去了存在的依据;离开了知识,大学中诸多人员、机构、活动都失去了存在的依据。某种程度上,大学的教师和学生是因为知识而聚集在大学,是因为掌握知识以及知识生产能力才能被选拔进入大学,也因为知识而在大学中开展各类活动。假如大学的教师和学生没有掌握任何知识或知识生产能力,那么,他们也可能会失去在大学中存在的合法性,而被其他掌握知识以及知识生产能力的人所替代。对知识以及知识生产能力的占有是进入大学从事知识劳动的重要凭借。掌握了知识和知识生产能力的人得以在大学中开展一系列知识劳动并在大学中占有重要位置。当然,为了保障大学的教师和学生能够良好地开展知识劳动,许多非知识性的人、事、物以及机构也有在大学中存在的价值性、合法性与必要性。但本质上,承载着知识与知识劳动的人、事、物等知识载体在大学中居于核心位置,是大学的核心组件,也是大学运行的主要依托。

从另一个层面来看,在现代知识社会,大学不是知识生产的唯一贡献者,研究机构、私人企业以及政府实验室在知识创新的事业中日渐活跃(Bleiklie,Powell,2005)。存在于大学之外的许多机构也在从事着高质量的知识生产,并形成巨大的经济效益和社会效益。不过,虽然如今科研在大学之外的诸多场所开展,现代大学已不再能够宣称"研究垄断"(research monopoly),但在某种程度上,大学依然可以宣称某种"知识垄断"(knowledge monopoly),因为大学在定义什么是科学知识方面发挥着核心作用(Biesta,2007)。毫无疑问,大学依然处在生产和保存知识的事业当中(Scruton,2006)。而且,随着知识经济的不断发展,作为知识生产的主要场所,大学将日益被置于经济和社会发展的中心(May,Perry,2006)。在知识经济时代,商业性机构日益介入知识生产,大学要想维系其作为知识生产与知识供给的重要机构的地位,则需要进一步在知识劳动中坚守自身的优势。与社会其他生产知识的机构相比,大学在培养知识生产者方面具有独特优势,大学通过研究生教育尤其是博士研究生教育培养了一批又一批知识生产者,从而为大学自身以及社会诸多知识机构的知识生产提供源源不断的知识生产者。因而,即便大学不是知识生产的唯一场所,但大学依然承担着培养知识生产者的重任。实际上,"在确认谁有资格是研究者时,界定标准必须加以扩展,不能认为只有知识的主要生产者才是研究者,学生作为主要的参与者也应纳入研究者的行列"(韩益凤,2014)。研究生教育尤其是博士研究生教育不仅是教育体系的一部分,亦是大学知识生产体系的一个环节(顾剑秀,罗英姿,2013)。研究生不仅是大学知识生产的参与者,也是大学知识生产体系中的重要劳动者和贡献者。研究生尤其是博士研究生作为知识生产的参与者构成了大学知识生产体系的重要力量,并实质性地为大学知识生产作出了直接贡献(比如,发表学术论文等)和间接贡献(比如,在科研项目中承担一定任务等)。可以说,博士生、硕士生以及本科生实际上是大学知识生产的重要参与者,是大学知识劳动的重要劳动者。某种程度上,在现代大学当中,教师和学生等与知识相关的人员构成了一个庞大的、复杂的、充满各种联系的知识人群体,知识、知识人以及知识劳动和知识活动在现代大学当中存在着复杂的互动关系,这是探究和理解现代大学运行逻辑的重要元素。

3."知识场域"的视角

"象牙塔""服务站""才智之都"等大学隐喻除了为我们从知识的视角理解大学提供了重要启示,同时也为我们研究现代大学的运行逻辑指出了一个重要方向。从"象牙塔"的隐喻中,我们可以看到大学所具有的高贵性、神圣性、封闭性、排斥性,也可以看到大学为学者们提供了一个庇护空间,从而庇护学者们尽可能地规避干扰而开展知识探究活动,并过一种安宁的知识生活。从"服务站"的隐喻中,我们可以感知到在市场化和商业化的时代中,知识的市场化和商业化影响着知识的权力格局,使得那些容易创造经济效益的知识在大学中获得了更强的合法性,而那些远离实际效益的纯粹知识则有受"冷落"的风险。此种情境可能会加剧大学内部不同知识领域以及不同知识劳动者之间围绕一系列利益和权力而展开的争夺与博弈。从"才智之都"的隐喻中,我们可以看到现代大学尤其是研究型大学聚集了多元化的智力,掌握知识和知识生产能力的个体在大学中的聚集建构了大学在智力上的活跃性;同时,多元化的知识群体共存于大学之中,各自不同的目的和诉求以及对有限资源的争夺将驱动他们围绕知识展开一系列博弈。从"象牙塔""服务站""才智之都"等大学隐喻中可以看到大学的复杂性,现实中的大学可能并非自始至终地如"象牙塔"那般理性且浪漫,也并非一如既往地像"服务站"那样积极卷入社会,也不一定都像"才智之都"那样汇聚各方才智而成为充满活力的巨型城市,多元才智、多元群体在大学中的汇聚也可能形成某种内部冲突、争夺与博弈。从远处看,大学或许就像一座"象牙塔"一样充满追求知识和探究真理的浪漫;而从近处看、从细处看,在大学的实际运行中可能充斥着对各种利益的争夺,大学里的不同个体可能会因为对各类资本、位置、权力的不同占有而处于不同的层级结构。

第一章 知识场域:探究现代大学的运行

从学术逻辑去审视,知识本身就是目的,学者是出于对知识本身的热情与好奇而探究和传播知识(李立国,2017)。而从资本和权力的视角去审视,探究知识、传播知识的目的和过程可能融入了诸多功利性的要素,这个过程中镶嵌着各种利益争夺。在以知识为争夺要素的大学之中,这种争夺表现出一定的复杂性。而且,在学术资本主义日渐盛行的时代,教师对经济效益的诉求或超越了对知识本身的探究(晏成步,2018)。因而,除了由知识的专业性所建构起来的排斥性和斗争性之外,在知识市场化的时代,知识的经济性也将建构起某种排斥性和斗争性。可见,在大学实际运行过程中,由知识所衍生的利益使得在大学的知识劳动和知识活动当中存在着各种复杂的互动关系。

伯顿·克拉克指出:"在任何社会里,学术工作都是围绕着特殊的理智材料组织起来的……学术活动所具有的特征促使学术组织形式与众不同并给它们带来了一些特殊的运行问题和权力问题"(伯顿·R. 克拉克,1994:11)。而且,"学术知识有其自身的生命力,它们并非简单地为研究人员、学者和老师所拥有,或者依附于他们而存在"(埃里克·古尔德,2015:85)。

倘若要近距离地审视现代大学,走进大学机体的内部去解读它,就不得不面对其中存在的各种复杂的互动关系及关系网络。从这个层面去分析现代大学的运行逻辑,那么,皮埃尔·布迪厄(Pierre Bourdieu)的"场域"理论及其相关概念或能为此提供一个良好的研究视角。"场域"理论能够深刻地分析空间网络中所存在的各种游戏、行动者、位置、规则、关系、资本、权力、争夺等要素以及这些要素之间的复杂关系。因而,"场域"理论对于深入大学组织内部去解读大学的运行逻辑具有重要的启发性。进一步而言,如果从大学的运行所依赖的关键元素——知识——这个切入点去理解,那么,从布迪厄的"知识场域"的概念视角出发将是研究现代大学的运行逻辑的有力抓手,并为本书提供一个具体的分析视角。

布迪厄曾用"知识场域"这个概念对知识界和文艺圈做过深刻的分析,他指出:"知识场域,就像一个磁场,由动力线体系所构成,它不能被压缩为仅仅是孤立动因的集合,或者仅仅是被并置的因素的总合"(皮埃尔·布迪厄,2002:198)。从中可见布迪厄的"知识场域"中所包含的一系列力和关系的作用,对于我们理解大学场域中围绕知识而展开的一系列活动、互动和关系具有重要启发,并将助力于我们分析和阐释现代大学的运行逻辑。布迪厄的"知识场域"指的是特定的机构与市场的发源地,艺术家、作家、研究者和学者在其中对资源进行竞争,从而为自身的文学艺术或者学术和科研取得合法性认可(戴维·斯沃茨,2006:256)。布迪厄的"知识场域"实际上是一个范围很大的学者、研究者、艺术家、作家以及其他各类知识分子等群体从事与知识和艺术等内容相关的活动的场域。李来容(2013)指出,在20世纪40年代,围绕

第一章 知识场域：探究现代大学的运行

"院士制度"的建立，"中央研究院"与诸多高校、研究机构、学会等团体和学者构成了一个典型的"知识场域"。这个"知识场域"也同样是超越了大学范畴的知识场域，其虽然包含大学，但并非聚焦于大学，也并非对大学的特定分析。有学者指出，当我们从场域的逻辑视角出发去审视大学时，可以看到，大学外界的社会各要素并非直接作用于大学内部的知识个体，而是借由大学的"知识场域"或者"学术场域"这个场域中介产生这种作用的，大学存在一个潜在的"知识场域"或者"学术场域"（茹宁，2014：18）。作为一个围绕知识聚集起来的师生共同体，大学实际上是一个"知识场域"（徐文娜，2011：41）。可见，大学作为"知识场域"已得到学者们的关注和认同，但已有研究对大学"知识场域"内部运行逻辑尚缺乏充分的剖析。实际上，将大学理解为具有特定的运行逻辑与规则的生产和传播知识的场域，对于解读"大学是什么"的问题将大有裨益（乔元正，2015）。而且，对于理解作为知识组织或知识机构并且拥有多重角色与多种职能的复杂的现代大学的运行逻辑也将大有裨益。

基于上述认识，本书将在"知识场域"的视角下理解现代大学，着重围绕"知识"这个重要元素去分析现代大学，并借助场域理论及相关概念去分析现代大学的运行逻辑。场域理论有其特定的分析落脚点，从"知识场域"的视角去探究现代大学的运行逻辑，那么，知识人围绕知识、资本、权力等要素展开的一系列互动与争夺则是分析的重要着力点。实际上,"知识场域首先是争夺谁有界定什么是文化生产的合法形式的权力的场所"(戴维·斯沃茨,2006:256-257)。因而,从"知识场域"的视角出发,明晰了本书将着重分析的要点。从"知识场域"的视角出发,有利于勾勒在大学这个知识空间当中围绕知识而展开的一系列复杂的互动关系,从而对现代大学的运行逻辑进行理解和阐释。

三、多学科分析

本书立足于高等教育学,并尝试从多学科的视角,借助不同学科的理论、观点和概念对现代大学的运行逻辑进行研究和阐释。一方面,借助历史学的视角,梳理了在大学发展历程中大学与知识的内在关联,从而帮助本书立足于知识这个要素去理解大学;另一方面,借助社会学、哲学等学科领域中皮埃尔·布迪厄(Pierre Bourdieu)的场域理论和知识场域、资本、惯习、游戏、幻象等概念以及米歇尔·福柯(Michel Foucault)关于规训的理论、观点和概念等以帮助本书对现代大学的运行逻辑进行分析和阐释。

本书主要围绕知识这个要素并从知识场域的视角分析现代大学的运行逻辑,并非囊括现代大学所有要素、功能和特征,而是在一定程度上简化了现代大学的复杂要素和功能,抓住知识这个要素并主要论及大学的知识劳动与知识活动,而较少论及大学的非知识性要素以及非知识性劳动和非知识性活动。这在某种程度上借助了马克斯·韦伯(Max Weber)的"理想类型"(ideal type)的分析方法,对复杂的研究对象进行简化,着重从研究对象的某一重要特征进行分析。

"理想类型"是一种高度抽象并反映事物的本质特性的分类概念或者逻辑工具,在运用理想类型进行分析时,借助对不同理想类型的本质特征进行比较分析,以便抓住不同类型之间的结构关系,并从结构一致性原则出发,从而对事物进行解释(陆益龙,2011:216)。在韦伯眼中,为了理解复杂的社会现象以及因果关系并且不至于陷入一种单一模式的决定论当中,就需要构建某些"理想类型"的概念框架(胡玉鸿,2003)。实际上,韦伯提出"理想类型"这种概念框架是作为社会科学研究过程中的具体分析工具而使用的,研究者通过构建"理想类型"从而可以对某些抽象的联系进行明确的理解,而"理想类型"的建构需借由强调某一观点,把一系列散乱的现象综合成一个统一的分析模式(李强,2007)。"理想类型"的基本特征表现在以下几个方面:其一,它是研究者运用思维进行的主观建构,它来自现实世界,但不等同于现实世界;其二,虽然是一种主观的建构,但它并非凭空虚构;其三,它是一种抽象的概括,但它无法概括也不试图去概括事物的一切特性,而是符应研究的具体需要,侧重于概括事物的某一方面的特性(周晓虹,2002)。可见,理想类型是研究者抽象出来的,用作与现实事物进行比较从而获得理解,作为研究者构建的一种思想图式,理想类型不可能符应一切实在(袁继红,2015)。韦伯指出:"它是一种概念结构,这种概念结构既非历史现实,亦非'真实的'现实……它只有纯理想的有限概念的意义,真正的现实或行为可以与之相比较,并为解释其那些有意义的成分而对之作观察"(马克斯·韦伯,1999:189)。不过,"理想类型"虽然不是现实,但也应该成为现实(樊浩,2013),它不是研究者依凭主观意愿任意虚构出来的概念(袁继红,2015)。

可见,在理解"理想类型"这种分析方法时,需要把握"源于现实""主观建构""抽象概括""部分特征"等基本"原则"。虽然"理想类型"已成为社会科学常用的一种分析范式(韩益凤,2015:22),但我们也不能太过随意地使用它。某种程度上,在应用"理想类型"这种分析方法时应注意:首先,要基于现实事物的客观特性进行抽象概括,而非对事物的特性进行凭空臆造;其次,这种概括是一种抽象的概括,经由抽象的概括才能更深入地把握事物的本质,否则依然会停留在表象,而不得其意——倘若如此,运用理想类型这种分析方法的必要性就不存在了;此外,这种抽象的概括不应试图"眉毛胡子一把抓"、全面而又笼统地对事物进行刻画,那样很可能拖泥带水地把事物诸多特征叙述了一遍但却无法捕捉到它最关键的特性,因而运用理想类型对事物进行抽象概括时,要侧重于事物的某方面特性,主要是事物的关键特性,通过对事物关键特性的抽象概括,才能建构具有解释力的理想类型。因而,"理想类型"的分析方法并非试图全面概括事物的全部特征,而是将研究对象进行一定程度的"简化"和"理想化"以及"抽象化",着重考察事物的某一特征,或者说着重考察事物的重要特征或关键特征。

"理想类型"的分析方法正契合本书的意图,本书无意于对现代大学的运行逻辑进行全面的阐释,而是侧重于围绕知识这个要素并从知识场域的视角进行分析。某种程度上,"知识场域"是现代大学的某种"理想类型"。从知识场域的视角进行分析可能无法概括现代大学的所有特征,但可以捕捉到某些重要特征。因而,需要指出的是,本书对现代大学运行逻辑的研究主要立足于知识以及知识场域的视角,所指涉的大学主要是研究型大学,而且主要论及大学的知识生产(研究)、知识传授(教学)、知识获取(学习)等知识劳动以及诸如学生选拔、教师招聘、职称晋升、学术评奖等各类知识活动,而对大学的非知识性劳动和非知识性活动论及较少,因而本书的分析和阐释以及相关的观点和论述不能简单地推论到现代大学运行逻辑的所有方面,也不能简单地推论到所有类型的大学。

第二章
游戏空间：作为知识场域的大学

"场域"理论描绘了一个充满各种行动者、惯习、位置、幻象、游戏、规则、资本、权力、争夺等要素及其相互关系的复杂空间。从"场域"和"知识场域"到"大学知识场域"根植于大学的知识属性，知识作为大学运行的一种核心材料，是在大学知识场域中换取其他物品的一种资本。从知识场域的视角而言，大学为知识人提供了一个参与"游戏"的空间，大学的知识活动在某种意义上具有"知识游戏"的特征，知识游戏具有特定的游戏者、规则、筹码、赏品、裁判等，知识和权力既是参与争夺的筹码，也是争夺的目标，从"知识游戏"的视角审视知识活动喻示了大学知识场域内在的争夺性。

一、场域的理论基础

（一）场域

"场域"(Field)是皮埃尔·布迪厄(Pierre Bourdieu)

理论体系中的重要概念,其基本含义是:"在各种位置之间存在的客观关系的一个网络,或一个构型"(皮埃尔·布迪厄,华康德,1998:133-134)。对于布迪厄而言,场域是一个特定的社会空间,在这个空间中的不同位置之间卷入了网络或结构(Bathmaker,2015)。更具体而言,"场域是指商品、服务、知识或社会地位以及竞争性位置的生产、流通与挪用的领域"(戴维·斯沃茨,2006:136)。布迪厄指出:"社会世界是由大量社会小世界构成的,而每一个社会小世界都是一个个存在其自身的逻辑和客观关系的空间"(皮埃尔·布迪厄,华康德,1998:134)。可见,在布迪厄看来,场域是一个存在自身逻辑和客观关系的空间。这种空间可以被看作一个"场所"或者"舞台",亦可被视为一个"圈子"或者"江湖"。个体进入特定的场域就如同进入特定的"场所"和"舞台"或者"圈子"和"江湖",在其中与他者展开互动关系,并遵循场域中特定的逻辑规则进行活动。"场所"或"舞台"是对场域的实体化理解,而"圈子"或"江湖"则是对场域的抽象化理解。实际上,场域的概念具有广泛的适用性,它既可以指涉一种实体性空间,也可以指涉一种抽象性关系网络。"大学"这个"场域"既是一个实在的空间,也包含某种复杂的、抽象的关系网络,同时也存在着结构。

布迪厄将场域理解为具有特定游戏规则的社会空间,它具有特定的位置结构,并对进入其中的成员提出了特定的要求和规定(Gopaul,2015)。不同场域有其特定的成员,不同场域也有其特定的规则。实际上,布迪厄在分析现代社会时,创生出一系列的"场域"和"子场域"(sub-field),每个特定的场域或者子场域(例如,法律场域、商业场域、政治场域、学术场域、新闻场域、文学场域,等等)都存在其特定的利害关系、规则、竞争法则以及不同形式的资本(Ahearne,2012)。因而,无论是实体性空间还是抽象性关系网络,特定的场域具有特定的逻辑系统和游戏规则。而且,不同场域的游戏规则通常不能简单地相互通约,即一个场域的游戏规则通常不能直接适用于另一个场域。不过,场域的游戏规则和场域的边界有时候是模糊的,不易把握的。它所遵循的规则并非是明确无疑、编纂成文的(皮埃尔·布迪厄,华康德,1998:135)。正如电场、磁场、重力场等自然界客观存在的诸类场,它们看不见也摸不着但确实是客观存在着的,其存在的证据就在于某类物体进入这些场就可能受到某种力的作用,继而可能发生某些特定的变化或者进行某种特定的运动,从而反映出场的真实存在以及场中所存在的逻辑规则,场中的特定规则支配着物体在场中的运动方式。物体在场中所受力的作用遵循着场所固有的一套逻辑规则,正如自然界的电场、磁场、重力场中力的作用与物体在场中的位置变化有关,而且力的作用指向位置之间的差异关系;在人类社会的场域中,同样存在位置的差异以及由于这种位置的差异而产生的力的作用,场域实际上是一种存在位置结构的空间。场域中存在许多不同的位置,个体在场域中占据着不同的位置,不同位置以及占据在位置上的不同个体之间存在着一系列的关系,这种关系之中附着了某种力的作用。每个个体进入场域都会受到力的作用,力的作用符应场域的位置结构和逻辑规则。物体进入电场、磁场、重力场受到特定的力的作用并按照既定规则发生相应的变化或者运动。就像在电场、磁场、重力场中力的作用一样,个体在场域中发生力的作用并非需要彼此之间存在直接的物理接触,这种力的作用通常是由一种抽象的关系生成的。而且,个体进入场域中既受到外在于自身的力的作用,同时也可能对场域以及场域中的其他个体施加力的作用。因而,他们可能受制于场域的既有规则,也有可能改变场域的既有规则。同样都会在场中受到各种力的作用,但人与物是存在区别的。进入场域中的不是一个个冰凉的粒子,而是一个个有知觉和意识、有精神属性的活生生的人(毕天云,2004)。某种程度上,物体进入电场、磁场、重力场只能按照既定的规则被动地承受力的作用,而社会场域中的人既可能承受力也可能施加力,还可能通过主体能动性改变场域的规则,从而改变力的作用方向。社会场域中的规则本身即是人为制造的,因而也可能由人的力量而改变。可见,作为具有能动意识的个体在场域中建构的是一种相互的关系而不是单一方向的关系,这种相互关系并非固定不变的,而是不断变化的,行动者之间的相互关系的变化可能会转化为场域位置结构的不断变化。实际上,场域空间中位置结构由某个特定时间内位置间的关系所决定,因而位置之间关系的任何变化都有可能导致整个场域结构的改变(Ferrare,Apple,2015)。而且,场域中的位置生产了行动者特定的思维和行为(Bathmaker,2015)。换言之,行动者在场域中所处的位置塑造了他们特定的思维方式和行为方式,这种由特定位置所塑造的思维方式和行为方式可能会将行动者继续固定在场域中的特定位置上;因为不同的位置有着不同的思维和行为逻辑,某种程度上只有具备特定位置所应有的特定的思维和行为方式,才有可能匹配到特定的位置上,处在特定位置上继而又再生产了特定的思维和行为方式。可见,行动者并非能够轻而易举地改变场域的规则和结构,场域的规则和结构虽然是可变的,但总体上是维持相对稳定的。

不同于自然界的电场、磁场、重力场中的力,社会场域中的力并非一种客观的力,而可能是以权力的形式表现出来的抽象的力。权力的施展与个体在场域中的位置有关,权力通常从较高的位置指向较低的位置,这是场域中个体相互关系的一种表现逻辑。具有能动意识的个体显然不会机械地受制于场域中权力的作用,权力的施展有时候可能会遭遇一系列反制之力的作用。权力及其反制之力构成了一组动态的相互关系,这种相互关系构建了场域中的争夺。不过,争夺并非完全由于权力,也可能源于资本和利益等。争夺是场域的一种固有属性,是场域中的一种常态。"作为包含各种隐而未发的力量和正在活动的力量的空间,场域同时也是一个争夺的空间,这些争夺旨在维续或变更场域中这些力量的构型"(皮埃尔·布迪厄,华康德,1998:139)。可以说,竞争和斗争是场域的一种核心要素(Gopaul,2015)。场域本身即是诸多力量在其中进行斗争所形成的关系网络,场域的发展也是一个冲突和斗争的过程,因而,冲突是场域运行的动力,而冲突的动力则在于利益(刘生全,2006)。实际上,布迪厄所描绘的"场域"并非景色优美的牧场,而是更像充满斗争的战场(帕特丽夏·汤姆森,2018:84)。驱动行动者参与场域中的争夺的重要因素是"幻象"(illusio),即对场域中所争夺的对象的重要性和价值的一种认同(皮埃尔·布迪厄,华康德,1998:135)。由于对场域中争夺的目标有心照不宣的认可,因而行动者具有投入场域争夺的倾向性。例如,在学术场域,发表论文、获得奖励、晋升职称等都可能是行动者争夺的对象,这些争夺的对象对行动者而言是重要的、有价值的、值得追求的,所以行动者被这种"幻象"驱动着参与场域中的争夺。布迪厄所讲的"幻象"指涉的是个体对场域中所争夺的对象的价值认同而产生的那种参与其中的吸引力,这种吸引力继而转化为他们参与争夺的驱动力。就像参与游戏的人认同游戏是值得参与的所以他们才会参与游戏,这种认同并非以一份书面的契约为基础,他们参与游戏这个事实本身既已表明他们认同了参与游戏的价值(皮埃尔·布迪厄,华康德,1998:135)。如果行动者对场域中的争夺对象毫无兴趣,那么,该场域就不会对他构成某种幻象,他也就缺乏参与该场域中的争夺的积极性。换言之,这个场域或者场域中的游戏对他而言就没有多大的意义和吸引力。因而,个体进入某个特定场域并参与其中的争夺的前提在于个体认同了该场域中所争夺的对象的价值和意义。如果缺失了这一基本前提,那么,个体可能就不会进入该场域,也就不会参与该场域的争夺。可见,行动者在特定场域中的在场就意味着他认可了该场域中的游戏以及游戏赏品对他的意义和价值并默认了游戏规则,继而他就无须过多的督促和驱动便投身在游戏当中为游戏赏品而与游戏中的其他玩家展开争夺。一系列的争夺建构了场域的结构,也在不断重构场域的结构。正因为存在结构,所以存在位置的差异,或者说,正因为存在位置差异所以存在结构,而附着在位置之上的资本和权力的差异形塑了不同的力的作用。处在较低位置的个体有一种争夺更高位置的倾向,因为更高的位置意味着更多的资本和权力,也意味着更好的生存与发展。进场的个体首先需要遵循场域的特定规则,当他逐渐熟悉场域的规则并且个人的力量足够强大的时候,他有可能通过更改规则来实现自身位置的跃升。当然,他也可以完全遵循场域既有的规则去行动,按照既定规则的逻辑逐步争夺到更高的位置以及更多的资本和权力。场域的游戏规则的改变并非一定会发生,但更改规则是行动者参与争夺的一种手段和策略,也是资本和权力对场域施加影响的一种表现。不过,一般来说,只有掌握特定的位置、资本和权力的个体才有更改场域中的游戏规则的能力和可能性,位置、资本、权力所表现出的力量和价值使得对位置、资本和权力的争夺构成了场域中行动者参与游戏的重要动力。

"游戏"的隐喻显示出场域是由一套规则系统所控制,进入场域的个体就是参与竞争的选手(contestants),他们参与竞争的目的是维持或者增加自己所拥有的资本,而且,"游戏"的隐喻也能呈现出行动者参与竞争所使用的策略以及场域中存在的"非正式规则"(unofficial rules)(Bathmaker,2015)。在日常游戏当中,虽然游戏玩家的初始筹码和游戏能力有所不同,但在游戏开始之前,游戏规则便是明确的、公开的,而且在游戏过程中,规则也不会轻易被改变,游戏玩家要遵循游戏规则去玩游戏才能维持游戏的继续,倘若有人不遵守游戏规则,以破坏规则的方式赢取胜利,那么,他可能会遭到严厉的惩罚。但在社会诸多场域中,既存在公开的显性规则,也存在不公开的隐性规则,而且游戏规则有可能会被各种力量不断地改变,游戏参与者不仅在争夺游戏赏品,同时也在争夺制定和更改游戏规则的权力,因为掌握了这种权力就有可能使游戏规则对自身更为有利。从这个视角而言,大学场域中的一系列活动具有"游戏"的特征,这些游戏有其特定的游戏者、筹码、赏品、正式规则和非正式规则以及游戏内容、游戏方式、游戏裁判等,游戏参与者在其中进行一系列的争夺与博弈。

(二) 资本

在场域中参与争夺的不同个体具有不同的力量,力量大小建构了其在场域中所占据的位置,同时也塑造了他们的行动策略。这种力量的大小在某种程度上源生于行动者进入场域时以及在场域中所掌握和积累的资本以及这些资本在该场域中所占据的角色位置或者说这些资本在该场域中的效力。行动者所掌握的资本是否为该场域的支配性资本,或者说他所掌握的资本在该场域中的支配性,很大程度上决定着行动者在该场域中参与争夺的力量强弱。实际上,"场域是由在资本的类型与数量的基础上形成的统治地位与被统治地位所组成的结构性空间"(戴维·斯沃茨,2006:143)。因而,个体所占据的资本的类型和数量关系到他在场域中所能占据的位置以及他参与场域中各种争夺和博弈的力量,并由此影响着个体之间的位置关系以及场域的结构。可见,资本是行动者参与场域争夺的基本要素,也是争夺的重要目标。在某种程度上,资本扮演着场域中的博弈筹码和流通货币的功能角色,个体在场域中分配或争夺位置和权力都需要借由资本的力量。布迪厄将资本划分为多种类型:一是经济资本,主要指家庭的经济收入、经济物品等占有物,其以财产权的形式被制度化;二是文化资本,主要指有形的文化物品和无形的精神品质等,其以教育资格的形式被制度化;三是社会资本,主要指稳定的社会关系网络,其以某种头衔的形式被制度化(布尔迪厄,1997:192;皮埃尔·布迪厄,华康德,1998:161;王振辉,2013:120)。其中,文化资本包含三种形态:一是身体形态的文化资本,主要指内化了的知识、精神品质、气质等;二是客观形态的文化资本,主要指书籍、艺术品等有形的文化物品;三是制度形态的文化资本,主要指证书、文凭等制度化的文化产品(布尔迪厄,1997:193;皮埃尔·布迪厄,华康德,1998:161;王振辉,2013:120)。从某一方面来看,文化资本指涉的是个体所占有的知识和技能,这些物品能赋予个体在特定情境中相对于他人的权力(power)或特权(privilege),例如,个体的学术资历能够赋予他(她)一定的优势,从而有助于他(她)在劳动力市场中获得更好的机会(Alshareefy,2018)。实际上,经济资本、文化资本、社会资本等类型的资本都能在特定的情境中以某种制度或非制度的方式赋予资本持有者相对于他者的某种优势,从而为资本持有者竞得各种利益。不过,不同的场域具有不同的主导性资本,不同的资本在不同的场域中拥有不同的效力。特定场域以结构化的方式赋予特定资本以一定的效力(effect),并使资本成为资本持有者获得权力和特权的一种凭借(Alshareefy,2018)。可见,在特定场域中,通过对特定资本的占有,个体可以换取其他类型的利益,从而实现从对一种资本的占有延伸到对另一种资本或利益的占有,并实现资本的累积。正因为资本具有这种延伸的或者说交换的功能,所以它就更受人们的青睐和追捧,追求对资本的占有和累积成为人们在各种场域中参与争夺的重要动力。因而,在场域中,人们通过对资本的占有以期实现对更多资本的占有,换言之,资本具有"手段"与"目的"的双重属性,它既是争夺的手段,也是争夺的目的(李全生,2002)。个体在场域中进行争夺既是以资本为手段,也是以资本为目的。作为争夺手段的资本是个体在场域中的博弈筹码,作为目的的资本是个体在场域中的争夺对象。个体在场域中的争夺即是以既有资本为基础并不断累积资本的过程。随着资本的累积以及资本与权力之间的兑换,个体在场域中的位置也可能会发生变化,个体可能从较低的位置升迁到较高的位置,并进一步掌握附着在该位置上的资本和权力。对资本以及分配资本的权力的争夺展示了场域内在的争夺属性,即使场域看起来风平浪静,但进入其中、沉入其中便会看到其内在的竞争性与斗争性。在布迪厄看来,基于资本的形态变迁以及对资本分配的争夺,得以认知和理解知识社会中各种冲突的特征(王国银,2010)。而且,动态的资本累积和位置变化的可能性对个体参与场域中的争夺亦构成了一种强大的吸引力,不断地吸引和驱动个体参与场域中的争夺,继而激活并维系着场域的持续运转。

在特定场域中,存在特定形式的资本,而且资本以特定的方式进行"分配",资本的"分配"方式既遵循着场域特定的逻辑规则,反过来又建构着场域的逻辑规则和权力关系。例如,在科学场域中,资本的形式和分配结构影响着科学场域服从其特定逻辑的自律程度(王树生,2013)。由于每个场域都具有属于自身的一套特定的规则体系,而且此场域的逻辑并不能直接化约为其他场域的逻辑(皮埃尔·布迪厄,华康德,1998:142),因而,特定场域以特定的逻辑和规则来划定不同资本的结构关系,特定资本的实际效力则受制于场域中的逻辑和规则,并且特定资本与特定场域相匹配才能发挥资本的最佳效力。

"一种资本(例如希腊语或积分学的知识)的价值,取决于某种游戏的存在,某种使这项技能得以发挥作用的场域的存在:一种资本总是在既定的具体场域中灵验有效,既是斗争的武器,又是争夺的关键"(皮埃尔·布迪厄,华康德,1998:135)。

简而言之,特定资本的效力由特定场域的游戏规则所决定。例如,学术资本在学术场域中才能发挥它的最佳效力,倘若将学术资本置于娱乐场域中,那么它的效力很可能被削弱乃至失去了既有的效力;反过来,如果把娱乐资本置于学术场域中,那么它也很可能无法发挥它在娱乐场域中的那种效力。可以说,特定场域选择了特定资本,特定资本符应了特定场域,资本只有和场域相匹配才能发挥最大效力。在某种程度上,个体所掌握的资本的结构和数量与其所在场域之间的匹配程度决定了其在该场域中的位置以及参与该场域一系列争夺的力量和结果(皮埃尔·布迪厄,华康德,1998:137)。资本的"结构"说的是个体所掌握的那种资本类型是否与该场域中占主导地位的资本类型相匹配(比如,学术资本之于学术场域,娱乐资本之于娱乐场域),资本的"数量"说的是个体所掌握的某种类型的资本的多寡。如果掌握了较多的(数量上)在某个场域中占主导地位的(结构上)资本,那么个体在该场域中可能会占据较高的位置,其参与场域争夺的力量也更强。

不过,场域的逻辑和规则并非牢固不可动摇的,因而资本的结构关系也并非决然固定的。行动者在场域中并非被机械地规制,行动者既可以维持场域资本的分配格局,也可以改变它甚至颠覆它。

"社会行动者并非被外力机械地推来扯去的'粒子'。正相反,他们是资本的承载者,而且,基于他们的轨迹和他们利用自身所有的资本数量和结构在场域中所占据的位置,他们具有一种使他们积极踊跃地行事的倾向,其目的要么是竭力维持现有的资本分配格局,要么是起而颠覆它"(皮埃尔·布迪厄,华康德,1998:149)。

行动者在场域中争夺资本和权力,不仅可以在默会场域规则的基础上不断增加在场域中占支配地位的资本的数量,从而在场域中竞夺更高的位置;同时,行动者也可能通过某种策略改变场域的游戏规则,以使自己所占有较多的那种资本成为场域的支配性资本,从而使自己获得更高的位置以及更多的利益。这是个体在场域中参与争夺的一种可能的行动策略。不过,要想通过改变游戏规则或者资本的分配规则从而达成有利于自己的资本分配结果,那么就不仅要借助于对特定资本的占有,也需要借由对特定位置和权力的占有。有时候,相比于特定的资本而言,特定的权力更具备干预场域的游戏规则的可能性和有效性。

(三) 惯习

个体在场域中的行动策略不仅取决于其所占有的资本的类型结构和数量多寡,而且也受制于其背后的"惯习"(Habitus)。"惯习"是布迪厄的理论体系中另一个重要概念,它指的是一种"性情倾向系统",这种倾向系统是在特定经济的、社会的条件中长期建构出来的一套相对稳定的禀性(皮埃尔·布迪厄,华康德,1998:165)。惯习通常以无意识或潜意识的方式规制着个体的行动策略,无意识或潜意识意味着惯习对个体行动策略的指导和约束并非直观呈现的,甚至个体自身都有可能无法察觉到惯习的无意识或潜意识作用的存在,个体施展某种行动的逻辑有可能深深地隐藏在某种无意识或潜意识当中。因而,布迪厄不认同理性行动假设,不认为人的行为是对外界刺激的理性回应,他强调人的行为是历史性的(皮埃尔·布迪厄,华康德,1998:168)。"客观主义倾向通常把行动理解为'没有行动者'的机械反应,而主观主义倾向则把行动描绘成对有意识的意向性的蓄意追逐,把行动描绘成任由良心摆布自己的计划,描绘成通过理性计算来最大可能地发挥功效的自由计划"(布尔迪厄,1997:168)。在布迪厄看来,客观主义看不到行动者的存在,主观主义则夸大了行动者自身理性的作用。实际上,行动者的行动既不是对事件的机械反应,也并非完全依从自身的理性意识而采取的行动。行动者的行动根植于其特定的惯习,惯习是历史性的产物,是个体长期在某种环境或情境中存在而建构起来的一种性情倾向系统,这套系统在隐匿性地规制着人的行为,使人的行为看起来像是由"无意识"或"潜意识"支配的自然而然的结果。可见,惯习在某种程度上可以看作是形塑、规制、操控个体行动策略的"潜在的""背后的""无意识的""潜意识的"力量。某种程度上,惯习是左右个体在场域中的行动策略的深层原因。实际上,惯习是在实践中历史性地转变而成的,个体对历史在其身上的积累失去记忆和意识从而进入一种"无意识"状态(朱国华,2004a)。这种历史性反映的是人的行为根植于他的惯习,而惯习是根植于社会经济历史性的,是长期在某种社会经济环境中建构起来的。实际上,惯习具有双重历史性。一方面,它是个人历史的产物,即是说,惯习并不一定出生即有,并非全然由遗传所得,而很大程度上是个体的生存经历(即个人历史)所建构出来的,个体在特定的社会结构与环境空间中长期实践建构了个体的惯习;另一方面,惯习也是社会历史的产物,因为建构个体惯习的社会结构是历史性的产物,社会

第二章 游戏空间:作为知识场域的大学

结构是社会历史长久积累而形成的。因而,特定阶层的个体由于长期在特定的社会经济条件中生存从而建构了特定的一套惯习系统。于是在面对外在事件时,特定阶层的个体可能会产生符应其所在阶层的惯习的反应。因而,处于同一阶层的个体的惯习具有某种亲和性,他们无须协商或共谋,就会自然而然地采取相似的实践策略(皮埃尔·布迪厄,华康德,1998:169)。例如,在大学场域中,学者们长期在知识环境中实践,他们的惯习系统具有某方面的相似性。不同学者之间惯习的相似性可能大于学者群体与其他群体惯习的相似性。学者们共有某些相似的惯习,因而他们对大学场域中的规则和赏品有着某些相似的认知,这是他们开展互动与争夺的基础。

与资本相似,惯习匹配了场域才能发挥其最佳效应。布迪厄指出,当惯习与生产了它的那个社会世界相遇时,就会如鱼得水般适应(皮埃尔·布迪厄,华康德,1998:172),"就像在自己家一样"(皮埃尔·布迪厄,华康德,1998:173)。行动者带着个体历史性的惯习进入特定的场域,无意识或潜意识地按照个人既有的惯习展开行动,假如他既有的惯习与当前的场域不匹配,那么,他的行动可能就会容易遭遇失败。这时,他要么退出当前的场域,要么在当前的场域中调适并建构新的惯习以适应这个场域。或者在某种极端的情况下,个体掌握足够的权力以改变场域的支配性惯习,使之适应自身的惯习。场域中的斗争的一种表现就是,掌握支配权的个体有可能将自身的惯习建构为场域中的支配性惯习,将自身的价值系统"强加"在场域中其他人身上。但能够改变场域的支配性惯习的个体往往是在该场域中已经长久存在并占据较高位置的个体,这种情境主要符应少数个体。而且,惯习是一种相对稳固的性情倾向系统,改变场域的支配性惯习并非易事。在通常情况下,特定惯习要和特定的场域相匹配,才能获得那种得心应手的契合感。实际上,每种动物都有其优势也有其局限性,生存本身就是由各种优势和局限性组成的,在适合的场域中才能更好地发挥优势并获得更好的契合与存在,在不适合的场域中可能会压制优势并暴露局限性,从而可能无法契合甚至难以在其中生存。老虎再强悍,也有它特定的生存场域——在陆地与森林,而不在海洋和天空。个体的人也是如此,在适合他的场域,便会如鱼得水、适得其所;在不适合他的场域,可能会如坐针毡、备受煎熬。例如,一个有着极大学术兴趣和学术能力的个体进入学术场域之后,他所拥有的和所追求的学术资本是这个场域中的支配性资本,他的惯习所驱动的行为符应了该场域所奖赏的行为,因而他在这个场域可能就会如鱼得水般自在。反过来,假如他的惯习与该场域所崇尚的那一套惯习相冲突,那么,他在这个场域中体验到的可能是不契合感和痛苦感。而且,如果个体不具有该场域所崇尚的那套惯习,他可能无法进入该场域或者进去之后也可能会被排斥出去。就像在大学中从事科研工作某种程度上并非所有人都可以为之,具备从事科研工作的那套惯习的个体可能更容易与科研工作相匹配,也更容易在其中取得成功。

惯习就像是预设在个体体内的一套程序,遭遇了相应的场域,就会启动它的程序。有着特定惯习的个体会在人生实践中不断做出选择,选择匹配自己惯习的场域,进入与其惯习相匹配的场域则会不断强化他的惯习。当然,个体可能并不清楚自身所具有的惯习,而且他们对由惯习所支配的行动逻辑也可能是无意识的,他们可能并不清楚自己为何会倾向于这个场域而不是那个场域。进入与自身惯习相匹配的场域可能会使个体在该场域中如鱼得水般地存在,但前提是要准确把握该场域的逻辑是否与个体自身的惯习相匹配。问题在于,首先,个体不一定能把握一个尚未进入的场域的逻辑;其次,个体也并不一定能清晰地把握自身的惯习,因为惯习在很大程度上是无意识或潜意识的存在。作为一种无意识或潜意识的存在,个体自身并不一定能够清晰地把握自身的惯习,可能并未意识到自身的观念和行为在某种程度上根植于自身所在的阶层或结构位置以及相应的实践方式、生存方式和生活方式。而且他们很可能曲解、否定和排斥与自己处于不同阶层或不同结构位置的他者所表现出来的行为方式,而倾向于将自身既有的观念和行为方式合理化。他们可能不明白自身的观念和行为是对特定的生存方式、生活方式和行事逻辑的外在反映。此外,在特定场域中长久存在并参与行动或许会重塑个体的惯习,使之与该场域更为匹配(即使起初惯习和场域并不匹配)。可见,即使个体既有的惯习一开始与场域并不匹配,但倘若长期在这个场域中存在,个体可能会被该场域所塑造而具备了该场域所特有的那套惯习;而且为了维持在该场域中的合法性存在,个体也可能会主动地习得该场域所崇尚的品质、趣味和风格,从而潜移默化地建构起受该场域所赞许的惯习。

布迪厄强调,他所说的"惯习"不是"习惯",惯习是"深刻地存在在性情倾向系统当中的"(皮埃尔·布迪厄,华康德,1998:165)。在某种程度上,习惯具有主体意识,是主体不断重复的行为所建构的结果,因而也可以通过有意识地改变行为而改变习惯,主体意识伴随着习惯的形成及其对行为的规制。而惯习是一种主体的无意识或潜意识,是在特定社会结构中长期存在所内化的一种禀性系统,它在无意识或潜意识的层面规制人的感知、思维和行为。可以说,惯习在很大程度上是清除了主体的存在,将主体的行为视作结构化的惯习的结果。惯习在某种程度上是结构的主观内在化的表现,是一种主观化的结构,是一种社会化了的主观性(皮埃尔·布迪厄,华康德,1998:170)。结构本身是客观的,但结构生产出了惯习,这种惯习就是把客观化的结构主观化为禀性系统,在某种程度上,惯习是结构建构的结果。特定团体的成员从属于一个结构并在其中呈现他们的实践,同时,他们在某种程度上也为维持和再生产这种结构贡献了力量(Alshareefy,2018)。换言之,在特定结构中的存在塑造了个体特定的惯习,个体这套特定的惯习反过来通过支配他的思维、行为和实践从而又强化了既有的结构。通俗地说,处于结构中特定位置的个体所具有的惯习强化了他继续留在结构中特定位置的可能性。从惯习支配或规制行为这个层面来看,个体的主观能动性在很大程度上被清除,甚至可以将个体的主观能动性解释为惯习在特定场域中的作用。可见,在某种程度上,生物人社会化的过程,就是不断形塑其倾向系统、偏好系统和惯习系统的过程。不过,布迪厄否定结构决定论,而强调个体具有突破结构的能动性。惯习外化为实践方式,惯习定义了行动策略,但个体在行动过程中同样会再形塑惯习。惯习由结构形塑,但惯习并非绝对受制于结构,个体的丰富经历可以重塑惯习,惯习的塑造与重塑也是一个能动的过程。当个体的行动改变了自身的惯习,也就改变了自身的行动。于是,就像个体可以重构或颠覆场域中的既定规则一样,个体在某种程度上也可以重塑自身的惯习,并改变自身的行动逻辑。当然,惯习的改变或重塑可能不一定是主体有意识的过程,可能是一个无意识的、潜移默化的过程。既然惯习源生于在特定情境中的长期存在与实践,那么,倘若进入另一种情境中长期存在与实践,或许原初的惯习将会被改变或者被重塑,相应地,由惯习所规制的思维方式和行为方式也可能被改变或者被重塑。

  概而言之,布迪厄的"场域"并非一个绝对特指的概念,在具体的研究中,可以创生也有必要创生具体的场域或子场域。实际上,布迪厄研究的对象非常多元,他分析过艺术、文学、教育等诸多场域。这些多元化的研究对象使他得以基于"场域""惯习""资本""幻象"等概念发展并不断完善一种以社会过程和权力关系为基础的综合性理论(Ahearne,Speller,2012)。简而言之,场域是一个拥有多种位置和客观关系的具有结构的空间,行动者认同了场域中所争夺的对象的价值而积极参与争夺。行动者在场域中所占据的位置以及参与争夺的力量在很大程度上取决于其所掌握的资本的类型和数量。特定场域具有特定的逻辑规则,并且,不同场域之间的逻辑规则不能直接化约。因而,个体所掌握的资本类型匹配于场域的主导性资本则有助于他在场域中赢得争夺的胜利。个体以资本为手段和筹码参与场域中的争夺,同时也是为了争夺更多的资本,资本的累积可能会给行动者带来位置的升迁并掌握进一步的资本和权力,从而实现资本的循环再生产。位置升迁以及资本积累的可能性吸引着行动者积极地参与场域中的争夺。而争夺是场域的一种本质属性,在某种程度上,正是各种复杂的争夺激发了场域的活力,并驱动和维持着场域的运转。不同个体在场域中参与争夺的力量和策略既受制于其所掌握的资本,亦受制于其背后的一套惯习系统,惯习在无意识或潜意识层面支配着或规制着个体的思维方式和行动策略。正如资本与场域相匹配才能发挥最大效力,惯习也是如此。个体的既有惯习匹配了特定的场域,则会在该场域中体验到如鱼得水般的自在和愉悦,否则,体验到的可能是不契合感与痛苦感,而且也可能更容易在争夺中遭遇失败。资本和惯习匹配于场域是促进个体适应场域并在场域中争夺更多资本和权力的重要基础。当然,个体在场域中的资本和惯习均有可能发生动态变迁。这也是个体在场域中长期存在以及在场域中不断参与争夺的结果。可以说,行动者在场域中的争夺塑造了场域的动态变化性。作为一种力量关系的场所以及针对改变这些力量而斗争的场所,场域也是一个永无止境地变化的场所(布尔迪厄,1997:149)。作为一个充满争夺的空间,场域和惯习、位置和资源、竞争和冲突等各种张力使场域变为一个"游戏场"(王建民,2006)。行动者就像在场域中参与一系列具有特定规则、筹码和赏品的游戏,他们使出各种策略以期在游戏博弈中获胜,既是为了维持在场域中的合法性存在,也是为了维持或增加他们所占有的资本以及其他类型的利益,这些利益是吸引他们参与游戏博弈的重要原因,而参与游戏博弈不仅仅给游戏参与者带来利益,最终也驱动并维持着场域自身的运转;假如无人参与这场游戏,那么这场游戏可能就会自动终结,场域自身也可能会陷入停滞甚至瓦解。布迪厄的场域理论具有强大的解释力和广泛的适用性,但在对大学这个具体对象进行研究时,需要将普遍性的场域理论具体化为大学这个特定场域的内在逻辑,从而描绘在大学场域中所展开的游戏博弈以及各种互动关系的特性,继而分析大学的运行逻辑。

二、大学知识场域的内涵

虽然布迪厄的场域理论被广泛使用,但场域理论主要是作为一种分析工具而使用,布迪厄不可能提出一整套普遍适用的宏观理论框架来解决各种问题(朱国华,2004b)。因而在研究具体对象时,需要从一般意义上的场域聚焦到特定的场域。在以大学为研究对象时可以窥见,大学这个场域不同于一般意义上的场域的重要方面在于它的知识属性,因而正如前文所述,本书主要从"知识场域"的视角去理解大学,并在"知识场域"的视角下分析现代大学的运行逻辑。"知识场域"建基于大学内在的知识属性,然而除了大学之外,还存在许多组织和机构具有知识场域的性质,因而在讨论大学这个特定的知识场域时,则以"大学知识场域"予以标示。

(一)大学知识场域

以知识为核心要素的大学不只是一个知识组织或知识机构,它具有知识场域的特征。"组织"或"机构"体现的是一种静态的属性,而"场域"则是动态的、充满互动关系的。作为知识组织或知识机构的大学是一个资源消耗性组织或机构,它基于为国家和社会培养人才以及生产知识等公益性的目的而消耗国家和社会大量资源。而且这种资源的消耗被认为是合理的、正当的,国家和社会认

第二章 游戏空间:作为知识场域的大学

同了大学作为一个传授和探索知识的机构而可以在一定程度上消耗大量资源以开展知识传递与知识探究等活动。而作为知识场域的大学,是从事知识劳动的知识人围绕着知识性的资本和权力展开一系列斗争关系的场所。可见,"机构"和"场域"是理解大学的两种不同的视角和逻辑,从机构的视角理解大学,可能看到的是大学的组织和职能;而从场域的视角去理解大学,看到的可能是大学内部的各种位置、关系、游戏、资本、权力和争夺。因而,从不同视角去理解大学,对大学运行逻辑的阐释是不同的。从"知识场域"的视角理解大学建基于大学的知识属性,倘若知识不是大学一系列核心活动的核心材料,那么,大学也难以被理解为知识场域。然而,具有知识属性的机构或场域并非只有大学,因而,在具体研究大学这个知识场域时,则冠以"大学"二字加以标识,从而将"大学知识场域"从其他诸类知识场域中区分出来。有学者指出,大学可被看作一个具有自身逻辑和规则的潜在的游戏空间,一个具有明晰边界的相对自主的小世界(徐文娜,2011:41)。"游戏空间"彰显出大学知识场域内在的争夺性,这种争夺将资本、权力等要素附着其中,是分析大学运行逻辑的重要元素。借鉴布迪厄等学者对场域、知识场域、游戏以及大学、知识等的阐释和论述,本书将"大学知识场域"理解为由大学的知识人及其围绕知识的劳动、活动与互动以及一套与大学的知识劳动、知识游戏相关的规则体系与话语体系等建构起来的制度性空间。

在这个空间当中,知识人在各种"知识游戏"中展开一系列互动,资本、权力、排斥、争夺是这种互动当中的重要元素。

实际上,大学作为一种特定的场域,具有场域所具有的一系列特征,当然也承续了场域的冲突特性(乔元正,2015)。大学的知识属性使得知识成为争夺的焦点。在大学知识场域中,对知识尤其是专业性知识的占有是获取一系列资本和权力的重要基础。而知识本身的特殊性使得在大学知识场域中的这种争夺显现出其自身的特殊性。知识是一种资源、一种加工的材料,同时也是一种产品。知识作为资源要素是一种特殊的存在,它不会因使用而被削减,反而可能会在使用和重组的过程中生成新的知识。正如"信息被某一个人消费后,信息本身并不会消失。同样的信息仍然可以被其他人所使用"(安东尼·史密斯,弗兰克·韦伯斯特,2010:135)。知识也不像其他物质资源那样只能被有限个体以有限次数进行占有和消费,知识可以被多人同时占有,一般情况下,某个个体占有某项知识并不一定排斥其他人对这项知识进行占有和消费。从这个角度来看,知识本身并未表现出超强的权力属性以及争夺性,围绕着知识进行争夺的不是知识本身而是人,因而人是参与争夺的关键;只不过在大学知识场域中,参与争夺的是特定的人,主要是与知识相关的"知识人"而不是其他类型的人。

争夺不是凭空发生的,而是需要依托特定的载体和

第二章 游戏空间：作为知识场域的大学

空间。大学知识场域为知识人围绕知识进行争夺创造了一系列的载体和空间。大学知识场域所创造的既存在有形的实体空间，也存在无形的抽象空间。前者呈现为散布在大学物理空间内部的诸如教室、实验室、图书馆、博物馆等一系列有形的知识载体。后者反映的是由知识、知识人以及知识劳动和知识活动等一系列与知识有关的人、事、物等共同构造的一种嵌入知识的环境，是一种抽象空间。因而，大学知识场域是实体性与抽象性共存的空间概念，而且这个空间当中存在着一系列制度化的规则体系，因而这个空间是附着在物理实体上与抽象意义上的一个制度性空间。作为一个物理实体，大学知识场域具有清晰且有形的边界，大学校园的边界即是实体性大学知识场域的物理边界。作为一个抽象空间，大学知识场域的边界则相对模糊，因为大学的知识人和知识劳动常常超越了大学的物理边界而与外在的知识空间建立着紧密的联系、进行着密切的互动。不过，大学的制度化规则体系也有其作用边界，某种程度上，大学的制度化规则体系只作用于大学这个场域内部，对大学场域外部则不存在效力，或者只存在间接的影响和效力。布迪厄的场域理论具有抽象性的意涵，但在讨论大学知识场域时，不能忽略大学本身作为一个物理实体空间的意义。因为大学知识场域中的知识以及知识劳动和知识活动都需要依托于有形的物理载体，诸如教室、图书馆、实验室、会议室等具体场所。此外，诸如课题组、社团、协会等组织作为相对无形的抽象载体,是大学知识场域中一系列活动发生的地方,也是理解大学知识场域中一系列争夺以及大学运行逻辑的重要元素。大学校园以及大学内部各个组织机构的边界划定了大学各项制度和规则的作用范畴,划定了大学知识场域的范围,同时也在一定程度上划定了知识人、知识劳动和知识活动的存在边界。当然,大学知识场域的知识人、知识劳动和知识活动常常会跨越这道边界。

从布迪厄的场域视角去审视大学,大学便不再单纯以探究真理的"象牙塔"的形象出现,而成了一个具有世俗化与功利性的资本运作场域,并在其内部上演着各种权力博弈和资本竞争(于忠海,2009)。实际上,大学的知识人一旦进入大学知识场域,便置身于一种权力的关系网络之中,他们既受大学知识场域中各种力的作用并被其塑造,同时也通过自身的力量而作用并重塑着场域本身。大学知识场域中的一系列力的作用是由一套制度和规则建立起来的,它可以被知识人明确地感知到。例如,职称晋升的规则形成了一种力,驱动着教师不断地投身于知识劳动,否则他就可能会在大学知识场域的竞争中落败,甚至被大学知识场域所淘汰和退离。每个知识人在大学知识场域中所受到的力的形式和力的大小由他在该场域中所处的位置决定,不同的个体拥有不同的位置,因而所受到的力的形式和力的大小是不同的。例如,学生和青年教师可能被许多力所支配,而位高权重的资深

第二章 游戏空间:作为知识场域的大学

教授可能掌握很大的支配性的力。可见,大学知识场域存在着权力的等级结构。实际上,在学术场域中存在的一个鲜明特征就是各类事情都以某种方式在划分等级,那些"学术守门人"掌握着决定特定领域应该接纳谁或者拒绝谁的权力(托尼·比彻,保罗·特罗勒尔,2008:86-91)。这种权力不仅仅是权力本身,它可以为权力持有者制造一系列利益,因而,对这种权力和话语权的争夺也是知识人参与大学知识场域中的游戏的重要目标。

在知识人之间一系列的张力中潜藏着知识人在大学知识场域中对各种资本和权力的争夺。他们之所以参与争夺,某种程度上是因为他们认同了争夺对象的争夺意义、争夺价值和可争夺性。即他们认同大学知识场域中所争夺的各类知识的以及非知识的资本和权力的价值,并以在场的形式表明自己对这种价值的认同。正如布迪厄所说的"幻象"对行动者参与游戏的一种作用力、吸引力或者驱动力一样,倘若知识人对知识资本和知识权力以及各种利益毫无知觉、毫无兴趣、毫不在意,那么,争夺可能就不会发生了。但实际上,进入大学知识场域中的知识人难以"抗拒"一系列知识的和非知识的资本与权力的"诱惑",所以,他们既已入场,那么,参与这种争夺便是无须过多考虑的。而且,知识人要想获得并维持在大学知识场域中的合法性存在或者争夺更高的位置,可能就"不得不"参与对知识、资本、权力的争夺。在竞争激烈的学术场域,唯有建构和累积充分的学术地位和知识权力才能确保自己在场域中的持续存在(周勇,2010:126)。大学知识场域与学术场域之间是存在交叉的,大学知识场域的某些部分是一个更大的学术场域的组件。因而,学术的生存法则显然是大学知识人参与一系列活动的重要指导。不过,知识人对资本和权力的争夺并不完全是一种互相消耗的冲突,实际上,正是这种基于知识而对各类资本和权力进行争夺的过程再生产了知识,实现了大学知识场域的知识累积与知识的循环再生产。因而,这种争夺并非单纯消极意义上的概念,而是蕴含着许多积极意义的,是维持大学知识场域的知识活力的重要力量。

就像不同的语言有不同的语法规则,特定的场域具有一套特定的规则体系和话语体系以及运行逻辑。大学知识场域的规则建基于知识、知识劳动以及知识活动的逻辑规律,大学知识场域的这一整套话语体系和运行规则的作用边界即是以大学知识场域的边界为边界的,通常不能直接迁移并适用于其他场域。同理,其他场域的规则体系通常也无法直接适用于大学知识场域。但在另一层面,大学知识场域是一个更大的知识场域的一个分支,因而大学知识场域内部的逻辑体系与这个更大的知识场域具有某些联系。大学知识场域中的知识人不仅在本场域内部争夺资本和权力,同时也在本场域外部以及更大的知识场域中争夺资本和权力。而且,在本场域之外所争夺到的某些资本和权力同样能在本场域内部获得合法性并发挥作用,这种合法性在场域内外是通用的。

第二章 游戏空间：作为知识场域的大学

例如，大学教师不仅在其所属高校争夺知识资本和知识权力，同时也在整个国家的高等教育体系中争夺资本和权力，获得国家所认可的知识荣誉在其所属高校也同样能够得到认可并发挥作用。因而，大学知识场域并非一个完全封闭的、孤立的空间，它与场域外部存在着一系列要素交换和互动关系。

不同的知识人掌握着不同的资本和权力并在大学知识场域中占据着不同的位置，不同位置上附着了不同的可支配性资本和权力，从而建构了不同知识人在大学知识场域中的互动关系。知识人遵循大学知识场域的游戏规则展开对资本和权力的争夺，这种争夺在某种程度上既是显性的也是隐性的，有时它公开显露，有时它以表面上的平静为掩盖而在某处隐匿地存在着。大学知识场域中的资本争夺就像一场游戏，但在许多日常的游戏中，参与游戏的个体是以一种相对随机的和难以预料的概率取胜的，而在大学知识场域中参与游戏则是以既有的资本和权力以及惯习为基础的非对等的博弈。换言之，依据个体所掌握的资本和权力的不同，他们在博弈与争夺中取胜的可能性是不同的。从其内在性质而言，大学知识场域中的一系列活动都是一种人为制造的"游戏"。知识人被游戏的赏品所吸引和诱惑而参与到一系列游戏之中，为了取胜，他们必须不断创造筹码，也就是不断地生产和积累知识资本。为了提高自身在争夺中取胜的可能性，知识人可能会采取一系列行动策略来玩这场游戏，有时候他们会制造一系列话语并将这套话语强加在场域中他者的身上,从而将自身所掌握的知识进行合法化乃至神圣化和神秘化,其目的是抬高自身所掌握的知识资本的价值和效力,从而获得更多的资本和权力以及分配资本的资本和分配权力的权力。制造的话语要想获得实际的效力就需要他者认可或误认这套话语。实际上,放置在更广阔的空间中也是如此,知识分子所处的知识场域本质上是一个充满斗争的舞台,个体在这个场域中争夺对正统知识、合法文化及其生产方式的界定权(李钧鹏,2011)。在大学知识场域中,知识人所占据的位置的不同决定着他们对自身知识的合法化宣称的强弱。位高权重者相对而言能够更加强有力地宣称自身知识的合法性并获得他者的认可。而位卑言轻者对自身知识的合法性宣称则可能不容易获得他者的接纳。因而,大学知识场域中这种由所占据的位置的差异而产生的话语权的差异是广泛存在的,因而对话语权的争夺也是广泛存在的。在布迪厄那里,斗争是场域的基本特征,在结构化的场域内部,不同行动者占据不同的位置,并进行一系列的斗争。大学知识场域具有这种斗争性,但并非全然由这种斗争性所填满。大学知识场域中的知识劳动在某种程度上是一种多元互利的活动,受益者并非一方,因而,为了共同利益而展开合作的情形也是广泛存在的。

大学的知识属性及其多重复杂的斗争性展示了"知识"和"场域"这两个关键要素。从"知识场域"的视角来理解大学,得以借助布迪厄场域理论的解释力并结合大学所具有的知识特性和场域特性,从而对大学的运行逻辑进行理解和把握。场域理论的深刻解释力有助于剖析潜藏在大学知识场域深层之处的逻辑规律,从而有助于透过大学的表象看到大学的内在世界及其运行的深层逻辑。当然,从场域和知识场域的视角去分析,可能会忽略现代大学某些方面的特征,在某种程度上是对现代大学的一种简化,因而其意义不在于全面完整地解释现代大学的运行逻辑,而在于提供某种特定视角的分析和阐释。

(二) 大学知识资本

从知识场域的视角来理解大学凸显了知识在大学中的核心性。知识是大学一系列核心活动与核心职能的核心材料。在大学这个知识场域中,知识是核心的加工材料,也是核心的劳动产品,同时也是知识人所追求和争夺的对象,是在大学知识场域中参与一系列争夺的资本。某种程度上,知识在大学知识场域中具有"资本"的功能。大学知识场域中的教师和学生等知识人通过知识劳动从而获取这种"知识资本",并以知识资本在大学知识场域内外换取他们所期待的诸如职位、地位、荣誉、权力等物品。知识以及知识产品是大学一系列奖励所奖赏的重要对象,也是职位、地位、名誉和权力所依凭的重要基础。大学里的教师和学生等知识人围绕知识开展一系列知识密集性劳动,这些知识密集性劳动构成了大学知识场域的核心属性,而其他非知识性劳动(比如餐饮保障)则是为了确保知识性劳动得以持续开展而存在。现代大学是一个具有广泛包罗性的复杂空间,诸如教室、实验室、图书馆、博物馆、大学出版社以及宿舍、食堂、体育馆、银行、宾馆、邮局、超市等一系列知识性机构与非知识性机构共同存在,从而构成了大学运行的基础。虽然诸多非知识性机构和非知识性劳动对大学的正常运行不可或缺,但它们的重要性无法改变知识劳动与知识活动才是大学的核心要务这一客观事实与本质属性。假如脱离了知识、知识人以及知识劳动和知识活动,大学便可能不再是大学了。可见,知识不仅是大学知识场域中的一种资本,而且是一种占据核心位置的主导性资本。不过,在大学这个知识场域中所加工的知识材料和所生产的知识产品并非一般意义上的知识,而是更偏向于一种分门别类的专业性知识。专业性知识以其专业性、高深性和前沿性得以区分于普通的基础性知识。虽然基础性知识也可能在大学里存在,但作为一个特殊性质的知识空间和知识场域,大学所加工和生产的是一种高深的专业性知识。在大学里,一系列与知识有关的劳动、活动、资本以及权力主要建立在对专业性知识的生产和占有之上。这种专业性知识的高深属性将大学知识场域与诸多其他类型的知识场域区别开来。实际上,不同的知识在不同的知识场域中拥有不同的资本效力。因而,对大学知识场域中的知识资本的理解不能脱离专业性知识本身所固有的属

第二章　游戏空间：作为知识场域的大学

性，否则容易将大学特定的知识资本与其他知识场域的知识资本相混淆。

在整个知识社会当中，知识本身就是需要明智地被不断投资的一种资本（埃里克·古尔德，2015：89）。而在大学知识场域中，知识的资本效力更是不言而喻。在大学知识场域里，掌握特定的知识可以换取相应的名誉、奖励、职位和权力等具有极大吸引力的物品。而且，在大学知识场域中积累起来的知识资本在社会诸多其他场域中也具有资本的效力，并可以换取其他利益。比如，通过对知识的持有而获得文凭，而文凭就像具有货币的功能一样，可以在社会场域中换取工作和地位，从而使得获取文凭转化成了对其他资源的获取（彭正文，2012）。知识由此成为在大学知识场域中进行争夺与博弈的重要筹码，成为知识人在大学知识场域的空间结构中实现位置升迁的资本。在对大学知识场域进行讨论时，这种以知识为基础的"知识资本"可理解为是一种对特定知识以及获取知识和生产知识的能力的持有。需要指出的是，放置在大学知识场域中进行讨论的知识主要指涉的是专业性知识。正如布迪厄将文化资本细分为身体化的文化资本、客观化的文化资本以及制度化的文化资本等类型（布尔迪厄，1997：193；皮埃尔·布迪厄，华康德，1998：161），大学知识场域中的"知识资本"亦具有"客观化的知识资本"和"抽象化的知识资本"的区别。前者主要指专业性知识本身，而后者主要指获取和生产这种专业性知识的能力。无论是客观化的还是抽象化的知识资本均需要借由诸如成绩、论文、著作、专利等知识产品外在化地呈现出来,从而使人们可以把握它、奖赏它或者用它与其他资本进行转换。在大学知识场域里,知识也并非天然地就是资本,从知识到知识资本需要经历一个转化的过程。知识人在大学知识场域中开展一系列知识劳动即是一个将个体头脑中抽象的知识转化为有形的知识产品从而转化为知识资本的过程。继而以既有的知识资本作为筹码去争夺进一步的资本和权力等物品,从而实现从知识到知识资本的生产与再生产,并实现从知识到权力的转换。当然,这种转化过程并不是一个线性的、直接的过程,而是曲折的、斗争的过程。在大学知识场域中,某种程度上,知识人主要是以知识资本为凭借而进行一系列的争夺。于是,"知识场域成为各种行动者争夺知识资本的活动场地"(毕芙蓉,2015)。实际上,知识成为一种资本是知识社会的一个重要特征,因而,对知识与权力以及资本在场域中的复合与演化的分析成为理解知识场域的重要途径(王国银,2010)。就像在社会场域中一样,在大学知识场域中,知识资本既是争夺的一种手段,也是争夺的一个目标。由于在大学知识场域中,不同知识人所掌握的知识资本的类型和数量有所不同,因而他们参与争夺的力量和结果也存在差异。大学知识场域有其自身特定的一套价值标准和规则体系,在大学知识场域中,某些类型的知识可能会被认为比其他类型的知识具有更高的价值性和权威性。掌握这些被认为更有价值性和权威性之知识的知识人相应地可能会获得更多的竞争优势。具体到特定大学时,有时候,同一种知识类型(比如同一个学科)在不同大学里可能具有不同的地位和效力。不同大学有不同的主导性学科,相应地,不同学科的知识以及从事该学科的知识劳动的知识人在该大学里的地位便有所不同,所占有的资源以及参与争夺的力量也可能有所不同。同样地,不同大学在整个社会场域中的位置高低不同、实力强弱不同,因而,存在于不同大学之中的知识人在更大的知识场域中参与争夺的时候其力量也是不同的。这种结构上的位置差异是建构场域内不同个体之间的互动关系的重要原因。在某种程度上,诸如资本、权力、惯习、位置等方面的差异界定了知识人在大学知识场域中对一系列知识游戏的不同感知、不同体验、不同期望以及不同的行动策略和不同的争夺结果。

(三) 大学知识惯习

在大学知识场域里,教师和学生等知识人是以知识为材料和产品开展劳动的人,知识是他们劳动的对象和材料,也是他们劳动的产品和目的。他们的核心活动紧密围绕在知识周围,他们在大学知识场域中过的是一种知识密集性的生活方式。大学为这些知识人提供了庇护空间,以保障他们少受干扰地从事知识劳动、过知识生活。作为社会场域中的成员,大学的教师和学生也要过一种社会性的日常生活;而作为大学知识场域中的成员,大学的教师和学生等知识人在知识劳动中过的这种知识密集性的知识生活是区别于日常生活实践的一种特殊形态的实践。在某种程度上,这是一种非物质的实践,是一种精神实践、文化实践、意义实践。知识人的知识劳动所生产的知识产品是大学知识场域所奖赏的一种物品,因而知识人与大学知识场域是一种互相依附、互相建构的关系,后者为前者创造一个有利于从事知识劳动的空间和条件,而前者为后者生产其所追求的知识产品。因而,知识人在以知识为核心要素与核心资本的大学知识场域中会获得一种亲和感与契合感。这种亲和感与契合感或许是惯习与场域相适配的某种结果和产物。在某种程度上,具有知识偏好的个体以及被大学知识场域选拔而进入其中的个体具有某些特定的惯习。而且,长时间在知识场域中存在并围绕知识而开展活动会不断强化和凸显知识人在知识方面的这种特定的惯习。正如前文所述,布迪厄所描绘的惯习,是长时间在某种社会经济条件下生存而建构起来的一套特定的性情倾向系统,并且惯习常常是在无意识或潜意识的状态下支配或规制行动者的思维与行为。知识人长时间在知识场域中围绕知识而开展密集性的知识劳动、过一种知识生活,从而形塑了一套源生于知识、知识劳动和知识生活的"知识惯习"。同样地,这种知识惯习可能并不以文本的形式清晰地呈现出来,但在一定程度上可以被感知。知识人身上的这套知识惯习可能表现为对知识和求知的某种偏好以及与知识相关的某种趣味、品位和性情倾向,此外,可能具有一种从事知识劳动以及过知识生活的偏好与倾向性。当然,这种偏好和倾向性在不同知识人身上所表现出来的程度有所差别,但能够通过制度性的筛选机制而进入大学知识场域并在大学知识场域中长期存在以及长期从事知识劳动的知识人,或许共享着这套知识惯习系统中的某些元素,这是他们进行互动以及争夺与博弈的基础。倘若他们对知识、知识劳动以及大学知识场域内的资本、权力和各类利益毫无兴趣,那么他们可能就不会进入大学知识场域从事知识劳动并过知识生活了。既已入场并在大学知识场域中长期存在的知识人,某种程度上具备了大学知识场域所崇尚的那套知识惯习或者那套知识惯习中的某些要素。

大学知识场域在某种程度上会青睐这种知识惯习,而排斥另外一些与这种知识惯习相冲突或相对立的惯习。通过一系列制度程序的筛选而进入大学知识场域的知识人,某种程度上已经具备了知识惯习的某些元素或者具有建构知识惯习的倾向性。进入大学知识场域之后,知识人的知识惯习会在一系列知识劳动中得到进一步的规训、教化、强化以及塑造与再塑造,从而将知识人建构为在知识这个层面上具有一定相似性与同质性的群体,继而得以在知识的层面上同化新来者和外来者,以维系大学知识场域既有文化和惯习的持续性。这些在大学知识场域中存在着或存在过的个体无意识中可能会具有某些特定的价值观念和行为准则,即是特定惯习的某种表现。大学知识场域对特定惯习的筛选、塑造和强化在某种程度上是大学的封闭性、排斥性和保守性的一种表现。大学通过对特定惯习的青睐从而选择并强化了特定的群体而排斥了另外一些群体,这些被选择和被塑造的群体在某种程度上具有维系大学既有惯习的倾向性,由此得以维系大学的稳健运行。

作为组织或机构的大学似乎为人们所熟知,但作为知识场域的大学又似乎未被充分理解。如果人们还怀着各种理所当然的态度去崇拜大学或者批判大学,还怀着各种目的将大学神圣化、神秘化抑或庸俗化,那么就应该有必要从各种不同的视角对大学进行不断的理解和解读,由此方能破除对大学的误解和偏见抑或对大学进行祛魅。从知识场域的视角出发,有助于通过知识、资本、权力、排斥、争夺等要素厘清现代大学内在的复杂关系,从而分析现代大学的运行逻辑。基于知识、资本、权力、排斥和争夺,可以构建一个分析现代大学运行逻辑的框架(如图2-1所示)。这个框架呈现的是:知识作为大学知识场域的核心材料与核心要素,知识性的资本和权力从知识中生产出来,基于知识性的资本和权力的排斥与争夺也源生于知识并依托于知识;围绕着知识、资本、权力、排斥、争夺等要素存在着并形成各种活动与互动;而且,在大学知识场域中,资本、权力、排斥、争夺既源于知

第二章 游戏空间：作为知识场域的大学

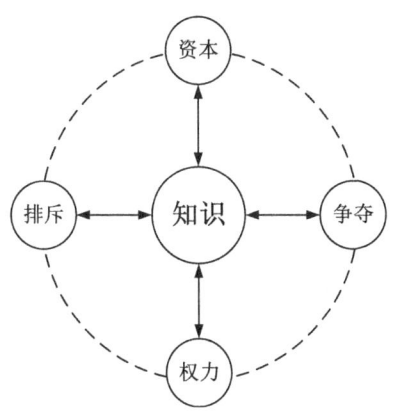

图 2-1 大学知识场域的分析框架

识、以知识为基础，也能回到知识，它们与知识之间是双向互动的关系，在某种程度上，也是"生产"与"再生产"的关系——知识"生产"了资本、权力、排斥、争夺，最后又"再生产"了知识，形成一个循环往复的过程；此外，资本、权力、排斥、争夺等要素之间也存在错综复杂的相互关系，资本和权力是两种"物品"，它们是静态的物，排斥和争夺则是两种"行动"，它们是动态的活动，这四者之间存在相互作用的关系。后文将分别对大学知识场域中的资本、权力、排斥、争夺这四个关键要素进行具体的分析，从而展开对现代大学知识场域内在的运行逻辑的探究。在展开一系列分析之前，需要对大学知识场域中的知识人、知识劳工、知识游戏等要素进行阐释，从而为后文的具体分析做铺垫。

三、大学知识场域的要素

(一) 知识人

"知识人"是一种以知识为主要劳动材料和劳动对象的人,知识人既可以包括生产知识的人,也可以包括传授知识的人和学习知识的人。兹纳涅茨基(Florian Znaniecki)如此描述"知识人":"某些个体,在他们的生命历程中或长或短地致力于知识的耕耘,与此不同的是另一些个体专门从事各种形式的其他文化活动——技术的、经济的、艺术的等等。我们把第一类人叫做'科学家',从语源学意义上这个词来自拉丁文 scire,即'求知',相当于'知识人'"(兹纳涅茨基,2000:8)。本书放置在大学知识场域中理解"知识人",在本书中,"知识人"主要是指在大学里从事知识生产(研究)、知识传授(教学)、知识获取(学习)等知识劳动的人,即主要是指在大学里从事研究、教学、学习的教师(包括从事教学科研工作的教师、各类专职研究人员、博士后等)和学生(包括本科生、硕士生、博士生等),这是"知识人"的基本含义,即这是在不与"知识劳工"进行对比时对"知识人"的理解。从隐含的意义去审视,本书所讨论的"知识人"与"知识劳工"是一对概念,"知识人"主要指作为"闲逸性个体"在大学里从事知识劳动的教师和学生。这种"闲逸性"主要表现为个体不受外在压力的迫使或者外在利益的诱惑而在闲逸的好奇主导下从事知识劳动的那种状态。

在某种程度上,"知识人"是"自主的"知识劳动者,他们自主地、闲逸地按照自身的兴趣和节奏从事知识劳动。当然,这不是绝对化的,也不是普遍化的,而是一种相对整体化和理想化的表达。从"知识人"的视角去理解这些从事知识劳动的教师和学生,涵盖了他们的专业属性、学术属性、知识属性、社会属性、权力属性等。实际上,知识人的塑造过程不仅包括专业化,也包括社会化,其中蕴含着一系列资本、权力、排斥、争夺等要素。正是在参与知识场域的一系列争夺中,知识人不断地专业化、社会化。因而,"知识人"从事知识劳动但又不单纯以知识劳动为最终目的,他们占据知识资本和知识权力,并以扩大对知识资本和知识权力的占有为途径,从而换取其他资本、权力和各类利益。而且,在大学知识场域中,知识人所处的位置以及他们对知识资本和知识权力的占有是可变的,参与知识场域中的一系列争夺是这种可变性的重要原因。

(二) 知识劳工

与"知识人"的闲逸性相对,"知识劳工"是指作为"生产性个体"在大学里从事知识劳动的教师和学生。"生产性"主要表现为个体为满足外在要求或受外在利益的驱使而从事知识劳动的那种状态。例如,为了职称晋升,就要为了满足职称晋升的条件而不断地生产知识产品。

"知识人"和"知识劳工"不是两个群体,而是从不同层面对同一个对象所进行的理解,即"知识人"和"知识劳工"指的都是在大学里从事知识劳动的师生。相比于知识人从事知识劳动的自主性和闲逸性,"知识劳工"在某种意义上是"受雇于"他人的人,他们面临着诸多外在压力。在精神层面而言,"知识人"是从事知识劳动的自主性个体、闲逸性个体;在制度层面而言,"知识劳工"则是作为大学的"雇员"或"劳动力"而存在,他们须满足大学对其知识劳动和知识产品的要求,才能获得在大学中存在的可能性与合法性。从"知识人"的视角审视教师和学生是凸显他们作为知识劳动的主体性角色,而从"知识劳工"的视角审视教师和学生则是凸显他们为满足外在条件而存在的一种"被动性"角色,凸显他们作为"雇员"或者"劳动力"而为大学不断地生产知识产品的那种状态。

相对而言,"知识人"是"自主的"和"闲逸性的"知识劳动者,而"知识劳工"则是"有用的"和"生产性的"知识劳动者。"知识人"与"知识劳工"并不是非此即彼的对立属性,同一个体可能同时存在"知识人"与"知识劳工"两种属性,只是两种属性在其身上的表现程度有所不同。实际上,"知识人"可能是一种相对理想化的表达,而"知识劳工"则是更为现实化的表达。在具体情境中,在不同时间点、从不同层面或不同视角去审视,可能个体身上所呈现出的"知识人"的属性或"知识劳工"的属性在程度上有所不同,继而在那个时间点或者从那个观察视角去审视,相应地,可能在该个体身上会更凸显"知识人"的特征或者更凸显"知识劳工"的特征。在不同个体身上,"知识人"和"知识劳工"的属性的表现程度也有所不同,有些个体可能更凸显"知识人"的属性,而有些个体可能更凸显"知识劳工"的属性。"知识人"和"知识劳工"的属性在个体身上的表现程度是可变的而不是固定的。在大学知识场域中,一系列"知识游戏"可能会使大学师生所具有的"知识人"和"知识劳工"的属性的表现程度发生变化。在这个过程中,围绕着"知识"和"人",资本、权力、排斥、争夺等要素囊括其中。

(三) 知识游戏

布迪厄指出:"我们可以将一个场域小心地比作一种游戏……游戏者都同意游戏是值得参加的,是划得来的;这种同意的基础并非一份'契约',而就是他们参加游戏的事实本身……一种资本的价值,取决于某种游戏的存在,某种使这项技能得以发挥作用的场域的存在"(皮埃尔·布迪厄,华康德,1998:135)。从场域的视角理解大学,大学里的一系列活动具有"游戏"的特征,大学为这一系列"游戏"提供了承载空间,使得大学场域就像是一个"游戏空间",行动者在这个空间当中参与一系列"游戏"并以各自的筹码去争夺"游戏赏品"。进一步而言,从知识场域的视角去审视,在大学知识场域中,诸如学生选拔、教师招聘、考试、论文答辩、学位评审、论文发表、课题申报、职称晋升、学术评奖、奖学金评选等一系列以知识及知识产品为主要衡量标准的知识活动从某种角度看就像是"知识游戏","这些"知识游戏"有特定的游戏参与者（知识人）、游戏内容（各类知识活动的具体内容）、游戏方式（各类知识活动的开展方式）、游戏筹码（知识及知识产品等）、游戏赏品（入学资格、职位、职称、奖励、荣誉、名誉、权力、地位、财富等）、游戏规则（各类知识活动的制度、规则和评价体系等）以及游戏裁判（各类知识活动的评委、评价者、管理者等）。

在本书中，"知识劳动"指的是以知识为加工材料、劳动产品或工作对象的劳动，具体而言，包括知识生产（研究）、知识传授（教学）、知识获取（学习）等劳动。"知识活动"指的是与知识相关的评价活动（这些评价活动以知识及知识产品为主要评价标准，具体而言，包括学生选拔、教师招聘、考试、论文答辩、学位评审、论文发表、课题申报、职称晋升、学术评奖、奖学金评选等）以及决策活动（与知识相关的决策活动，具体而言，包括与研究、教学、学习等相关的决策活动）。"知识产品"是指知识劳动所产出的成果，包括论文、著作、专利、艺术作品、设计作品、课题项目、课程作业、考试成绩等。"知识游戏"是从"游戏"的视角对"知识活动"的理解和阐释，"知识活动"是一种客观的存在物，而从"知识游戏"的视角理解"知识活动"，则凸显了"知识活动"中的"游戏性"和"游戏成分"，旨在挖掘其中潜藏着的资本、权力、排斥、争夺等要素以

第二章 游戏空间:作为知识场域的大学

及其中隐含着的、隐匿着的或者被遮蔽着的控制、宰制与规训。当行动者参与到游戏中、在游戏中在场时,他们便成为"游戏者"(参与游戏的人)。某种程度上,在游戏当中没有"人",只有"游戏者";在知识游戏当中没有"知识人",只有"知识游戏者";那些对游戏及其赏品感兴趣、参与游戏并在游戏中奋力争夺的游戏者,已落入了一张精细且严密的"规训之网"当中,已成为某种"笼中之物"和"囊中之物"。

知识人进入大学知识场域参与一系列知识活动,就像参与一系列知识游戏,他们既可能遵循知识游戏的既定规则,凭借自身已有的资本和筹码去争夺更多的资本和筹码,也可能通过自己所占据的位置、资本和权力等更改知识游戏的规则使之对自己有利,从而进一步增加自身所占据的资本和权力等物品及利益。因而,知识人在参与知识游戏的过程中,会采取一系列策略去争取胜利,而且知识人之间也可能会为获得游戏赏品而展开争夺。参与知识劳动是知识人参与知识游戏并在游戏中争夺游戏赏品的基础和前提,只有通过知识劳动生产了、获取了知识及知识产品,才具备相应的资本和筹码参与知识游戏并争夺游戏赏品。在大学知识场域中,知识劳动与知识游戏存在区别,但有时候二者并非泾渭分明的,而是存在某种关联。例如,论文的研究和写作属于知识劳动的范畴,而论文的投稿、评审和发表则是一种知识游戏,因而,在论文的研究、写作、投稿、评审、发表等过程中,知识劳动与知识游戏交织存在,彼此密切关联。知识游戏本身是静态的存在,知识人在参与大学知识场域的一系列知识游戏的过程中为各自的"利益"进行争夺则是一种动态的互动关系。在知识场域中,权力既可能介入知识劳动,也可能介入知识游戏。知识人在知识游戏中进行的一系列争夺为他们自身赢得利益的同时,也可能会遭受知识游戏和游戏规则以及介入其中的权力的牵引、控制、宰制与规训,在这个过程中知识人也为大学生产了知识及知识产品,从而为大学的运行提供了某种驱动力。因而,"游戏"和"权力"以及"争夺"并非一定是负面的、消极的、否定性的、破坏性的存在,它们也可能是正面的、积极的、肯定性的、建设性的存在;恰切地说,它们具有"两面性"——既可能是负面的、消极的、否定性的、破坏性的,也可能是正面的、积极的、肯定性的、建设性的。

第三章
流通货币：大学知识场域的资本

知识尤其是专业性知识是大学知识场域中的一种主导性资本，大学知识人通过知识劳动从而获取知识和生产知识以积累知识资本，并借由知识资本换取诸如职位、地位、名誉、财富、权力等各种利益。然而，并非所有知识都能在大学知识场域中获得合法性存在，也并非所有知识都能在大学知识场域中获得同等的合法性以及同等的资本效力。从知识到知识资本需要经历一个转化的过程，知识人借由一套制度体系将个人头脑中抽象的、无形的知识转换成外显的、有形的知识产品，从而逐步建构并积累知识资本。基于对知识资本的不同占有，不同的知识人在大学知识场域中占据着不同的位置，从而形成知识场域的层级结构。而且，通过对知识尤其是专业性知识的占有，知识人或能对他者行使某种支配性，并通过这种支配性获得可能的利益回报。大学知识场域中的知识资本就像社会场域中的货币一样，是各种利益交换的一种重要媒介,是知识人在知识游戏中进行争夺的凭借也是争夺的目标。知识资本所附着的可能利益吸引着知识人不断地参与到大学知识场域的一系列知识游戏当中。在借由知识资本获得利益的同时,知识人也可能遭受着大学知识场域的一系列规训,知识人在大学知识场域中获得知识所附着的利益的同时,大学也从知识人身上获得了知识的利益。因而,这个规训的过程也是一种互利的过程。

一、知识产品的资本化

(一) 交换

"当任何一种有形或无形的东西以创造经济价值为意图被使用时,它就成为一种资本而不是消费品"(亨利·埃兹科维茨,劳伊特·雷德斯多夫,1999:230)。知识经济使得具有应用价值和经济价值的知识成为非公开的或者在特定范围内公开的"专有知识",在某种程度上,知识变成了具有"排他性"的财产(谭小琴,2010:172)。知识不仅能创造经济价值,还能创造非经济价值,知识在大学内部和大学外部都能够为其持有者创造经济价值和非经济价值,知识是知识人换取其他物品的一种凭借。知识在大学知识场域中扮演着流通货币的功能角色,获取、生产、积累知识这种"货币"可以通过某种方式转化为一种"知识资本"。在某种程度上,这种以知识为基础的"知识资本"在大学知识场域中体现的是对特定知识以及获取这种知识和生产这种知识的能力的一种持有。在大学知识场域中,这种特定的知识主要偏向于是一种专业性知识。知识资本从其内在性质而言是一种文化资本,它表现为个体对知识的内在化占有。从布迪厄的观点来看,知识是身体化的文化资本的一种形式,对知识这种资本的占有使得个体能够理解并参与到社会主流群体的对话当中(Claussen,Osborne,2013)。如果说知识本身是一种身体化的文化资本,那么当知识转化为具体的知识产品(比如书籍)时,它便成了一种客观化的文化资本,而当知识转化成文凭的形态时,它便成了一种制度化的文化资本。可见,知识的资本形式是可转化和衍生的,从中也可以窥见知识效力的广延性。大学知识场域中的"知识资本"可以分为"客观化的知识资本"和"抽象化的知识资本"。前者主要是专业性知识本身,而后者主要是获取和生产这种专业性知识的能力,二者之间是可以相互转化的。个体所占有的知识是一种既存的物品,而个体所持有的获取知识和生产知识的能力则是知识积累的源头活水。正如文化资本是教育场域中的"通货"(刘生全,2006),而知识本身即属于文化资本的范畴,因而,无论是客观化的知识资本还是抽象化的知识资本,都是个体在知识场域中进行各种物质交换和精神交换的筹码,这种可交换性和可转化性是知识资本的重要属性,也是吸引知识人为之争夺的重要原因。大学的一系列资源分配很大程度上都是以知识为衡量标准的分配过程。例如,科研项目和科研经费的获取须凭借知识人在知识劳动中的能力、产品、成果和成就等。大学面向教师和学生的一系列评价制度很大程度上是以对知识资本的占有为基准的。无论是教师招聘、职称晋升或学术奖励,还是学生选拔、奖学金评选或论文答辩、学位评审,在某种程度上,都需要被评价者展示其相应类型的知识产品(比如,论文、著作、专利、成绩等)。教师和学生正是以其知识产品显示他们对知识资本的占有,从而获得相应的奖赏,这就像是以知识作为货币去换取其他物品的过程。

实际上,从资本的角度理解知识,体现的正是知识作为一种交换凭借换取其他物品的这种属性。可以说,正是因为知识资本具有可转换或交换为其他利益的潜在可能性,使得它对知识人展示出了极大的吸引力。在某种程度上,知识资本的可交换性是促进知识人积极参与知识劳动和知识游戏并不断生产知识产品、积累知识资本的重要动力。而且,有时候获取和积累知识资本可能并非知识人参与知识劳动和知识游戏的直接目的,而是他们借以换取其他利益的一种手段和凭借,知识可换取的那些物品才是他们生产知识的最终目的。就像货币在社会场域中所具有的强大的交换功能那样吸引着社会个体对它的不懈追求,从而促进个体投身于各种劳动当中。货币只不过是一种交换的凭借、一套符号系统或者一套象征体系,其价值主要蕴含在货币可交换的那些对象当中。因而,与其说是货币吸引了个体,不如说是货币可交换其他物品的这种功能和属性吸引了他们,或者说是货币所能交换的那些物品吸引了他们。假如货币不具有这种交换的功能,那么,货币对于个体而言可能就失去了原有的意义和吸引力。又假如人们无须货币作为凭借便能获得他们所需要的一切物品,那么货币对他们而言,可能就失去了原有的意义和吸引力。知识资本具有与之相似的特点,对某些个体而言,获取知识是为了获得知识可换取的物品,知识本身的意义并不构成对他们的最大吸引。然而,知识与货币存在鲜明的不同之处,知识不仅具有符号意义,知识本身即是一种可以消费和享用的物品,知识即使不交换为其他物品,其本身便可以作为精神劳动与精神生活的某种必需品。不乏许多知识人并不在乎知识可换取的那些物品,他们更在乎知识本身,知识本身就是他们所追求的物品,知识劳动和知识生活即是他们主要的存在方式和生活方式。不过,存在于大学知识场域中的知识人同时也是存在于社会场域中的社会人,他们在社会中的存在需要依托于知识可换取的那些物品,因而即便他们对知识可换取的那些物品不予看重,但也不能完全脱离它们。因而,总体而言,知识人在某种程度上难以绝对摆脱知识的可交换性的吸引或者规约,这驱使他们积极地参与知识劳动和知识游戏,从而获取和积累知识资本。在大学知识场域中,知识资本是一种核心资本、一种主导性资本,它具有超强的可交换性。通过对知识资本的占有,知识人可以在大学知识场域内外换取诸如职位、地位、名誉、财富、权力等各种形式的利益。之所以是在大学知识场域内外,是因为在大学知识场域中获取和积累的知识资本,不仅在大学知识场域内部具有可交换为其他物品的功能,而且在大学知识场域外部的其他诸多场域中依然具有可交换为其他物品的功能。国家和社会所创设的一系列制度和规则确保知识人在大学知识场域中获得的知识和文凭在社会场域中能够行使其"交换"功能,以获得职位、财富、地位等利益。无论是对于知识人还是社会人而言,通过对特定场域中占主导性地位的资本的占有并将之转化为其他形式的资本,是个体在场域中获得生存的重要方式,也是建构个体在场域中所处位置的过程。实际上,理解世界并据此采取行动的能力,内含着将一种形式的资本转化为另一种形式的资本的能力,行动者在场域中所处的位置由其所占有的资本的数量(volume)和成分(composition)而决定(Sidhu,Yeoh,Chang,2015)。在大学知识场域中,单纯占有知识资本可能依然会限制知识人所能分配到的位置和利益,在某种程度上,知识人有时需要充分发挥知识资本的可交换性,借由知识资本不断竞取或换取其他类型的资本,从而丰富个体所占有的资本的类型和数量,方能在大学知识场域中获得更稳定的存在以及更好的位置。

  不仅对于知识人是如此,对于大学来说也是如此,大学也要在其所处场域中与其他大学展开对资本的争夺,才能维系它在那个场域中的稳固地位。在更大的场域,例如在全球高等教育场域中,大学作为行动者也需要借助各类资本从而为自己建构竞争优势。比如,大学可能会借助排名所产生的符号资本(symbolic capital)进行决策,以决定和哪些大学建立合作伙伴关系(Sidhu, Dall'Alba, 2017)。因为大学本身就是社会场域的一个分支,其自身也需要在社会场域中参与争夺和博弈,才能获得更好的生存与发展。而且作为一种合法化的、制度化的机构,大学及其所授予的文凭是被社会所认可的,在大学知识场域中获取的知识资本亦同样受到社会的认可,这些知识在大学知识场域和在社会其他场域中都是"有用的"。现代大学本身就是在生产和传递为社会所需要的那种知识,因而在大学知识场域中具有可交换性的知识资本,在社会其他诸多场域中也具有这种可交换性,而且是社会诸多利益分配过程中的有效筹码。假如在大学知识场域中生产的、获取的、积累的知识资本在社会其他场域中毫无效力,那么,大学的知识人可能会失去参与社会场域中利益争夺的基础。在大学知识场域中获取和积累的知识资本在社会场域中的交换形式可表现为通过知识、知识产品以及确证知识的文凭证书等凭借,从而在社会场域中获得职业、财富以及其他利益。例如,大学毕业生通过各类知识性的能力、证书、文凭而找到工作岗位、获得收入;大学教师通过论文、著作、专利等知识产品而获得大学外部的项目资助,或者将这些知识产品转化为商业产品和经济收入等。大学知识场域中的知识资本的这种跨越场域内外的可交换性,对大学的知识人而言具有一种吸引力。而且,大学知识场域中的知识资本不仅可换取物质和财富等具体的利益,也可以换取地位、名誉、权力等抽象的利益;而且,知识资本还能再生产知识资本、一种知识资本可以再生产另一种知识资本,从而不断丰富知识人所占有的资本的类型和数量。知识可换取其他利益的这种功能是吸引知识人参与知识游戏并不断生产、积累知识资本的重要动力。假如知识只是它本身,那么可能只有那些真正为了知识本身而生产知识的知识人才能享受知识本身所带来的精神上的愉悦。然而,有时候知识人是以知识可交换的那些物品为生产知识的动力,或者兼有对知识本身以及对知识可交换的物品的渴求。

可见,在大学知识场域中,作为一种"货币"和"资本"形式而存在的知识,显然并不是纯粹非功利性的,它存在功利性的一面。那种"为知识而知识"的理念更多的是表现出了些许浪漫主义和理想主义的情怀。即便许多知识人探究知识的行为本身是出于非功利性的目的,但它无法掩盖知识劳动和知识产品最终将通过资本的形式而发挥作用并交换和获取其他利益的这种可能。因而,从这个层面来看,知识劳动最终被转换成了诸如财富、地位、权力等各类利益,而并非纯粹只是满足个体探索未知的好奇心而已。"为知识而知识"有时候是一种浪漫的神

第三章 流通货币:大学知识场域的资本

话。在大学知识场域复杂的争夺中,知识人参与知识劳动并生产知识产品、积累知识资本,是他们参与知识游戏并争夺游戏赏品的基础和前提,因而在某种程度上,知识劳动也难以摆脱"游戏"的属性,知识人全方位地处在游戏当中,他们或主动地或被动地、或有意识地或无意识地参与一场场游戏,在特定的游戏规则中发挥自己的能力以争夺最具效力的筹码,以期赢得更多的回报。从某种视角来看,"游戏"中没有"人"的存在,只有"游戏者"。自然人身上的感性与浪漫在游戏当中显得不合时宜,而游戏者身上那种现实性与功利性反而是参与游戏并在游戏中取胜的关键。在大学知识场域的各类知识游戏中,知识往往被作为参与博弈的手段和筹码,被作为交换其他物品的凭借,它并没有理想中那般高尚与纯粹。因而,在某种程度上,为了通过知识资本换取其他一系列具体的或者抽象的利益,知识人使出浑身解数参与争夺知识资本的游戏虽然不那么浪漫,却是实实在在推动大学知识场域维系知识生产和知识积累的重要动力。不过,这只是理解大学运行的一种偏向现实主义的视角,那种纯粹的浪漫主义和理想主义的视角也同样具有存在的意义。对于许多超越了功利主义的知识人而言,参与知识劳动的过程就已然是对他们最好的奖赏,他们追求的是知识本身,而把知识资本可换取的那些物品仅仅作为知识劳动的副产品,虽然他们不拒绝这种副产品,但他们更看重知识本身对他们自己以及对社会的意义。不过,从现实主义的视角去审视大学知识场域中知识与资本之间的转化过程,有时候更能祛除魅惑,看到被浪漫主义和理想主义所遮蔽掉的一些现实的东西。生存于大学知识场域中的知识人往往切实地感知到了这种现实的东西,知识人常常默认它存在的合法性,并自觉地遵循这套逻辑和规则而行动,但通常不会过于公开地谈论它。有时候,正是这些现实的东西才是左右大学知识场域游戏规则的关键力量,而且是激发大学知识场域的知识劳动之活力的重要机制。在某种程度上,知识人有时候正是出于对职位、地位、财富、权力等利益的渴望而积极地参与知识劳动并积累知识资本,趋利的内在本性或许在客观上能够激发大学知识生产的活力。尤其是在知识市场化和商业化时代的大学,知识的可交易性、可转换性无疑受到了极大的关注,并激励着知识人对知识的渴望以及生产知识的动力。当然,知识的可交换性不能单纯地表现为物质的和经济的利益,倘若如此,便是将知识的价值狭隘化了。而且,过于追求知识物质的和经济的交换性可能会异化大学知识场域中知识人的知识劳动,也可能会扭曲知识人对知识资本的争夺,并将大学导向庸俗的境地。不过,某种程度上,在大学知识场域中,知识的资本化以及知识资本所能换取其他物品的那种功能让知识人看到了通过知识获取力量并改变自身在场域中的位置和处境的希望。对于知识人而言,这是他们参与知识劳动的物质基础,也是驱动大学知识场域运行的重要动力。因而,不能简单地否认和否定知识向知识资本的转化,也不能简单地否认和否定知识人通过知识资本以换取其他物质利益的诉求。假如知识完全脱离了物质的和经济的交换价值,那么,大学知识人参与知识劳动以及生产知识的积极性可能会被削弱,对大学而言亦是重大的损失。

(二) 再生

知识在大学知识场域中就像是具有能够换取其他物品的功能的"货币",从而使得知识人得以通过获取和积累知识以期在大学知识场域中"换取"其他物品。因而知识资本对知识人具有较强的吸引力,吸引着知识人参与知识场域的各类知识劳动和知识游戏以及对知识资本的争夺。在大学知识场域中,知识人希望获得好成绩、发表论文、出版著作、晋升职称,等等,因而他们需要通过知识资本的积累而获得这些利益。知识作为一种特殊的资本,是可再生的,而且知识是可以被多人同时占有和使用的,某个个体占有某项知识在某种程度上并不排斥其他个体对这项知识的占有,不同个体可以同时占有同一项知识。而且知识被消费之后并不会直接消失,反而可能会生产出新的知识。换言之,知识的被占有、被使用、被消费并不一定是一个消耗知识的过程,而可能是一个再生产知识的过程。在这个过程中,知识的总量非但不会减少,反而还可能会增加,并且知识本身的质量和内涵还可能得到进一步的提升。因而,知识的累积性、可再生性等一系列特性使得知识资本的积累和转化显得具有很强的可获得性与可塑造性。然而,不像家庭经济资本那样可以通过继承而得,在大学知识场域中,知识资本在某种程度上并非继承而来的,而是知识人个人的知识劳动之所得。知识人"占有"知识的过程是一个内化的过程,在某种程度上,只有个人将外在的呈现在书籍、论文等载体中的知识内化为个体头脑中的知识,才是真正实现了对知识的"占有",这是一个极具个人化的、内隐性的过程。因而,知识人的知识积累很大程度上是一种个人化的行为,很难由他人代替而为。就像呼吸和进食一样只能由自己进行而难以由他人代而为之,谁摄入的氧气和食物就会转化为谁身体中的养分与营养;同样地,谁内化掉的知识就会转化为谁的知识储备并转化为相应的知识资本。因而,知识人自身的知识劳动在知识资本的积累过程中扮演着关键的角色。尤其是获取知识和生产知识的能力这种"抽象化的知识资本"更加依赖于知识人自身的努力,这种抽象化的知识资本通常不能由他人馈赠或者馈赠给他人。然而,在知识资本的获取和积累过程中,其他因素也会发生作用。在某些情境下,不只有直接的知识劳动可以生产知识资本,许多非知识性的劳动也可能获得知识资本。有时候即使知识人并未内化某项知识,但他可能在这项知识的外在产品(比如,论文、专利、著作等)中获得权益并标识了自己对这项知识产品的占有。而且,大学对知识人的评价制度以及对资源的分配过程有时候并不真正关心知识人是否真正内化了某项知识,而是评判知识人是否在制度层面占有了这项知识产品。因而,在大学知识场域中,知识资本的获取和积累过程中不只有知识在发挥作用,许多其他因素和力量也可能会介入其中,知识因素可能会遭受非知识因素的某种干扰。从这个层面来看,大学知识场域并非纯粹以知识为运行动力,而是一个各种要素复杂交织的场域。当然,知识始终还是大学知识场域中的一种主导性资本。

在大学知识场域中,知识资本的转化和积累并非单纯凭借于知识,其他类型的资本和权力同样可能在其中发挥作用,甚至发挥很大的作用。例如,有时候,社会资本可能被用来作为一种辅助性、协调性的作用而存在,以弥补知识资本的不足,甚至在某种情境下,社会资本的效力超过了知识资本。由此可见,在大学知识场域中,资本和权力的争夺是一个复杂的过程,大学知识场域的运行并非全然依凭于知识。但在理想状态下,知识应当成为大学知识场域运行的主要依据,非知识性要素对大学运行的过度干预可能会削弱大学的知识属性和知识功能。不过,外部因素的介入有时也有可能为知识劳动提供动力。虽然知识在大学知识场域中占据重要地位或者说主导性地位,但其他类型的资本和力量也同样会在其中发挥作用,知识人借助其他非知识性的实践活动(合法合规的),有时可能有助于知识的生产或者扩大知识的价值。在某种程度上,社会现实主义假定所有实践本身就是一种形式的知识(Ellery,2017)。尤其是在知识经济时代,知识生产与知识交换本身已经发生很大的变化。许多人认为知识经济与19世纪的工业革命具有同等的重要性,它预示着工业化生产方式以及文化本身可能发生转型(May,Perry,2006)。传统上的知识和文化作为一种抽象的物品已经逐步演变为实在的商品。并且知识的生产与传播逐渐形成了一个市场,单纯依赖知识人沉浸于知识劳动本身有时候难以充分发挥知识的效力,而通过一定程度的市场化和商业化力量的介入,有时可能会极大地扩展知识的价值和效力,而且这一过程会使众多群体受益。因而,为了不断地再生知识以及再生知识的价值,大学知识人需要在一定程度上走出知识本身的视域,与更大的场域进行互动。在多方受益的情况下,具有学术资本主义特征的知识网络与知识循环越来越走向国际化,部分原因是国家和跨国公司为许多知识密集型的跨国经济行为创造了良好的条件,以作为其知识经济战略和愿景的一个部分(Kauppinen,2012)。而且,对于企业组织而言,加大对创新的投入以及与大学进行合作创新,会促进知识资本(knowledge capital)的增长(Lööf,Heshmati,2002)。也就是说,国家、企业、大学在促进知识的再生以及知识价值的再生这件事情上具有共同的利益,因而会促进彼此朝同一方向发力。对于大学知识场域内部的知识人而言,为了将个人所占有的知识资本及其效力扩大化,与其他知识人进行争夺和博弈是存在的,但也需要借助协商与合作的方式,将整个知识体量扩大,从而使更多知识人都能从中受益。在某种程度上,知识人正是因为理解了协作的机制,于是投入到更广泛的知识合作生产过程中,并推动整个大学的知识资本的扩大再生产。

(三) 确证

然而,知识本身并非天然地成为一种资本,而是要在特定场域中依循特定游戏规则的确证,并经历一个制度性的转化与积累的过程,才能成为一种资本,并发挥资本的效力,从而换取其他物品。因而,并非所有形式的知识都能成为知识资本,特定的知识是否具有转化为知识资本的潜在可能性需依托于特定场域的逻辑规则。而且,并非所有类型的知识在大学知识场域中都具有同等的资本效力。在大学知识场域中,不同领域、不同类型的知识和知识产品(论文、著作、专利等)具有不同的资本效力,发表在不同层次的期刊上的知识具有不同的资本效力,获得不同的奖励和荣誉的知识产品具有不同的资本效力,相同类型的知识和知识产品在不同的大学具有不同的资本效力。在大学知识场域中,具有转化为知识资本的效力的知识更倾向于是一种专业性知识。大学的一系列知识游戏主要以专业性知识为衡量标准。专业性知识往往具有高深性和前沿性,并且具有超强的结构性和体系性。一个知识人需要经历一个制度化的训练过程才能掌握这种知识以及掌握生产这种知识的能力,从而不断积累这种知识资本。"对于个体而言,要想从事知识生产,要想真正地成为一个纯粹的认识主体,就必须要经历一个漫长的'准备阶段'或'训练阶段';缺乏这种专门的训练,也就不能够发现或提供真正的知识"(石中英,2001:187)。在许多情况下,个体需要经受特定的训练并获得制度化的凭证(比如获得特定的文凭),才能获得进入制度性知识组织或知识机构从事知识生产等活动的准入权。因而,在大学知识场域中从事知识生产等活动并积累知识资本具有一定的门槛,并非任何人都能轻而易举地获得这类知识资本。可见,在大学知识场域中对知识资本的获取和争夺势必存在一定的排他性和竞争性。而且,知识人借由对知识资本的占有从而在大学当中争夺各种资源和赏品,资源和赏品的有限性加剧了知识人之间的竞争。有时候,大学正是通过对资源和赏品的有限分配与非均衡分配,以此制造出具有竞争性的环境,从而激发知识人参与知识劳动以及生产知识的积极性,因为只有更加积极地参与知识劳动并生产知识产品,知识人方能占有更多的知识资本从而换取更多的资源和赏品,并在大学知识场域中获得良好的生存与发展。在这个循环的过程中,知识人可能在无形中被大学所控制、宰制和规训。

知识资本是知识劳动积累的产物,这种知识劳动的积累不是瞬间完成的,而是需要一个过程。因而,知识劳动转化为知识、知识产品和知识资本需要经历一个过程乃至漫长的过程。潜藏在知识人脑中的抽象知识需要通过一个制度化的、外显性的乃至产品化的过程方能转化为有形的知识资本。这个转化过程须遵循大学知识场域的游戏规则。在大学知识场域中,诸如招生、教师招聘、职称晋升、学术评奖等知识游戏以特定的游戏规则赋予了特定知识产品特定的效力,以使其发挥相应的"交换价值"。因而,通过诸如招生、教师招聘、发表论文、出版著作、学术评奖、职称晋升等一系列知识游戏的作用,知识就表现出了其资本的效力。也就是说,个体脑中储备的知识以及手中所掌握的知识产品通过这一系列知识游戏得以作为一种"货币"换取个体所想要获得的那些利益(比如,获得入学资格、获得职位、获得奖励、晋升职称,等等)。这个时候知识作为一种货币或筹码的形式为个体换取特定的利益提供了凭借,于是知识就体现出了资本的效力。因而,个体脑中储备的知识需要经历一个制度化的过程方能转化为知识资本。这个制度化的过程表现在诸如招生、考试、教师招聘、论文发表、课题申报、学术评奖、职称晋升等知识游戏当中。在招生考试中取得分数以获得入学资格,在大学的课程考试中获得好成绩从而为评奖或升学奠定基础,基于知识探究而发表论文、出版著作、申报专利等以获得求职或晋升的筹码,等等,均是知识发挥资本效力的一些制度化的过程。只有经历一个制度化的确证过程,依托一种外在形式予以表征,个人的知识才能在知识场域中发挥资本的效力,否则个人的知识依然是储存在个人脑中的看不见的抽象物品,并不被知识场域所直观地认可并作为换取其他利益的货币或筹码。换言之,储存在个人脑中的知识只能说具备成为知识资本的潜在可能性但还不能等同于知识资本。相对来说,发表了的知识才能作为一种知识资本的形式而存在,发表了的知识是被知识场域中制度化的游戏规则所认可的,是具有直接换取其他资本的效力的知识产品(比如,论文、著作、专利等)。而知识的发表需要经历一个制度化的确证过程,也就是说,个人脑中的知识正是需要这样一个外显的、制度化的确证过程才能转化为一种被知识场域所认可并具有"交换价值"与"交换功能"的知识资本。

在自然界,根据能量守恒定律,能量不会凭空产生,也不会凭空消失,而是可以从一种形式转化为另一种形式,物质也是如此。这种转化需要在一定的条件和因素的作用下才能实现。知识资本转化为其他物品也需要一定的条件和因素的作用。每个场域都有自身的游戏规则,大学知识场域也是如此,因而知识需要被放置在知识场域中才能更好地发挥其资本的效力,而且特定的知识需要被放置在特定的知识场域中才能更好地发挥其资本的效力。例如,将科学知识放置在娱乐场域中可能就不具有在科学场域中的那种资本的效力,反之亦然。在大学知识场域内部也存在不同分支的知识场域,比如不同学科就有各自的场域及其所生产的那种类型的知识,在

第三章 流通货币:大学知识场域的资本

某个学科领域发表的论文可能在另一个学科领域就不具有资本的效力,不能换取相应的利益。因而在大学内部,不同知识在不同场域中的资本效力是不同的,特定知识匹配了特定的知识场域才能更好地转化为资本。这也使得特定知识的持有者被局限在特定的知识场域中开展活动。而且,不同知识场域对利益的争夺使得它们倾向于构筑各自的利益领地以及保护自身利益的围墙,从而将其他知识领地的知识人尽可能地排斥在外,防止他人对自身利益的侵占。这种保守性使得在大学知识场域内部形成了一个个略显封闭的知识领地,知识人在各自的领地中获取知识和生产知识并将知识资本化,并且在各自领地内进行知识资本与其他利益的转换。于是领地内的知识人只要固守自己所在的领地即可取得存在的合法性,这也禁锢了他们走出既有知识领地的积极性,而且有可能阻滞了不同知识领地的知识资本的互相交换和互相转换的可能性。

此外,不同类型的知识人在获取和积累知识并将其制度化的核心目标及价值取向有所不同。对于渴望将来获得一个制度化的、稳定的学术岗位以从事学术研究的博士生而言,发表论文可能是他们参与知识劳动的重要目标。对于渴望晋升职称的青年教师而言,申请课题、发表论文是他们的重要目标。对于职业稳定的教授而言,他们可能希望借助生产更高水平的知识产品以获得更高的荣誉和地位,或者借助知识资本以换取其他类型的资本和权力。博士生要想通过知识劳动以获得他们所在学科的知识、文凭以及学术岗位,就需要遵循该学科领域的规则,于是他们可能会在隐匿性的过程中被该学科的知识所规训,逐渐被塑造成该学科特定的知识人,装备该学科文化中所崇尚的那套惯习。青年教师想要在某个机构中晋升职称可能就会受到该机构的一系列职称晋升的游戏规则的塑造和规训,依照这套规则去采取行动,并逐渐成为规则想要其成为的那种人。

"获得知识的过程其实就是获得控制的过程。社会通过知识和信息,通过媒介、学校等知识机构来加工所希望的人……在一种知识中接受教育,或者获得一种知识的训练,是接受规训并成为某种具有特定行为方式(规则和纪律)的人"(金生鈜,2004:26,349)。

可见,知识的制度化确证会赋予知识人一系列利益,但同时知识人也可能会被一套制度、规则和文化所塑造和规训,成为这套制度、规则和文化希望他们成为的那种人,从而使特定的机构、学科、制度再生产了特定的知识人。这些被生产出来的知识人可能会继续维护这个机构、学科、制度的规则和文化,因为这些知识人就是由这些机构、学科、制度所生产出来的。于是,大学便从这些知识人身上获得了知识的利益,而且大学的运行逻辑也得到了维系和巩固。在某种程度上,大学自身为了获得生存与发展,需要通过一系列的制度创设和规则创设从而充分地引导和激发知识人参与知识劳动的积极性并提升他们的知识生产力,从而方能使大学有足够的力量在它所处的场域中竞争资源、声誉和地位。因而,在某种程度上,大学通过资源、利益、游戏、制度、规则等要素对知识人进行某种引导、激励、控制、宰制和规训,是大学自身寻求生存的一种理性策略。

二、知识资本的合法化

(一) 效力认可

知识资本的合法化是一个确认知识资本在知识场域中的地位、价值和效力的过程,是赋予知识、知识产品以意义的过程。知识、知识产品一旦被赋予了价值、意义和效力,就能起到化腐朽为神奇的魔力,就能将原本普通存在的物品变成富有价值和效力的物品。知识合法化的目的是让知识和知识产品的持有者所积累的知识资本在场域中具有更大的价值和效力,以竞取更高的位置、更大的权力和更多的利益。合法化是一种获得制度认可的过程,是一种意义认可、价值认可和效力认可的过程,即在制度层面认可了某项事物的意义和价值,从而使其具有可交换为其他物品和利益的效力。知识资本的合法化并非指法律意义上的合法化,这里的知识资本的合法化主要指的是:在大学知识场域中,根据特定的知识游戏规则,特定的知识以及知识产品获得知识场域的制度认可并在特定的游戏中具有换取其他物品和利益的效力。即知识资本的合法化主要指的是知识资本获得某种制度性的价值认可、意义认可和地位认可以及交换效力的认可的过程。在某种程度上,"资本"的概念本身便隐含着"可交换性",物品只有具备了可交换性才具有资本的含义,但这种可交换性需要通过制度程序予以认可,否则难以在场域中通行。知识资本的合法化即是通过制度认可从而确认知识资本的"资本性",即认可和确认知识资本在知识场域中的可交换性或者说可换取其他物品和利益的效力。知识资本的合法化需放置在特定的制度情境与游戏规则中加以考虑,不同的制度规则会赋予知识资本的合法化以不同的内涵和不同的逻辑。例如,在教师招聘过程中,假如游戏规则规定已发表的论文可以作为学术成果在应聘中使用,而已被录用但尚未发表的论文不能作为学术成果在应聘中使用;那么,已发表的论文就在这个游戏当中具有合法性,即具有制度性的、合法的效力;而那些已被录用但尚未发表的论文就不具有合法性,即不具有制度性的、合法的效力。在这个层面上,知识资本的合法化是一个"是"和"否"的问题,在特定的知识游戏中,特定的知识产品是"合法的"或者"不合法的"只能二者取其一,相应地,知识产品的效力就是"有"和"无"的区别。换言之,在此种规则情境中,某些知识产品"合法""有效力",能换取其他物品和利益;而某些知识产品"不合法""无效力",不能换取其他物品和利益。在另一层面,例如,在学术评奖中,假如赋予发表在权威期刊上的论文比发表在普通期刊上的论文更高的权重,那么,发表在权威期刊上的论文在这个游戏当中就比发表在普通期刊上的论文具有更强的合法性,即具有更大的效力。在这个层面上,知识资本的合法化并非"是"和"否"的问题,而是一个连续体,知识资本不是要么"合法"要么"不合法",而是具有不同程度的合法性,也就是说合法性的强弱不同,即知识资本所具有的制度性的、合法性的效力大小不同,获得场域的价值认可度不同、可交换其他物品和利益的效力大小不同。知识产品或知识资本创造效益的能力或可能性的强弱有时会影响知识产品或知识资本在特定场域中的合法性。例如,在企业组织当中,"知识资本"(knowledge capital)是造成企业之间业绩差异性(performance heterogeneity)的重要因素(Lööf, Heshmati, 2002)。这种特定的"知识资本"能够带来人们所期待的效益和利益,因而,它就会更受青睐、更受追捧,也更具合法性。对于大学而言,包括人力资本(human capital)、结构资本(structural capital)、关系资本(relational capital)等要素的"智慧资本"(Intellectual Capital)是提高大学绩效的重要因素(Anggraini, Abdul-Hamid, Azlina, 2018)。因而,这一系列资本可能会在大学当中获得制度性认可,并在大学知识场域中具有特定的效力。

在大学知识场域中,知识资本的合法化一方面可能由知识人决定,另一方面又可能由场域内其他力量所决定。例如,一项知识是否能够发表往往由作为评判者的那些知识人所决定,发表之后这项知识就转化成了一个具体的、合法的、制度化的知识产品,这个知识产品有可能转化为知识持有者的一项知识资本。但这项知识资本是否具有价值、是否具有换取其他物品和利益的效力以及这种价值和效力的大小,还需要依托于知识场域的游戏规则对它的界定以及更广泛的知识人对它的认可度。例如,一项知识发表在权威期刊或高级别期刊上可能会获得很大的认可度,并在大学知识场域的教师招聘、职称晋升、学术评奖等知识游戏中成为更具效力的筹码;而一项知识发表在普通期刊上可能不会获得那么大的认可度,并可能在知识游戏中作为筹码的效力较小,甚至毫无效力。也就是说,两项知识都发表了,都转化成了合法的知识资本,但二者的认可度不同、作为筹码的效力也不同,即二者的合法性程度不同。因而,知识资本的合法化过程及其合法性的强弱与特定场域的逻辑规则和特定游戏的游戏规则有关。在很多大学的知识游戏中,发表在普通期刊上的论文在教师招聘和职称晋升中的效力远远不如发表在权威期刊或高级别期刊上的论文,甚至发表在普通期刊上的论文在教师招聘和职称晋升中可能毫无效力。这种游戏规则背后的逻辑假设在于,从某种程度上而言,发表在权威期刊或高级别期刊上的论文的知识质量可能高于发表在普通期刊上的论文。但这种判断并非绝对的,因而如果大学知识场域过于机械地按照这种标签化的方式赋予权威期刊或高级别期刊论文比普通期刊论文更大的合法性和效力,有时候可能会掩盖掉知识本身的真实内涵,并驱使知识人追求知识产品的标签而忽略了对知识产品本身意义和价值的生产。理想情况下,应依据知识和知识产品本身的质量和价值去衡量其合法性地位。只不过这种评价过于繁琐,需要经过知识人仔细地辨别和考量才能真正识别出不同知识产品之间的内在"优劣"。而将诸如期刊级别等标签化的方式作为衡量标准对于大学而言显然更简单明了,评价的成本也更低。不过,这种评价规则有时候可能会导向偏离于知识本身的价值的争夺,或者使其他非知识性的资本和权力过度地介入知识游戏的争夺之中。可见,大学知识场域的游戏规则为特定知识资本的合法化赋予了不同的层级,并引导着、规制着知识人参与知识游戏的策略。如果发表在权威期刊或高级别期刊上的论文具有更强的效力,那么,那些能发表这类论文的知识人相应地可能就会在大学知识场域中获得更高的认可度以及更多的利益;于是,期刊的级别或权威性将成为知识人发表知识成果的重要考量,也将成为知识人的重要争夺方向。从这个层面来看,这一游戏规则引导着、规制着知识人的争夺方向和行动策略。知识人为了占据更具效力的知识资本,就要遵循特定的游戏规则,在这个过程中,知识人获得了知识资本的效力,并通过知识资本换取其他一系列物品和利益,但同时他们也可能被这套游戏规则所塑造和规训,成为迎合规则的人或者被规则所束缚和囚禁的人。倘若知识游戏的规则依循知识产品的外在标签(如期刊的级别)进行奖赏,那么,迎合游戏规则的倾向性可能会使得知识人看重或者过于看重知识产品的外在标签。在大学知识场域中,通过既定游戏规则取胜的知识人可能会倾向于继续维护这套游戏规则。而这些取胜的知识人往往在知识场域中占据更高的位置、更多的资本以及更大的权力,维护这些让他们取胜或者取得优势的游戏规则有利于为他们竞取进一步的胜利或者进一步的优势,而且,他们也更有力量将自己的意见合法化,并加之于知识场域当中,于是知识场域的既定游戏规则便倾向于被维护而不是被颠覆。因而,像许多场域一样,大学知识场域的规则体系以及由这套规则体系制造出来的层级结构是相对稳固的,知识人在这个层级结构中攀爬需要积极地参与知识劳动并参与知识游戏的争夺。

合法化的知识资本就像合法化的货币一样,具有换取其他物品和利益的效力,可以在知识场域中合法地流通和交换。通过合法化的宣称并得到场域的制度认可,特定的知识资本才能发挥其资本的效力。这种合法性越强,知识资本的效力也越强。合法化是知识资本获得价值认可与法定效力的基础,未经合法化的知识则缺乏效力,缺乏换取其他物品和利益的效力,难以转化成实质性的利益。在某种程度上,发表了的知识是制度化的,但并非发表了的知识就能在大学知识场域中取得必然的合法性,根据场域的不同游戏规则,有时候发表在普通刊物上的知识在教师招聘、职称晋升或学术评奖中认可度较低、效力较弱甚至完全不被认可、毫无效力。可见,即使是已经通过制度性流程得以发表了的知识,也可能在特定规则中效力微弱或者不具有效力。因而,特定知识在特定的场域或子场域的特定游戏及其游戏规则当中,具有不同的合法性效力。知识资本的合法化需要知识人的一系列运作,光靠知识劳动本身并不一定能确保达成知识资本的合法化。合法化是知识转化成资本之后的另一项重要活动,它关系到特定的知识资本是否具有相应的地位、意义、价值和效力。知识、知识产品或知识资本要想获得效力,必须要经历一个合法化的过程。知识资本的合法化不只是将知识发表出来,而是要获得知识场域中的制度性认可。认可度越高,其效力可能也越大。除了在诸如教师招聘、职称晋升等游戏中对发表在特定级别刊物上的论文进行制度化的认可之外,在大学知识场域中,还存在许多柔性的知识资本合法化程序。例如,某一项知识是由学术权威发表的,即使并非发表在权威刊物上,也可能获得极高的认可度,并通过诸如学术奖励等制度性"游戏"从而赋予这项知识产品相应的合法性,由此赋予这项知识产品相应的资本效力。因而有时候,某类知识资本可以越过大学知识场域中的制度化规则而通过其他更加灵活的方式获得合法性,并获得资本效力,可以换取各类物品和利益。因而,有时候知识人为了让其所持有的知识资本获得更高的认可度与合法性,于是对其所持有的知识及知识产品进行包装和渲染,甚至制造一些"神话"从而将特定知识和知识产品"神化",以抬高其意义、价值和效力。某种程度上,这是知识人在大学知识场域中进行争夺与博弈的一种策略。

(二) 人为制造

知识资本的合法化在某种程度上是一个人为制造和人为赋予的过程,人的因素在其中起到关键性的作用,而人的因素既带有理性的成分也含有感性的成分。因而,知识资本的合法化不是一个全然依凭特定规则而进行的理性活动。而且,即便是知识本身也并非纯粹高度理性的、高度客观的,知识本身也是一种变动不居、捉摸不透的物品,有时候也是一种相对性而非绝对性的物品。在福柯看来,知识并非完全中立的,知识之上附着了权力关系,对于特定的权力关系而言,知识并无"真"和"伪"之别,只有"合法"与"不合法"之分(陈建华,2006)。有时候,在特定的场域中,"合法"的知识就是"真"知识,"不合法"的知识就是"伪"知识。在特定场域的特定时间内,如果某项知识被认为是"合法的",那么它就可以光明正大地存在着,并具有换取其他物品和利益的资本效力;如果某项知识被认为是"不合法的",那么它就不能在特定的规则情境中交换其他物品和利益。选择什么样的知识关键在于确定遵循何种原则进行知识的选择(吴刚,2002:

191)。在现实社会当中,确定选择何种知识作为合法的知识的权力主要掌握在国家手中。每个国家都掌控着自身特定的知识体系,划定了哪些知识能在其中合法地存在和流通。

"国家不仅控制学校的知识,而且控制更大范围的社会生活的知识……国家告诉我们真正的事实是什么、什么是真实的和不真实的。创造真理的过程也是一个权力的过程"(阿普尔,等,2007:8-10)。

大学存在于特定的国家和社会当中,现代大学比以往更加依赖国家的支持,因而大学无法逾越国家对合法知识的界分,这意味着大学应在国家划定的合法知识的范围内开展知识劳动和知识活动。更何况,大学开展重大科研项目所需要的大型实验室、昂贵的科研设施以及稳定的科研资金离不开国家的支持。正如洛温所言,用政府资助的昂贵的科研设备以团队的形式开展研究工作已成为顶尖研究型大学的基本特征(丽贝卡·S. 洛温,2007:3)。既然现代大学各项知识劳动和知识活动的运转离不开国家的支持,那么大学就不可能不考虑国家的利益,不可能完全摆脱国家的影响和控制,更不可能逾越国家所界定的合法知识范畴。对知识范围的控制是知识规训的一种表现(胡君进,2014),从这个层面来看,国家对合法知识的界分也是对大学和知识人及其知识劳动和知识活动的强有力的控制和规训,这也是维护国家利益的重要方式。因而,知识不只是知识本身,还蕴含着知识之外的诸如权力、控制、规训等要素,知识的合法性有时候也需要经由特定的制度和权力而得到认可和确认;而且,特定知识的合法性不是固定不变的,知识及知识产品的合法性的有无或合法性的强弱是变化着的,制度、规则、权力等在其中起着关键性作用,它们引导着、掌控着、左右着知识和知识产品的合法化过程及其合法性的有无或强弱。

从某种意义上而言,知识本身是人为创造的一套认知自然世界和人类世界的符号体系,它并不是对世界的绝对真实的反映,而是不断地接近世界的真实面貌。但在绝对的意义上,它不可能百分之百地反映世界的绝对真实面貌。尤其是在那些常常带有人类主观情感的知识领域,有时候很难区分何谓"真",何谓"伪"。在某种程度上,人类自身也无法真正分辨知识的真伪,因为作为人类创造出来的一套符号体系,人类自身也无法知晓它是否真的就是对客观世界的真实反映,人类自身很难绝对确证自身所创造的知识与客观世界的真实面貌的吻合程度,只能通过对客观世界的不断探索从而不断去修正自己所创造的知识。知识作为人类的创造物,它是人类认知能力的一种外在表现系统,知识体系映照了人类的认知体系。如果说人类的认知能力是绝对的,可以绝对地解释客观世界,那么人类的知识就是绝对的,就是能够绝对地解释客观世界的;如果说人类的认知能力是无限的,那么人类的知识就是无限的。然而,实际上,人类的认知无法绝对地解释客观世界,人类的认知也无法穷尽对宇宙的认识,因而人类的知识体系无法绝对真实地、无限地解释宇宙的一切。宇宙规律是一种客观的存在物,人类的知识只是在不断地对宇宙进行解释,这种解释无法完全贴合宇宙规律的本来面目,只能不断地接近它。因而,人类知识的"真"和"伪"也是相对的、暂时的、有条件的、变化着的。从这个层面来看,无论知识是"真"还是"伪",倘若在特定场域中被制度化"确证"了,那么它就是"合法的"知识。即使这种确证只是暂时的,在它被确证的这个场域的这个时间段中,它就是"合法的",而且在这项知识被确证为合法的这个场域空间和这段时间中,它具有合法的交换效力。合法的知识能产生效力,如果"伪知识"是合法的,那么"伪知识"也可能存在效力。在人类社会早期,受认知水平所限,许多在今天看来是谬误的知识在当时却占据着强大的合法性,具备强大的效力,支配着当时人们对世界的认知。人们认可它、学习它、掌握它,用它作为交换其他物品和利益的筹码。随着人类认知水平的不断提升,知识边界不断扩展,知识体系不断更新,原来那些合法的知识可能变得不再合法,而知识人所掌握的那些不再合法的知识就可能不再拥有原来那种交换其他物品和利益的效力了。因而,知识资本的合法化是一个不断确证又不断变动的反复的过程,旧的合法性知识可能会不断地被新的合法性知识所取代,抑或已经失去合法性的知识又重新获得了合法性,这是一个变化的、反复的、持续的过程。

因而,在某种程度上,知识不是一套对世界的绝对客观的、真实的反映体系。实际上,知识和真理既不是绝对客观的,也不是完全主观的,而是主体间性的(intersubjective)(Olsson,2007)。传统的知识观所理解的知识是一种绝对的认识成果,而在福柯看来,静止的知识是不存在的,知识不是客观的陈述而是人为的设定(燕良轼,2005)。它既包含某些客观的元素,也附着了人的主观因素,是客观与主观的结合体。即使是科学知识,也并非绝对客观。而且,"科学"似乎在很长一段时间以来借由其超强的"客观性"行使了一种话语支配,许多被冠以"科学"之名的知识更容易获得人们的承认、认可和接纳并行使其效力。然而,认为科学是对自然的真实反映这种观点遭到后现代主义者的挑战(Venkatesan,2008)。就传统的观念而言,科学知识是具有普遍意义的系统,而从后现代观念来看,科学知识只不过是一种地方知识,如果科学知识只是在当地实验室获得验证,仅能解答当地问题并被当地共同体认可,那么它就只是一种地方性知识(安维复,郭荣茂,2010)。在后现代社会,人们已经越发认识到科学之中除了客观性、逻辑性和理性之外,还包含着一系列非理性要素的存在(殷杰,尤洋,2006)。而且,在利奥塔看来,科学知识是专家制定的游戏,专家们也可以更改这套游戏规则(余天放,2013)。在某种程度上,科学只不过是一定语境的产物,不同语境可能会生产出不一样的话语体系,因而科学不能是"霸权话语"(李晓培,2014)。事实上,"在公众的视角来看,在界定和解释自然界时,科学所具有的几近完全垄断的控制力正在弱化"(海尔格·诺沃特尼,彼得·斯科特,迈克尔·吉本斯,2011:205)。当"科学"开始遭遇挑战时,科学也有可能丧失其既有的合法性。当科学逐渐丧失其既有的合法性时,科学的合法化问题就出现了(杨艳萍,2001)。可见,即便是"科学的"知识,也有可能是"人为制造的",即人的主观和情感在制造这些知识中施加了影响,因而这一过程所制造出来的"科学的"知识并非对客观世界的绝对真实的反映。在大学知识场域中,某种程度上,人文知识与科学知识之间的区别只不过是谁的"人为"因素更多一些而已,它们本质上都是"人造的"。

知识作为人类社会所创造的一套符号系统,被赋予了许多人类社会特殊的文化含义与权力含义。而且,如果说人类知识并非对客观世界的完全真实的反映,可能一方面是因为客观上人类的认知能力的确无法绝对真实地反映世界的本真面貌,而另一方面可能是因为在某种情况下人类的知识掩盖掉了某些真实的部分,而将某些"不真实"的部分展示给公众。这其中蕴含着一系列文化的与权力的因素。作为一个知识场域,大学内部也具有知识的认知属性之外的文化属性和权力属性。那种认为"大学是自由地探究真理的地方"的观点忽略了两个问题:其一,人们所认为的"真理"是多大程度上的"真理"?

很多时候,知识是被"制造"出来并通过一个制度化的程序进行合法化从而被认可的,但并不能保证它就是绝对真理。其二,"自由探究"在多大程度上可能存在?知识本身就是人为制造的符号系统,其中附着了一系列人类社会的文化属性和权力属性,绝对的"自由"是不存在的,无论是内在的自由,还是外在的自由,知识探究总会受到一系列人为因素的规约。知识所附着的文化属性和权力属性使得知识资本的合法化也可能卷入文化的和权力的因素。知识人为了将自身所掌握的知识资本合法化需要采取一系列策略,有时候可能会采取"话语制造"这种策略。通过一套话语体系的制造,将特定的知识及知识产品进行包装和渲染,甚至将它神圣化乃至神秘化,从而获得超强的合法性。有时候,人们会倾向于对"神圣的"和"神秘的"知识产生敬畏,从而失去质疑它的勇气,这种"神圣的"和"神秘的"知识之所以具有超强的慑服力,有时是因为人们对其缺乏理解能力和判断能力,有时则是因为其言说者的特定身份。在福柯看来,古典时代由神或其代言人说出的话语能激起人们的崇敬与畏惧,因而具有支配人的作用,要达到这种作用,就需要说话人具备特定的身份、地位、品德以及"知识"(孙婧一,2018)。可见,有时候并非知识本身让人臣服,而是知识的制造者、掌控者、发布者和言说者所具有的特殊身份使知识让人臣服。这其中附着了权力、权威甚至威权的因素。倘若知识的制造者、掌控者、发布者和言说者具有极高的权威并有意或无意地编制一套谎言,那么这套谎言可能就被听众当成真理去信服。这种话语的制造夹杂着权力的支配关系,因为并非任何人制造的话语都能够得到广泛的认可和信服,而那些由知识权威所制造的话语则更容易具有这种效力。例如,倘若某个知名人士对某件艺术品做出了极高的评价,那么这件艺术品的受认可度和它的价值可能会陡然暴增。抑或某个学术权威对某一学术作品推崇倍加,使得这一学术作品可能在学术圈里获得超强的认可。在大学知识场域中,这样的故事时有发生,尤其是在人文社科和艺术等"人为"因素较多的知识领域。对于人文社科领域而言,知识的知名度是其特有的资本和效益(波丢,2006:78)。因而,为其知识和知识产品制造知名度是人文社科领域的知识人获取知识效力的重要途径。由于人为制造的话语对于增强知识的合法性效力具有重要的作用,因而对这种制造话语的权力的争夺也是知识人参与大学知识场域的知识游戏的一个重要目标,掌握了这种制造话语的权力并使自己制造的话语被他人认可,从而使自己所占有的知识及知识产品在大学知识场域中更具合法性效力,以期换取一系列物品和利益。可见,知识当中有时候蕴含着身份和权力的支配性,知识资本的合法化有时也遭受着身份和权力的支配。

(三) 合法边界

知识的合法性并不是无限的,而是存在边界的,超出了特定场域的边界,合法的知识也可能变得不再合法,并失去其既有的资本效力。因为每个场域都有自身存在的一套逻辑体系和游戏规则,而且场域的游戏规则也并非固定不变的,而是不断变化着的。因而,特定知识的合法性并非永恒存在,某项知识在这个场域是合法的,但在另外一个场域可能就是不合法的;在这个场域的这个时间是合法的,但换了一个时间可能就不合法了。换言之,知识的合法性是暂时的、变化的、有条件的、有边界的。超越了特定的时间和空间,特定的知识可能会丧失其合法性,继而掌握这套知识的知识人可能就失去了借由这种知识资本换取其他物品和利益的效力。某种程度上,在特定场域合法化的知识是符应于特定场域的那套逻辑体系和游戏规则的,因为在这个场域中获得合法性的知识是遵循了这个场域的游戏规则才获得了它的合法性。而且,在大学知识场域中,并非所有知识都具有同等程度的合法性。同样的知识在不同的知识场域中具有不同的合法性,同样的知识在同一个场域的不同时间段也具有不同的合法性。有的知识被边缘化,而有的知识则居于中心位置。这背后存在一套游戏规则在支配,存在一套权力系统在支配,不仅和知识本身的认知属性有关,也和特定的社会文化有关,和特定大学的场域文化有关。在商业化时代,那些远离市场的"不实用"的知识的合法性常常受到弱化。传统的合法化知识的合法性在商业时代可能会被削弱甚至失去既有的合法性。当传统的知识合法化失去效力之后,后现代的话语交往则不再为了寻求共识(宋建清,2012)。在后现代社会,许多传统的观念和认知体系可能会逐步瓦解,人们会建立新的认知秩序,而且新建立的认知秩序也不会是稳固的,而是会不断重构、不断更迭。因而,特定的知识可能会因为符应时代的特征而获得超强合法性,也可能会快速地失去热度而失去既有的超强合法性。在后现代社会,知识的合法性更不会是无限的、永恒的,而是处在不断变化之中。

对于大学而言,政府的政策或者社会的需求可能会引导其抬高或压低某项知识的合法性。为了匹配政策的诉求或者满足社会的需求,大学可能会在某个时间段大力发展某个知识领域,投入资金、建立研究机构、招聘研究人员,等等,在这个特定时间段,这项知识在大学当中就获得了超强的合法性。当政策热度下降了或者社会需求减弱了,大学可能就会逐步减弱对这项知识的投入,相应地,这项知识的合法性可能就会降低。为了提高自身的学科竞争力,大学有时候可能会将某些弱势学科裁撤掉,容易被裁撤掉的往往是一些"无用的"学科。大学即便不裁撤这些学科,也会缩减资源配给,从而制约了它们的发展。于是这类被制约的知识门类在这个场域中的合法性就被进一步削弱,掌握这套知识、从事这类知识劳动的知识人在该场域中存在的合法性也会被削弱。这些知识以及这些知识持有者在该场域就可能处于被边缘化的位置,他们参与场域中的利益争夺的力量也就更小。因而，知识人为了防止自身在知识场域中被边缘化，就要防止自身所掌握的知识资本在该场域中被边缘化。为了防止自身所掌握的知识资本被边缘化，就需要将自身所掌握的知识资本进行合法化，以获得更高程度的地位认可、意义认可、价值认可和效力认可。知识资本的合法化过程是一个复杂的博弈过程，不同类型的知识需要采取不同的合法化策略。有的知识可以借由实用性、商业性而将自身合法化，有的知识通过浪漫主义的渲染将其合法化，有的知识则通过制造话语从而将其合法化。例如，在艺术领域，很难确定一套固定的合法化标准和程序，而通过某种话语制造可以将某种艺术作品特殊化（比如制造出特殊的含义），从而将其上升到超越其他作品的高度，并获得超强的合法性，使得掌握这套知识资本的主体能够获得更多的名誉、地位、财富等利益。对于那些无法展示出实用性、商业性等广受追捧的特性的知识，有时就需要采取特殊化的合法化路径。对于那些处于弱势位置的知识而言，制造特殊的话语体系从而对这些知识进行一定程度的包装和渲染，有时候是使其合法化的一种不得已但却有效的策略。然而，一系列话语的制造可能会使得知识场域中充满了"谎言"和"迷思"，这些"谎言"和"迷思"被制造出来以期增强特定知识的合法性，从而提高它的价值和效力。

可见，知识资本的合法化不是一个纯粹的知识性问题，其中也裹挟着非知识性因素。非知识性的资本和权力能够以某种方式介入这个过程,并发挥作用。例如,有的知识权威有时会抬高自己的知识而贬低他人的知识,从而将自己所掌握的知识合法化,而将他人所掌握的知识边缘化或者去合法化。又或者,掌握话语权的知识权威通过话语制造将与自己有共同利益的知识人的知识合法化,从而与其他知识派别进行知识合法性及知识话语权的争夺。在某种程度上,知识资本的合法化是一个争夺和掌握话语权的过程。在某些知识领域,知识人的身份、地位、名气往往能够使其所掌握的知识迅速地获得合法性。同一项知识,由不同的知识人来宣称,可能会获得不同的合法性。例如,某一个观点从一位知名学者的口中提出来比较容易获得认可,而如果从一个无名小卒口中提出来,可能会被忽视或者不被重视。无名小卒发表的知识有时候很难得到认可,而知名学者发表的知识更容易获得地位和认可,而且知名学者的知识往往也更容易获得发表。当然,学术能力是其中一个因素,而地位、身份、名气和权力等知识之外的东西也是起作用的因素。正是因为知识权威身上所聚集的地位、身份、名气和权力等要素能够在知识资本的合法化过程中发挥重要作用,因而在大学知识场域中有时候会表现出对知识权威的某种膜拜与向往,并制造知识权威。处于大学知识场域中相对弱势位置的知识人可能会对知识权威形成一种仰视的姿态,并借由展示这种姿态从而获得知识权威的认可和提携,以期增加发表自己知识的机会和提高自身在大学知识场域中的位置。例如,资历尚浅的知识人可能会展现出对知识权威的某种膜拜,因为知识权威可能扮演着学术守门人的角色继而掌握着学界新人或未来学者的知识能否发表的裁决权。不过,大学知识场域是一个分门别类的专业化知识场域,知识权威的权威性只能限定在特定的分支场域,比如物理学的知识权威在社会学场域中可能就不是权威,反之亦然。此外,专业性知识的特质使得知识权威的权威性可能还将进一步限定在更小的知识细分领域当中。例如,同样在物理学领域中,某个知识权威可能只是某个细小的研究领域中的权威,超出了这个领域,他的权威性可能就会被削弱。实际上,专业领域是一个细分领域,知识人很大程度上只能在某个特定的细分领域中超出其他人。虽然整体上青年教师等学术新人的学术能力、学术资历不如资深教授,但在其个人所擅长的知识领域中,他们也可能成为知识生产的领先者。博士生也可能在某个研究领域中走在前沿,做出超越资深学者的研究成果。不过,在大学知识场域中,知识权威的权威性不完全来自知识,也可能来自头衔、标签的附加值。因而,在大学知识场域中对知识合法性、权威性的争夺不完全是知识的问题,也嵌入着权力的关系。在大学知识场域中,基于知识进行各种理性的争夺在某种程度上是激发知识活力的一种方式,但如果非知识性的资本和权力过度地介入这个过程,并在知识资本合法化过程中强加过多干扰,就有可能破坏知识场域基于知识而建立的一套游戏规则,并有可能引导知识人偏离知识本身而追求非知识性的资本,那么,大学知识场域的知识属性可能会被削弱。因而,作为知识场域的大学,在其制度设计与规则创设的过程中应注意维护知识的主体性和主导性地位,从而引导知识人围绕知识开展各类活动,而非过度地借助知识之外的力量来获取利益。

三、知识资本的支配性

(一)认知支配

知识资本的支配性是知识资本发挥效力的一种体现,知识人借由对特定知识资本的占有或排他性占有以达到对他者的一种支配效果,从而助力于争夺各种利益。知识作为人类社会所创造的一套符号系统,其本身的意义在于对自然界和人类社会的一种认知,但正因为它是人类社会所创造的符号系统,所以常常嵌入了人类社会的诸多其他要素,于是知识往往具有超越认知属性之外的社会属性。尤其是当知识以及掌握知识的人被赋予了特定意义之后,特定知识及其持有者便具有了超越知识的认知属性的其他含义。知识资本的支配性便是超越了知识的认知属性的一种存在。知识资本可能具有的支配性并非天然存在着的,而是通过制度的与文化的程序而被赋予的。在大学知识场域中,知识资本的这种支配性既表现在对场域规则的制定与更改中所能施加的干预力量,也表现在对场域内外他者的认知和行为在某种程度上所能施加的某种干预力量。通过对场域规则以及对场域内外他者的认知和行为的某种干预,知识资本的持有者可能或有意识地或无意识地从中获得了一定程度的利益。有时候,正是由于知识资本在知识场域中具有某种支配性,并可以借由这种支配性将自身所持有的知识和观念"强加"在场域的游戏规则中或者"强加"在他者的认知体系中,并给自己带来某种利益,因而它对知识人构成了某种吸引力,并驱动着知识人对知识资本的不懈追求。例如,某个领域的专家占有了某个领域的前沿知识,而且占有这项知识的人数极少,那么,他就可能借由对这种稀缺知识的占有而在场域中获得某些话语权和支配权,并显示出自身的特殊地位。而且,其他未掌握这项知识的人在一定程度上得"听从"他对这项知识的阐释,因而他通过对这项知识的阐释权的占有从而支配其他人对这个领域的认知。如果他或有意或无意地对这项知识进行加工裁剪,他就可以决定让其他人知道哪些东西或者不要知道哪些东西,从而引导并支配他人对世界的认知。"专家"彰显着某种特殊身份和特权,这将他们与普通公众区别开来,并成为对大众实施某种支配的特殊阶层(周宗伟,2006:98)。专业性知识是专家赖以建构自身特殊身份的基础,因而专家对公众的支配性体现了知识资本的持有者在认知层面对他者施展的一种支配。正如安东尼·吉登斯所言：

"我几乎了解不了建筑师和建筑工人设计和建筑房屋时使用的知识法规，但无论怎样，我还是对他们所干的工作表示'信赖'(faith)。虽然我不得不信任他们的能力，但是与其说是信赖他们，还不如说是更信赖他们所使用的专门知识的可靠性，这是某种通常我自己不可能详尽地验证的专业知识"(安东尼·吉登斯，2011：24)。

很多时候非专业人士无法亲身去检验专业人士所提供的专门知识的可靠性，但不得不信任它、依赖它。在某种程度上，正是因为特定领域的非专业人士既无法生产那个领域的专业知识，也无法亲自去检验那些专业知识的可靠性，因而他们只得"听任"专家及其专业知识对他们的支配。知识资本的支配性与知识本身的性质关系密切，也与人们的认知方式不无关系。许多时候人们是通过知识认识世界的，而不是通过世界认识世界的，个人对世界的认知不可能全部基于亲身实践或者亲身探索，因而人们对世界的认知中的绝大部分并非出自自身的探索而是源于他人探索所得的知识，人们正是借助他人的知识而构成了对世界的认知。因而，在某种程度上，是知识建构了我们对世界的认知。准确地说，在大多数情况下，是他人创造的知识建构了我们对世界的认知。由于知识是人为创造的(或者说，是人为制造的)，因而我们被人所操控和支配，正是那些制造知识、操控知识的人操控和支配了我们。所以人们借由知识而形成了分野：一部分人占据了知识的生产和解释权,他们因而掌握了他人所没有掌握的知识,从而获得了支配他人的力量和权力;另一部分人则没有占据知识的生产和解释权,他们因而被他人的力量所支配。当然,由于没有人可以垄断世界上所有知识,也没有人可以在所有知识领域中都成为佼佼者,因而那些占据了知识的人所占据的只是人类知识体系中的一个小小的角落,他们借由对这种知识的占有而获得的支配性力量和权力仅限于他们所占据的知识所处的知识领地,超越了这个知识领地,他们可能便不再具有知识的支配权,因为他们没有占据那个知识就无法凭借那个知识去支配他人的认知。所以,在他们所处的知识领地之外,原先具有通过知识获得支配权的知识持有者也可能会丧失这种支配权,并且处于被他人的知识所支配的位置和境况当中。换言之,不存在能够掌握人类全部知识的人,因而也不存在能在所有知识领域绝对支配他人的知识持有者。知识的支配性存在其发挥作用的边界,它的边界就是知识领地的边界。而且,知识领地的边界是一个相对的范畴,边界可能很宽,也可能很窄。尤其是在大学知识场域,由于专业性知识的细分,特定知识人通常只能在他所专长的狭窄的知识领地中具有支配他人的可能性,因为超出了他所专长的知识领地,他人的知识占有可能会超过他,而他也可能被其他知识人生产的知识所支配。

知识实际上在不断地生产着这种支配与被支配的关

第三章 流通货币:大学知识场域的资本

系,因而知识资本的分配格局建构出了大学知识场域的权力格局,知识人通过对知识资本的占有,从而在知识场域中占据了不同的位置,并通过对知识资本的占有,从而借由知识资本的支配性达到对他者的支配。在大学知识场域中,知识人因对知识的不同占有而被分配在不同的位置,并占据着相应的话语权。那些掌握较多知识资本的知识人可能会对知识场域中的知识游戏以及游戏规则形成较多的话语权和支配权。掌握了知识资本的知识人在某种情境下可能对他者构成一种支配,塑造并左右着他人对世界的认知。在某种程度上,生产和供应知识的源头掌握在一小部分人手里,少数人掌握了多数的知识,这少数人是为多数人生产和供应知识的人,因而在某种程度上,这少数人支配了多数人对世界的认知。知识资本的这种不均衡分布奠定了大学知识场域的层级结构,与知识资本集中在少数人手中相似,由知识资本所生产的一系列权力和利益也掌握在少数人手中。在大学知识场域中,某些知识人通过知识劳动而占据了某个知识领域的知识前沿,然后通过知识合法化将其所生产的知识变成公共的认知,从而引导和左右着他人对世界的认知,就像是站在金字塔顶端指挥着我们的大脑、左右着我们的思维。而且,越是专业化的知识可能越具有强大的支配性。因为专业化知识具有高深性和前沿性等特征,这种知识具有较高的门槛和排斥性,因而只有少部分受过专门训练的人掌握着这种知识并不断生产这种知识,而多数人都得听从这些少数生产和掌握这种知识的人对这种知识进行阐释,于是这种知识就显得更具支配性。大学正是生产这类具有较高门槛和较强排斥性的专业知识的场域。专业化的专家们掌握着某个细分领域的专业知识,从而支配着那些对这个知识领域不熟悉的人。所谓"隔行如隔山",就是一种排斥性和支配性的体现。在大学知识场域,一个个细分的知识领域就像一座座高山,山里面的知识人守着自己的一块知识领地,掌握着对某个知识领域的解释权,掌握着打开认知世界大门的一把钥匙,所以其他人要听从他们对这个认知领域的阐释。即使这种阐释有时候是一种谬误,但那些不在这个知识领域的人可能对此全然不知,或者缺乏分辨真伪的意识和能力,于是继续处于一种被支配的状态。因而,人们有时候不是被真理支配,而是被"谎言"支配。这种"谎言"可能是由于人类认知水平不足而对世界的认知存在偏差,于是生产了这种"不真实"的知识,即这种知识并非对世界的本来面貌的反映,但人们错误地认为它是对世界真实面貌的反映。这种"谎言"也可能是出于某种原因或目的而人为地、有意识地编造出来的,知识持有者将原本"真实的"知识隐藏起来,而将"不真实的"知识展示给他人,但他人不占有这个知识领域的系统性、专业性知识,因而缺乏判断这些知识的真伪的能力,于是误以为知识持有者所宣称的知识是"真实的"知识。在某种程度上,对事物、情境或者现象的日常性理解(everyday understanding)并不会妨碍对它们的专门性理解(specialized understanding)(Hordern,2019)。反过来可以说,对事物的专业化理解也不应该妨碍对事物的日常性理解,或者说,对事物的某种解释不应该限制对事物的另外一种或多种解释。但特定的知识通过一套制度化的程序上升为一种公共认知、法定的认知,因而便可以强加在他人身上,并"纠正"他人"不正确的"认知。某个领域的专业人士的观点即便并非"真理",但它可能还是比这个领域的非专业人士的观点更具权威性,公众也可能更相信这个领域的专业人士所提供的知识。有时候并不是专业人士的知识的真理性支配了他者的认知,而是"专业人士"这个身份支配了他人的认知。人们把对专业知识本身的认可与对专业人士身份的认可混淆了,于是有时候"专业人士"这个身份就能替代专业知识本身行使某种认知支配,即便专业人士所提供的知识有时候可能并不专业、并非真理。这给特定领域的知识人对他者建构认知支配提供了空间,倘若他者对这个狭小的知识领域缺乏了解,特定知识领域的知识人便可以有较大的空间对其知识进行"加工"和"编造",以期获取自己想要的利益。在某种情况下,通过同领域的知识人才能消解这种对知识的"加工"和"编造"。但如果同领域的知识人联合起来"编造"知识,那么这种由专家们合伙"编造"出来的知识就更难以被识破了,相应地,这种知识的认知支配性就更加牢固了。

因而,知识资本的支配性有时候建立在知识本身的基础之上,有时候则是建立在一系列权力关系之上。此外,由于一项项专业性知识是人类知识体系的一个个细分领域,因而每项专业知识都具有一定程度的排他性,于是每个专业领域在一定程度上都通过知识构成了一个支配性的力量。当然,不同知识领域由于其专业性强弱的不同,因而具有不同强度的支配性。有些学科的专业化程度较高、准入门槛较高,其所生产的知识他人不容易辨别,不容易产生质疑,因而对他人的支配性也就更强。而有的学科的专业化程度较低、准入门槛较低,这种知识对他人的支配性也就更弱。在一定程度上,专业化程度越高的知识可能越具有排他性,也越具有支配性,在知识场域中的地位和价值认可度也可能会更高,并且这类知识的持有者也更有可能通过这种排他性、支配性和认可度从而获取利益。因而,各个知识领域都可能希望借由提高本领域的知识的专业性从而制造出一定的排斥性和支配性。为了提高其专业化程度,特定知识领域的知识人有时候就需要不断地制造其他知识领域的知识人或者普通公众所不熟悉的概念和术语,甚至有时候需要为自己所掌握的知识制造出一些高深性和神秘感,从而提升这种知识的排斥性和支配性。

由于知识蕴含着诸多权力的、利益的因素,使其具有了一定的复杂性,因而在大学知识场域中生产出来的知识有时候并非全然是"真理"。我们有时候难以判断那些支配着我们借以认知世界的知识以及那些知识的生产者和持有者所宣称的合法性知识是否具有真理性,他们通过一系列制度的和非制度的程序赋予了这些知识以合法性(这种合法性有时候是被"制造"出来的),使其成为一种公共的认知,但有时候并未能确证其真理性。其所宣称的"真理性"有时候是知识人制造出来的一套话语。因而,我们有时候或许是在被操控知识的人所制造的话语(有时候是"谎言")所操控着。制造话语和"谎言"的目的在于赋予知识以合法性从而提高它的价值和效力。我们很难分辨支配我们的知识的真伪,有时候生产知识的知识人自身都无法确证其所生产的知识的真伪。大学知识场域以及各个分支场域中所生产的知识话语体系之所以能够支配我们这些"无知"的人(不占有这项知识的人或对这个知识领域不熟悉的人),有时候是因为我们没有掌握这项知识,有时候也是因为我们缺乏质疑知识的习惯和能力。正如约翰·密尔所言:"我们的耳朵一旦对某一言语的语句和声音习惯了,不会对这样的声音传达给我们心中明确的概念抱有疑问"(约翰·密尔,2013:28)。倘若想摆脱知识的支配,人们就不能完全等待那些生产知识或者掌控知识的人来宣布真理。在理想状态下,人们只有通过自主探究知识才能在一定程度上摆脱知识掌控者的支配。但现实是,个人不可能探究世界的一切知识,总有一些知识需要依赖他人去探究并告诉我们。因而,绝对不受知识支配的人是不存在的,每个人都在某种程度上被他人创造的知识所支配。因而,在大学知识场域中,知识人处在由自身及他人共同建构的支配网络中遭受各种知识话语的支配、控制和规训。而且,由于知识是一种相对无形的材料,知识生产也是一种相对无形的活动,因而知识的支配性有时候是在无形中发生作用的。知识以及掌握知识的人对他人的支配并不一定需要借助于直接的接触,通过知识的传递便能施展这种支配。因而,在大学知识场域中,倘若以发布真理的形式开展教学就可能在一定程度上存在通过知识进行支配的性质,教师通过对特定知识的占有,从而以知识权威的姿态支配着学生的认知建构。如果以平等对话的方式进行知识探索,这种支配性可能就会在一定程度上得到消解。不过,在知识爆炸的时代,学生可以通过各种渠道以便捷的方式获得知识,并且获得教师尚未掌握的知识,因而那种凭借对知识的排他性占有而生成的认知支配也会在一定程度上得到消解,而且知识的排他性占有也日益受到局限,局限在狭小的范畴当中。

(二) 话语支配

除了具有认知层面的支配性,知识资本还可能通过对场域的游戏规则的干预而形成一种话语支配。那些掌握丰厚知识资本的知识人可能会在大学知识场域的游戏规则的制定和更改中掌握较强的话语权乃至支配性话语权。例如,那些掌握丰厚知识资本的知识权威在职称晋升、课题申报、学术评奖等游戏中具有较强的话语权,虽然最终的决策可能并非由单个知识人做出,但知识权威的意见有时候可能会对其他评委形成一种支配性的压力,从而影响最终的决策。因而在某种程度上,掌握丰厚知识资本的知识人(尤其是知识权威)掌握着知识话语权并把守着知识场域的准入门槛、形塑着各类资源和利益的分配格局。从布迪厄的观点来看,"守门人"(gatekeepers),即那些掌控着资源、服务和知识的获取通道的人,在场域中作为决策者,掌握着获取不同类型资本的途径(Collyer,Willis,Lewis,2017)。知识场域的守门人借由知识获得知识权威的身份并通过知识掌握游戏规则的制定和更改以及资源分配的话语权,表明知识在其中所起的关键作用。不过,知识人的话语权并非全然出自专业知识本身。实际上,"守门人"的决策实践是由他们的经验和惯习以及在场域中所处的位置所决定的,同时也卷入了许多关于"游戏规则"的知识(Collyer,Willis,Lewis,2017)。换言之,除专业知识之外,知识人在大学知识场域中的行动策略和决策实践当中还隐含着特定惯习的潜在作用,并且还需要对知识场域中的游戏规则具有深刻的洞悉。而且,大学知识场域中的游戏规则并非全然成文的、公开的,因而知识人并非同等程度地认知和洞悉了游戏规则。那些对显性和隐性游戏规则更加熟悉的知识人可能会在知识场域的各类争夺中占据优势,倘若游戏规则有利于他们,他们可能更迎合游戏规则,也可能在这个过程中受到游戏规则更多的束缚、控制和规训。在对游戏规则的把握上以及在对游戏规则的制定和更改中,资深教授、青年教师等具有不同资历的知识人处在话语结构和权力体系中不同的层级位置,并掌握着不同程度的话语权和决策权。实际上,知识资本在以或直接或间接的方式对知识场域的游戏规则形成一种支配力。福柯认为,是知识构建了人的身份,并对人加以影响(朱雯珺,2018)。而且他发现,话语和权力具有密切的联系,是权力造就了知识或者真理(李孔文,王嘉毅,2011)。掌握了制定和更改大学知识场域中特定游戏规则的话语权的知识人,可能会为自己制造更多的知识资本以及其他利益,从而维护和巩固知识场域中不同知识人之间的层级关系。可见,知识对知识场域的权力结构、地位结构、话语结构的建构和重构具有重要影响。知识自身所发生的变化会在大学的官僚化和程序化的结构中有所反映(Gumport, Snydman, 2002)。而且,知识人对知识资本的占有的格局发生变化,也可能会影响大学知识场域中话语权的分配格局,并改变大学知识场域中一系列知识游戏的内在运行逻辑。

在大学知识场域中,诸如教师招聘、职称晋升、课题申报等知识游戏以知识及知识产品作为主要的衡量标准,被评价者需要证明自己对某类(游戏规则所奖赏的那类)知识及知识产品的持有并具有进一步生产这类知识及知识产品的能力和潜力方能获得他们所期待的赏品和利益。从这个角度来看,知识资本在这种知识游戏中本身就对游戏的过程和结果以及利益的分配格局具有超强的支配性。而且,以知识资本为主要的支配性力量体现的正是大学知识场域的超强知识属性。倘若非知识性的资本支配着知识性劳动,那或是对大学知识属性的一种削弱。因而,在某种程度上,知识资本的支配性是大学知识场域中一种合理的、合法的、积极的、建设性的力量。而且,对于大学这个机构自身来说,扩大对知识类型和知识数量的占有是其参与更大的场域中的利益争夺的重要手段。例如,知识类型对于组织来说具有"符号价值"(symbolic value),在学术结构中维持知识类型的全面性有助于增强那些努力成为综合性大学的大学的合法性(Gumport,Snydman,2002)。在实际情境中,倘若高等教育场域的游戏规则的变化使得综合性大学越来越受到青睐,那么,那些单科性大学或者学科不够全面的大学可能就希望通过扩大知识类型从而将自身建构为综合性大学,以期在生源、师资、资源、地位、声誉的竞争中取得优势。不过,知识资本的支配性不能被泛化或异化,知识资本的支配性也不应被其他利益和其他目的所支配。而且,在学校当中,如果知识对个体的身体和心智构成某种规训,变为某种压迫性的力量,那么知识权力就有可能变为一种支配性霸权(金生鈜,2005)。然而,在大学的实际运行过程中,各类知识游戏的赏品以及游戏规则本身对教师和学生等知识人行使了某种支配和规训,这种支配和规训有时候是显性的,有时候是隐性的;有时候是刚性的,有时候是柔性的。教师和学生等知识人为了获得学术岗位、职称晋升、学术奖励、入学资格、奖学金等赏品就需要依循游戏规则来施展自己的行动策略,在这个过程中,他们可能会被大学所设计的游戏规则所"套牢",从而"自觉地"为大学不断地生产知识、制造声誉等。大学知识场域的一系列知识游戏及其游戏规则和游戏赏品可能会通过惩罚性的"鞭策"与利益的"诱惑"等刚性和柔性的策略将知识人引入、投入或卷入持续的知识劳动当中,倘若知识人过度迎合知识游戏及其游戏规则、过度追求知识的物质效应和身份效应以及权力效应、过度追求知识的外在利益,那么,在由一系列游戏及其规则和赏品所建构的一张精细且严密的"规训之网"当中,知识人及其知识劳动可能会被异化,使得他们被知识游戏及其游戏规则和游戏赏品所牵引、掌控和规训。倘若如此,那么一旦知识人所持有的知识或者他们所生产的知识无法给他们带来他们所期待的外在功利和外在效力时,可能会使得他们对自身的知识劳动本身的价值和意义产生怀疑,乃至对知识的价值和意义产生怀疑。因而,对知识的外在功利与外在效力的过度期待和过度追求,可能会使知识人将自身陷入被知识本身所支配的境地。

(三) 支配边界

特定场域具有特定的逻辑和规则,因而特定的知识资本在特定的知识场域中才能成为主导性资本和支配性资本,并具有某种主导性和支配性。如果脱离了特定场域,那么这种主导性资本和支配性资本可能就不再具有主导性和支配性。换言之,特定资本只有放置在特定场域中才能发挥效力,脱离了那个特定的场域可能就会失效或者效力减弱,相应地,其支配性可能会丧失或减弱。例如,知识资本在知识场域中具有主导性和支配性,但进入娱乐场域中可能就不再具有那种支配性。在特定场域中,行动者主要围绕该场域的主导性、支配性资本进行争夺。例如,在知识场域中,知识人主要围绕知识资本而不是娱乐资本进行争夺,因而主要是知识资本而不是娱乐资本支配了他们的行动逻辑。在大学知识场域中,各类知识游戏的游戏规则建立在知识的基础上,评判游戏赢家的主要标准是知识,通常情况下,知识人主要是凭借知识及知识产品而不是身材或相貌在大学知识场域的知识游戏中赢得赏品、取得话语权和支配权。但在娱乐场域,身材和相貌可能会比科学知识更具支配性。而且,在大学知识场域的不同分支场域中,不同的知识资本所具有的支配性也是不同的。知识资本的支配性具有边界性和有限性,它不可能在一切领域中支配一切。尤其是大学知识场域所生产的专业性知识的话语支配通常主要限制在与之对应的专业领地。如果特定的专业性知识资本超越了其专业领地而对其他专业领地施展话语支配、干预其他专业领地的话语权,那么,不仅可能会遭遇那个专业领地的知识人的抵制,而且也可能会破坏那个专业领地的话语秩序。可见,保障知识人的专业性以及知识的专业性,并将这种专业性及其支配性置于特定的专业领地中,由专业领地内部的专业知识人掌握专业领地内部的专业性知识劳动的话语权,才能维护大学知识场域的运行秩序。

概而言之,并非所有类型的知识资本都具有同等程度的支配性,不同类型的知识资本具有不同强度的支配性。相对而言,专业化程度越高的知识可能具有越强的支配性。此外,知识资本的支配性还与知识持有者的地位、身份、名气、权力等因素有关。同样的观点,从普通人口中表述出来可能缺乏效力,而从某个知名大学的知名专家口中表述出来,可能就会产生很大的效力,并形成较强的支配性。有时候,即使这个观点并非真理,也可能会产生很强的支配性。某种程度上,知识人所具有的一系列头衔、标签和身份使知识具有了更强的效力。因而,有时候并非知识或知识人施展了这种支配,而是知识或知识人的外在标签、身份、权力施展了这种支配。实际上,知识本身是一种物品,它并无支配他者的意识,真正制造了并发挥了知识的支配性的不是知识本身,而是掌控知识的人。人是一种具有主体能动性的"动物"("能动之物"),人会采取一系列行动策略以达到自己的目的,人会制造并赋予知识一系列权力意义,并将一系列非知识的因素加诸知识之上。因而,知识资本的支配性不只是与知识本身有关,它还混合了、附着了一系列非知识的因素在发生作用,而且这些非知识的因素有时候可能发挥更大的作用。然而,如果那些非知识性的资本在大学知识场域的知识游戏中发挥着比知识资本更强的支配性,那就有可能削弱知识在知识场域中的主导性和权威性,并有可能引导知识人对非知识性资本和权力的迷恋与追求,也有可能导致大学知识场域的某种秩序失范。在现实情境中,非知识性的资本和权力有时候的确在大学知识场域中对知识资本以及掌握知识资本的知识人施展很强的支配性。不过,如果借助知识性的权力以辅助知识资本的支配性,那么,大学的知识劳动和知识游戏还依然处在知识的支配之下。由于知识附着了一系列非知识的力量,因而在某种程度上,知识资本想要在大学知识场域中发挥其支配性,不能单纯依赖知识本身,而是要借助知识性的权力,于是便使得知识资本需要向知识权力进行转化。虽然知识是大学知识场域的知识游戏的主要筹码,然而单靠知识本身并不能保证知识人在知识游戏中取胜,如果其他人通过一系列权力更改知识场域的游戏规则,那么知识人所掌握的特定知识可能会失去效力或者效力被削弱。在这种情境下,知识本身的力量可能远远不如权力的力量。因而,通过对知识的占有从而争夺一系列权力是知识人参与知识游戏中一系列争夺并竞取一系列赏品和利益的重要路径,有时候,通过权力对规则实施控制比单纯依靠知识本身而获得利益更加"有效"。

第四章
规则控制：大学知识场域的权力

在大学知识场域中，单靠知识本身并不能确保知识人在争夺利益的过程中取胜，有时候知识人需要通过对知识资本的占有以转化为对特定权力的占有，从而强化自身在知识场域中参与争夺的力量。在大学知识场域中，知识是权力的基础，但知识与权力是两种不同之物，知识有时需要通过一个制度化的程序获得相应的位置或身份从而获得附着在位置和身份上的权力。大学知识场域的一系列与知识相关的知识权力并非一种垄断性的权力，而是一种相对分散化的权力，不同的知识人在知识场域中都掌握着一定的权力。不过，知识权力的分散化并不代表它是被平均地分配给知识人的，不同知识人占据着不同类型和不同程度的权力，从而在知识场域中构成一个权力结构。一系列知识权力在知识游戏中发挥作用，影响着知识游戏的规则的制定和更改，最终影响着知识人一系列利益的分配过程、分配结果和分配格局（依循不同的规则分配利益,会建构出不同的利益分配结果和分配格局)。某种程度上,存在游戏的地方就存在权力,游戏为权力提供了生长的土壤和施展的舞台,因而在大学知识场域中,与其说知识权力介入了知识游戏,不如说知识权力正是从知识游戏中生长出来的,是知识游戏制造了知识权力。通过在知识游戏的规则的制定和更改中施加影响、在利益分配中施加影响,知识权力(以及其他权力)在隐蔽性的层面对知识人施展着某种控制、宰制和规训。

一、知识资本的权力化

(一) 权力属性

大学场域的结构与权力场域的结构具有结构上的相似性,大学场域的结构实际上反映的是权力场域的结构(孙杰,刘莉萍,2011)。从浪漫主义向现实主义的视角转向即是要承认大学作为权力场的存在这一事实。在场域中,要想获得某种权力,就要依赖与之相应的某种凭借,特定权力的获得常常与对特定资本、身份和位置的占据有关。在大学知识场域中,知识是一系列知识劳动的核心材料,是一系列知识游戏的关键筹码,因而大学一系列知识劳动和知识游戏的权力根植于知识,知识与权力建立了紧密的联系,知识借助于权力能够为知识人谋得更多的利益。知识与权力之间高度互渗,知识能够介入权力,权力也能够介入知识,有时候,知识可以通过权力的运作从而再生产知识和权力,知识与权力由此构成了一个相互循环再生产的互动关系。福柯早已看透了知识与权力之间的这种互动关系,在他的诸多作品当中,都能或显性或隐性地看到知识与权力之间的亲密关系,比如在福柯对"疯癫"或者"规训"的阐释当中我们便可以看到知识与权力的魅影。实际上,知识本是人类求知的成果,但其中蕴含着利益,渗透到人类社会的各个领域,转化为知识权力(张之沧,2005)。在大学知识场域中,这种以知识为凭借的权力形式具有"知识权力"的特征。知识权力是大学知识场域中一系列权力的一种形式,也是一种重要的权力形式。权力反映的是一种力量,这种力量可能表现为在制定或更改场域的游戏规则中发挥作用,也可能表现为控制着场域中他者施展或者不施展某种行为、进行或者不进行某种活动,最终在利益分配上施加力的作用。正如罗伯特·伯恩鲍姆所言:"权力是一种能在他人身上产生预期变化的能力,是一种影响他人,并使其按照要求行事的能力"(罗伯特·伯恩鲍姆,2003:13)。而且,"正如在其他组织中的作用一样,权力对于协调和控制大学工作人员与团体的活动是至关重要的"(罗伯特·伯恩鲍姆,2003:14)。在大学知识场域中,知识作为占据主导性地位的一种资本,是建构知识游戏中一系列权力的基础,或者说知识资本是大学知识场域中知识权力的依凭。

因而，在大学知识场域中，当知识成为场域的主导性资本、成为游戏的关键筹码之时，知识的权力属性表现得更加明显和直白。作为生产知识的一种场域，在大学当中，知识与权力的共谋展示了大学的权力属性（乔元正，2013）。知识附着了一种互动的权力关系。权力生产了知识，而知识生产并巩固了权力的功能（李孔文，王嘉毅，2011）。学校是知识密集型机构，同时也是权力密集型场域，它是知识与权力交互作用的重要空间和场所。实际上，学校教育可以说是现代"知识—权力"的运作枢纽（汤美娟，2015）。大学则更加彰显着知识与权力的关系，大学所运作的是高深的专业性知识，这种知识与权力的运作更加"亲密"。知识权力是在大学知识场域中对知识、知识人、知识劳动、知识游戏及其游戏规则能够产生干预乃至控制的那种力量。在大学知识场域中，知识性的权力根植于对知识性的资本的占有，但知识资本与知识权力是两种不同的物品，各自的存在形式与发挥作用的途径也有所不同。例如，发表了的论文是一种知识资本，而决定论文是否能够发表则蕴含着权力的作用。在某种程度上，权力控制着资本的分配方式、分配结果和分配格局，因而也控制着知识人的行动策略。在大学知识场域当中，这种围绕着知识而对知识人、知识劳动和知识游戏进行干预的权力表现出了较强的知识属性。也就是说，大学知识场域中的知识权力既来源于知识，也作用于知识。知识和权力相互渗透，知识生产了权力，而权力实际上也是一种知识(何历宇,2004)。在大学知识场域中,知识人借由对知识资本的占有从而可能获得某种形式的权力,再通过权力的施展,反过来又可能扩大了他对知识资本的占有,由此实现了从知识到权力再到知识的循环再生产。知识场域中的一系列制度(比如同行评审、专家评审等)为知识权力控制知识人在知识劳动和知识游戏中的行动策略提供了操作空间。例如,由于在专业领域中具有较高的知识产出,某些知识人获得诸如期刊论文评审、科研课题评审以及研究资金的分配等权力,这种权力有时可以转化为各种利益。知识的权力属性展示了换取一系列利益的可能性,因而,对知识权力的争夺成为知识人参与大学知识场域的知识游戏的重要目标。为了争夺知识资本和知识权力,知识人实际上也在遭受大学知识场域中一系列规则的控制和规训。新入场的知识人(比如青年教师)往往需要在遵循场域的规则的基础上一步步向上攀爬,他们可能会采取各种策略去攀爬学术阶梯。在大学场域中,青年教师主要以"顺应"和"服从"为基本的在场生存的策略(张俊超,2008:130)。当他们成为资深的知识人或者知识权威时,他们可能掌握了较大的权力以控制场域的游戏规则的制定和更改并控制着场域中各种利益的分配,这时某种程度上他们似乎获得了摆脱场域规则的支配的自由度并摆脱了在场域内的生存危机。但经历了长时间在规则情境中的攀登之旅,当他们掌握较大的权力之时,他们可能已经被场域的规则规训为特定的人,并倾向于维护既有规则而不是轻易地改变它,对于有能力掌控规则的人而言,维护规则比改变规则可能对自己更为有利(他们本身即是这个规则下的胜利者,他们本身即是由这个规则制造出来的)。于是,大学知识场域的规则便得到了不断的维系、延续和强化。实际上,大学知识场域的运行有着超强的结构惯性,这种结构惯性使其在潜移默化中得以自然而然地运行下去,直到遭遇巨大的结构性变迁,抑或在足够长的时间下缓慢的变迁最终酝酿出结构性的变革。

从宏观的社会与时代背景来看,社会正从工业社会走向后工业社会和全球社会,经济发展已将知识和知识工作者(knowledge workers)置于社会舞台的中心,国家、企业、大学以及个体之间的竞争日益建基于相对稀缺的资源,即知识(Subramaniam, Perrucci, Whitlock, 2014)。在知识爆炸的时代,尖端的、前沿的、关键性的知识依然是某种稀缺品,这类知识往往被特定主体排他性地占有,并借由这种排他性占有从而在各类竞争中获得优势。知识不仅具有经济的、文化的属性,也具有权力的属性。国家、企业、大学掌握着雄厚的知识资本,就可能获得在各自场域中的竞争力和话语权,并有助于一系列资本和利益的再生产。个体掌握着雄厚的知识资本,就可能在相应的场域(尤其是知识场域)中掌握一系列权力,并有助于再生产和再积累自身的资本占有。在大学知识场域中,"知识权力"并非一种实体性的权力,而是一种建立在知识基础上的权力。也就是说,它不是某种特定的权力,而是一系列与知识有关或者基于知识的权力,知识权力在具体的知识游戏中以具体的形式呈现。比如,在招生、教师招聘、学位评审、学术评奖等事务的决策中蕴含着招生的权力、教师招聘的权力、学位评审的权力、学术奖励的评判权力,等等。这些权力在大学知识场域的一系列知识游戏中对知识性事务进行决策,可以囊括在"知识权力"的范畴之内。当然,这些权力也与行政管理权力具有某种程度上的交叉。

大学是一种特定的场所,在这里判断什么是真理以及何谓知识的标准得以维护(Mourad,2018)。制定评判知识的标准,并对知识进行评判,彰显了大学以及知识的权力属性。在教师招聘的时候决定谁能进来谁不能进来是一种权力,决定哪些论文可以发表哪些不可以发表是一种权力,评职称的时候决定谁能评上谁不能评上是一种权力,这些权力并非一种专断的、武断的、任意的权力,这些权力在发挥作用的时候通常要遵循知识游戏的一系列规则,并且以知识为核心的评价依据。知识权力通常由掌握知识的人所掌握,并作用于知识人及其知识劳动。当然,这也并非绝对的,有时候并未掌握特定的知识或者所掌握的知识的程度不及他人而掌握的知识权力却多于他人的情况也可能存在。不过,一个运行良好的知识场域总归还是得依赖知识人对知识权力的掌握才能更好地发挥知识权力在激励、引导、规约知识劳动及知识人的行动策略中的作用,以使知识场域良性运行。在大学知识场域中,知识权力不仅具有决定知识资本分配的能力,也有决定知识人进入或退出知识场域的能力。实际上,一系列知识权力控制着大学知识场域中一系列知识游戏的规则,继而控制着知识场域中利益的分配过程、分配结果和分配格局(依循不同的规则分配利益,会建构出不同的利益分配结果和分配格局),最终控制着知识人在知识场域中的行动策略,权力对知识人的宰制与规训便在潜移默化中得到施展。某种程度上,存在游戏的地方就存在权力,游戏为权力提供了生长的土壤和施展的舞台;同样地,知识游戏为知识权力提供了生长的土壤与施展的舞台。知识场域中一系列知识游戏围绕知识而展开、依循知识及知识产品进行游戏赏品的争夺与分配、对知识人的评判与裁决也以知识及知识产品为核心的衡量标准,因而,与其说知识权力介入了知识游戏,不如说知识权力正是从知识游戏中生长出来的,是知识游戏制造了知识权力。

(二) 权力互动

在场域中,资本和权力是行动者主要争夺的物品,而权力某种程度上能够在制定或更改场域的游戏规则中发挥作用,从而决定着资本的实际效力以及资本的分配格局。因而,权力有时候"凌驾"于资本之上,对资本构成某种控制作用。既然权力具有制定和更改场域游戏规则的效力与可能性,那么掌握权力者可能会倾向于制定有利于自己的游戏规则,或者将自己的意见嵌入制定或更改场域的游戏规则的决策当中,让游戏规则符应自己的某种期望,并获得相应的利益,从而实现从资本到权力的转化并最终又回到资本,完成资本和权力的循环再生产。换言之,在大学知识场域中,掌握越多知识资本的知识人就越有可能掌握更多的知识权力,继而他们的话语就更可能在制定或更改知识场域的游戏规则中发挥重要影响,并让游戏规则有利于自己,从而进一步让自己在知识场域中生产和积累知识资本的游戏争夺中获得更多的成功,实现知识资本的循环累积,并进一步转化为更高级别的资本和权力。知识权力的这些"好处"吸引着知识人对它的争夺,从而展开了知识人在知识与权力之间的互动。从福柯的观点来看,权力和知识并非相互分离的,而是不可分割的实体,就像一枚硬币的两面(Heizmann, Olsson, 2015)。知识和权力时常处于相互生产的互动关系之中。在大学知识场域中,知识资本是获取知识权力的媒介,而知识权力也可以通过显性的或隐性的、正式的或非正式的、制度化的或非制度化的方式再生产知识资本。

在大学知识场域中,知识人为了争夺制定知识游戏的游戏规则的权力而奋力地生产知识、积累知识资本,掌握了这种制定游戏规则的话语权意味着有机会控制游戏的运行,从而让自己的处境更好,并获得更多的利益。在大学知识场域中存在各种形式的知识游戏,知识游戏的游戏规则也有各种表现形式,游戏规则并不一定是以制

第四章 规则控制:大学知识场域的权力

度文本的形式呈现的,游戏规则也不一定是一整套完整的制度体系,某次或某项资源或者利益的分配方案也是某种形式的游戏规则(资源和利益的分配方案决定了其分配结果,也影响着知识人的行动策略)。而且,知识权力介入知识游戏的游戏规则的制定或更改,并不一定是介入一个系统性的制度体系的构建或更改,有时可能是在某次或某项资源或者利益的分配方案的确定当中发表意见、表达话语、参与决策。不过,虽然在大学知识场域中知识资本是获取知识权力的重要凭借,但知识本身并不等于权力,知识由于被人使用而转化为权力(张之沧,2005)。持有知识的人以及操作知识的人才是生产知识权力的背后力量。权力关系表现出大学知识场域中知识人之间的博弈与张力。虽然知识人在知识场域中对知识权力的争夺展示了权力的魅力以及争夺权力的那种冷冰冰的情境,但我们应该赋予"知识权力"不同的意蕴。知识权力不一定是冷冰冰的存在物,它是知识人之间的互动关系,也是知识与知识场域的游戏规则之间的互动关系。不同知识人基于知识资本(以及其他资本)而享有不同的知识权力,他们之间基于知识建构起了一种互动关系。例如,在一个研究团队中,占有更多知识权力的教授与持有较少知识权力的青年学者对知识劳动掌握着不同的话语权,并在他们之间形成一种层级结构,不同的知识人在这个结构中处于支配或被支配的不同位置上。实际上,权力并非单纯地由特定的行动者所掌握并支配他人,相反,它是在社会互动中由行动者共同生产的(Heizmann, Olsson,2015)。换言之,如果一个知识场域中所有成员都是资深的知识权威,那么这个场域的权力结构就不分明,知识人之间的权力互动就难以运转,因为拥有相似资历、资本、权力和地位的资深知识权威之间难以形成支配与被支配的格局,有时候便难以开展具体的知识劳动。而在一个由不同资历和能力的知识人所组成的层级化的知识场域中,资深教授对青年教师和博士生行使支配权似乎是可被接受的,指令能够得到良好的执行,具体的知识劳动便能得到落实和开展。某种程度上,知识权力在大学知识场域中的具体知识劳动和知识游戏中可能发挥一定的积极效力,从而助力大学知识场域的运转。

知识生产了知识权力并影响着知识游戏的游戏规则的制定最终又影响着知识本身,体现了知识与知识权力以及知识游戏之间的互动关系。知识权力中所蕴含的互动关系被知识人群体认可或默认而具有了合法性,而且知识权力在具体施展时并非全然以一种高高在上的姿态进行某种强制,有时是以一种平易近人的协商姿态进行运作。这是大学知识场域中知识权力的一种特点,这种特点与知识人对专业化知识的分散性占有相关,使得知识权力显示出温和的、积极的一面。实际上,福柯否定了传统上将权力视为一种可被占有的物质的观点,而认为权力是一种关系;否认了知识与权力的割裂,而认为知识和权力具有紧密的互生关系;否认了传统上认为权力是一种否定性力量,而认为权力具有生产性和积极性意义(周慧,2013)。福柯的观点提醒我们注意知识与权力的互动关系,知识与权力是相互建构的,知识与权力也可能是相互解构的。实际上,知识不仅能建构权力,知识也可能消解权力(disempowering),例如,当社会科学领域的学者采取批判性的立场将自己疏离在政策之外的时候,体现了知识对权力的消解(Kogan,2005)。可见,知识的权力作用的施展掌握在知识持有者手中,知识持有者的意志控制着知识如何施展其权力属性。因而,知识人的态度、观念、价值体系控制着知识权力的施展过程。可见,知识以及知识的一系列价值属性都是人为制造的、人为赋予的,整个过程彰显的是人的意志。因而,大学知识场域的运行建基于知识,但本质上是由知识人所推动和控制的。福柯的观点也在提醒我们注意权力的积极性意义,尤其是知识权力在知识场域中的积极性意义。在大学知识场域中,知识权力并非全然是一种冷漠的力量,其存在也并非全然为了特定个体的利益,在某种程度上,知识权力的存在是大学知识场域良好运行的秩序保障。关键在于,知识权力是否真的以知识为根基,是否真的掌握在知识人手中,是否真的能够被理性地、合理地使用,以及知识权力是否能够支配知识劳动和知识游戏而不受其他权力的过度干扰或支配。理想情境下,倘若知识权力根植于知识本身并由知识人所持有,并且理性地、合理地作用于知识人、知识劳动和知识游戏,则更能促进知识与权力在大学知识场域中进行积极性互动,并发挥知识权力的积极性意义。然而,在大学知识场域中,知识权力的争夺是极为复杂的,知识权力发挥作用的过程也是极为复杂的。大学知识场域并非全然由知识性要素所建构,知识权力也并非这个场域的唯一权力形式,因而,大学知识场域的运行是知识、知识人、知识劳动、知识游戏、知识资本、知识权力等知识性要素以及一系列非知识性要素交织而成的,当然,知识性要素是其中的主导性存在(但有时也会遭遇非知识性要素的介入和干预)。

(三) 权力位置

虽然知识权力依托于知识也围绕着知识而存在,但知识与知识权力不是同一种物品,知识转化为知识权力需要经历一个制度化的过程。知识资本可以附着在知识和知识人身上,可以跟着人走,占据了特定知识资本的知识人无论其职位如何变动,他所占据的知识资本仍然隶属于他。而知识权力有时候是附着在位置、身份、头衔和标签之上的,而不是附着在知识人身上的。占据了特定的位置就合法地掌握了附着在那个位置上的权力,没有占据那个位置或者已经脱离了那个位置,可能就不会掌握相应的权力或者丧失了那个位置上所附着的权力。例如,学术委员会具有对学术事务作出决策的权力,如果不在这个委员会中占据一个位置而成为其成员,那么就可能会被排除在某些学术事务的决策之外。而且,倘若通

第四章 规则控制：大学知识场域的权力

过对特定位置的占有能够实现对其他位置上的人的支配，便有可能为该位置的占有者带来学术资本（波丢，2006：88）。因而在大学知识场域中，对知识权力的争夺可转化为对特定位置、身份、头衔或标签的争夺，获取位置、身份、头衔或标签是获取知识权力的重要的合法性基础。能够成为学术委员会的成员通常已经在学术上有所积累，因而这种位置的获得本质上还是与知识有关。在大学知识场域中，要想获得附着了相应知识权力的相应位置、身份、头衔或标签，在一定程度上需要依托于知识。某种程度上，位置上所附着的知识权力是一种"硬的"知识权力，这种"硬的"知识权力有时表现为一种强制的、专断的权力，并在知识事务的决策中发挥强有力的效力；而身份、头衔或标签上所附着的知识权力是一种"软的"知识权力，这种"软的"知识权力常常通过话语得以施展，即在知识事务的决策中表达话语、发表意见，但其相对而言并不一定具有强制性和专断性。然而，位置、身份、头衔或标签之间并非绝然割裂的，而是可以相互转化的，也是可以被同时占有的。在大学知识场域中，知识人对位置、身份、头衔或标签以及附着其上的资本和权力的争夺是激烈的，也是复杂的。知识通过资本化之后可以行使筹码或者货币的功能，从而在大学知识场域中争夺相应的位置并获得相应的知识权力。大学是一个特定的空间，在这个空间当中存在许多位置，位置之间存在权力关系，占据特定的位置就将自身置于支配或被支配的权力关系之中。

空间与权力的关系表明,空间不是一个惯常的或者中立的概念,用福柯的话来说,诊所、监狱、工厂或者整个城市的空间生产并非一个中立的社会实践,而是为了施展某种权力,于是空间本质上具有权力的属性(Grbin,2015)。空间中的位置是空间中权力的附着点,空间的构造为权力施展对人的规训、宰制和控制提供了基础。福柯指出:

"一个建筑物不再仅仅是为了被人观赏(如宫殿的浮华)或是为了观看外面的空间(如堡垒的设计),而是为了便于对内进行清晰而细致的控制——使建筑物里的人一举一动都彰明较著。用更一般的语言说,一个建筑物应该能改造人:对居住者发生作用,有助于控制他们的行为,便于对他们恰当地发挥权力的影响,有助于了解他们,改变他们"(福柯,2012:195)。

大学里一系列物理的空间设置以及抽象的位置布局为其施展对知识人的规训、宰制和控制提供了基础。例如,教室、实验室、图书馆、办公楼、寝室、食堂、体育场馆等建筑物本身的空间设计、外观设计、功能设计和结构布局以及这些建筑物相互之间的位置关系,为大学的教学、科研等活动的开展以及激发、引导、控制和宰制知识人的知识劳动提供了切实的基础。某种程度上,建筑物是权力的某种延伸或者是权力施展效力的载体、空间或舞台,换言之,建筑物是规训、宰制和控制得以施展的重要凭借。大学里一系列抽象的位置、身份、头衔以及附着其上的权力的分配与分布也体现了这种规训、宰制和控制的功能。例如,领导和下属之间、资深教授和青年教师之间可能存在着某种形式和某种程度的支配与被支配的关系,从而使得各项知识劳动得到执行和落实。倘若没有这种权力的结构关系,那么大学里的一系列具体的知识劳动可能就难以得到执行。这或许是权力支配的某种积极效应。然而,倘若这种权力关系过度行使控制、宰制、支配和规训,也可能会在大学知识场域中形成对知识人的某种异化。

由于知识权力根植于知识,因而知识权力也并非全然依托于位置。在有些情况下,掌握专业知识的知识人尤其是知识权威,即便没有占据特定的位置或者已经脱离了特定的位置,他可能依然拥有某些形式的知识权力。例如,学术明星即使不再担任某个职位,他在知识场域中可能依然掌控着强大的话语权力。而且学术明星或者知识权威个人的身份和名气也可能赋予他们极大的知识权力,并影响着知识场域的资源和利益的分配。在大学知识场域中,许多与知识人及其知识劳动相关的规则制定和规则修改需要遵从知识人集体的声音,因而每个知识人在知识场域中都具有某种形式和某种程度的知识权力,这表现为他们可以通过发表意见而对知识游戏的游戏规则的制定和修改产生实质性影响,从而对知识劳动和知识游戏形成实质性影响。高深知识作为知识场域的知识劳动的核心材料以及知识游戏的核心筹码,其性质决定着知识场域的活动形式,决定着知识场域的结构特征,也决定着知识场域中权力分配的格局。掌握高深知识的知识人有时候无须通过对特定位置的占有便能行使某种权力,并获得影响力。当然,这种脱离了特定位置的权力在其他知识人承认和信服的情况下才能行使并获得影响力,有时其他知识人也可能不信服这些没有占据特定位置的知识权威的意见表达。这种脱离了特定位置的权力的合法性有时需要在他者认可的基础上才能具备,而那种获得了特定位置的知识权力则具有超强的合法性与强制力。

在知识场域当中,知识权力的掌握与知识资本的掌握通常是高度相关的。"学而优则仕"(孔子,2019:394)在大学里的一种呈现是:取得突出学术成绩的知识人可能凭借于此而获得某种位置和权力,这种权力当中可能既包含行政管理权力,也包含知识权力。大学知识场域中知识权力的分配有时候也会"论资排辈",一个刚进入知识场域的青年教师可能难以立即掌握知识场域的高层次知识权力,只有熬到一定的资历,并且等待相应的位置和权力空出来之后,他才有机会成为权力的继任者。这也与通常情况下知识资本的累积规律相平行,在大学知识场域中,一般而言,从业时间足够长,所积累的知识资本也相对丰厚(当然,这不是绝对的),因而熬资历的同时也是在积累知识资本,从而为获取知识权力做准备。正如布迪厄所言:"学术资本的积累需要时间,所以,在这一领域内,相互的差异和距离是以时间来度量的,根据时间上的悬殊大小和年龄的差别大小而定"(波丢,2006:92)。

从这个视角来看,由知识向知识权力的转化需要一个时间累积的过程。当然,追求位置和权力的人往往多于场域所能提供的位置和权力,因而争夺是不可避免的。由于"论资排辈"的存在,因而处于知识场域结构下层的知识人和处于上层的知识人之间的争夺相对较弱。而处于相同层次的知识人之间的争夺可能是最为激烈的,处于相同层次的知识人具有相似的能力和资历,并争夺相似的资源和机会,因而他们之间相对而言可能存在更强的争夺性。

不过,大学知识场域中存在多种多样的与知识相关的位置和权力,可以说,只要有知识游戏的地方,就能提供知识位置和知识权力。例如,教师招聘、职称晋升、学术评奖、论文评审、课题评审、论文答辩、学位评审等一系列知识游戏都会为知识人提供施展知识权力的舞台和机会。有的是暂时性和临时性的位置和权力,例如某次学术评奖活动;有的则是长期性的位置和权力,例如成为学术委员会成员,能够对诸多学术事务的决策发挥影响。无论是暂时性、临时性的还是长期性的位置和权力,都为知识人提供了施展影响的机会,他们可以基于自己的知识和观念在知识事务的决策中发表自己的意见、施展自己的影响。在这个过程中,他们的知识和观念或能转化为决策的一个元素或因子,其知识权力便得到了施展。例如,担任期刊的论文评审专家可以对他人的论文进行评价,并在一定程度上决定着他人的论文是否能够发表,继而影响着他人的知识资本的获取和积累。不过,论文评审专家不是随便就能担任的,而是需要具备一定的知识资本。总体而言,知识转化为知识权力并发挥相应的作用需要通过对一定位置的占有。获得了这种位置就可以合法地介入知识游戏并对相应的知识人和他们的知识产品进行评价和裁决,从而对知识资本的分配形成影响。在这个过程中,知识便以权力的形式在知识场域的知识游戏中发挥了作用。

知识资本转化为知识权力之后为知识人带来了一定的利益,这不仅表现为各种位置和头衔本身的身份意义及其可换取的利益回报,还表现在通过知识权力影响着知识游戏的运行以及知识游戏的规则制定和更改,最终既影响着知识场域中其他知识人在知识劳动和知识游戏中的行动策略,也影响着知识权力持有者自身的知识劳动与知识资本的积累。正是知识权力可能带来的精神价值和物质价值,使得它对知识人构成了某种吸引力。因而,知识人可能会采取一系列策略去争夺它。这种策略既可能以知识劳动和知识资本为基础,也可能以其他的劳动或资本为媒介。例如,通过社会关系的建构,知识人或有可能避开某些竞争而比较容易地获取某种位置、资本和权力。因而,社会资本在知识场域中的效力有时可能并不小于知识资本。在许多学术会议期间,学术同行并非单纯进行知识上的互动探讨,同时也通过这种平台建立某种社会联系,从而为获得某些位置、身份、资源争取潜在的机会和可能性。学术会议生产着诸如学者的可见度、话语权等学术性的象征权力(张斌,2013:148)。象征性权力对于学者在学术圈取得良好的生存与发展至关重要,因而也吸引着他们积极地争夺之。社会关系的建构并不完全依赖于知识资本,而可能更依赖于行动者其他方面的资本和能力。换言之,知识资本向知识权力的转化并非完全依凭于知识的逻辑。不过,倘若非知识的逻辑过度介入其中,可能会削弱知识场域本身的知识属性。某种程度上,大学知识场域的良性运行有赖于知识性要素和知识性逻辑,而不应遭受非知识性要素和非知识性逻辑的过度干预。

二、知识权力的分散化

(一) 权力分散

个体的人的生命之有限性和认知能力之有限性相对于知识的无限性意味着单个个体不可能掌握所有知识,也不可能在所有知识领域都成为专家。实际上,人们甚至很难在多个领域成为专家。某种程度上,单个个体只能掌握人类知识体系中的一小部分,知识总是分散在多个人手中,单个个体只能在少数知识领域中掌握得比别人更多、更深、更前沿,而诸多个体掌握各自领域的知识从而构成了人类的知识体系。因而,知识尤其是前沿性的专业知识通常分散在不同人手中,知识的分散化使得知识权力也呈分散化特征。通常情况下,单个个体只能在少数知识领域中走在前沿,因而他所掌握的知识权力也通常会被限制在特定的知识领地。于是知识权力由不同知识人共同持有,不同知识人所持有的那部分知识权力整体上构成知识场域中的知识权力体系。在大学知识场域中,虽然知识权威以及占据特定位置的知识人可能掌握着很大的知识权力,但他们对知识权力的掌握不可能完全排斥其他知识人在其中占有一席之地,并发出具有影响力的声音。在大学知识场域当中,知识权力并非绝对集中化的,而是相对分散化的,不是一种绝对垄断的权力,而是一种共享的权力。在大学知识场域中,诸如学术委员会、答辩委员会等团体对知识事务的决策、对知识门槛的把握是通过多个知识人的集体权力而实施的,并非单一个体能够绝对控制,多个知识人共同享有发表意见以及参与决策的权力。大学知识场域中的知识劳动和知识游戏具有较高的专业性,掌握特定知识领域的高深知识及知识产品可能就掌握了某种知识资本。在某种程度上,正是由于知识人都在各自领域中积累知识资本,因而彼此之间形成一种制衡,在知识事务中各个知识人都有发声的权力。某种程度上,知识的分散化占有以及知识人对知识权力的争夺有时候增强了知识场域中决策意见的多元化,从而使场域的游戏规则的制定或更改不偏向单一个体,而更加趋向于一种权力共享的状态。实际

第四章 规则控制:大学知识场域的权力

上,在大学诞生伊始,其知识权力就不是掌握在单一个体或单一主体手中的,教会、教师和学生等不同主体分享了一部分知识权力,各个主体占据知识权力的某些部分,多个主体共同影响着大学里知识事务的决策以及执行,而并非由某个绝对的权力事无巨细地下达一切指令以规制知识劳动和知识游戏的开展。在现代大学当中,诸如学术委员会、答辩委员会等知识人团体以委员会的形式对知识事务共同作出决策,而非由单一主体或单一权力专断而行。虽然在各类委员会中,知识权力并非绝对平均地被分配,不同知识人基于其知识资本以及职位、身份、地位、名气等因素而在知识权力的分配中呈现出一定的差异性或者不均衡性,但各类委员会的存在已然表明在大学知识场域中知识权力的某种分散化而非绝对垄断性的存在。倘若能够理解知识本身即是被不同主体所共享的一种物品以及不同知识人在不同知识领域中各有所长,就能充分理解在大学知识场域中知识权力的分散化以及不同知识人共享知识权力、共同对知识事务作出决策等形式的权力分配格局对于大学知识场域的良性运行的重要意义。

在大学知识场域中,知识权力的分散化虽然可能给大学的治理带来些许困难和挑战,但这种分散化的知识权力体系对于激发和维持大学的知识生产与知识传播等知识劳动的活力和创造力具有一定的助益。一方面,分散化的知识权力格局为各个知识人提供了在知识事务中发表意见、表达诉求、参与决策的合法性空间,更易营造一种知识共同体的氛围,增强知识人在知识场域中的存在感、主体感,激发其参与知识劳动的积极性;另一方面,知识权力的分散化强化了知识领域的专业性,促进知识人在各个知识领域中推陈出新、开拓前沿。大学实际上是一个由诸多不同的知识领地松散地组合而成的知识场域,各个知识领地又可以继续分解为若干个细分的知识领地,各个细分的知识领地还可以继续分解为若干个知识团体,知识权力正是分散在一个个细分的知识领地和细分的知识团体当中,实际生产知识和传播知识的单元正是这些细分的知识领地和知识团体,它们处在知识劳动的前线。因而在大学知识场域中,在知识事务的决策过程中,有赖于那些实际生产知识和传播知识的基层知识组织发出的声音以及提供的信息。在某种程度上,实际从事知识生产和知识传播的基层知识组织是决定知识场域生存与发展的关键,因而关于知识事务的某种层级、某种程度的决策权需要分散在这些基层知识组织当中。从这个视角来看,在大学知识场域中,知识权力的分散化存在两种特征:其一,知识权力在横向上分散在不同的知识领地,不同学院、不同学科之间共享知识权力(但知识权力的分配不一定平均),并对各自组织内部的知识事务具有很大的决策权;其二,知识权力在纵向上分散在不同的组织结构中,在学校层面、学院层面、系科层面以及基层知识组织层面分配着不同程度的知识权力。此外,不同类型的知识权力在不同知识领地、不同组织层级存在不同的分布。在某种程度上,具体的知识劳动和知识游戏应由基层知识组织自主决策,而关系到学院或学校整体发展的知识事务则由更高的组织层级掌握主要的决策权力。不过,大学知识场域的各个层级的管理者或决策的参与者有时也是基层知识组织的成员,他们可能对大学知识场域的基层知识组织具有了解,并可能将他们在基层知识组织中的经验带入决策之中。实际上,大学的知识产品主要是从具体的、基层的知识组织中生产出来的,这些基层知识组织是大学知识场域运行的关键组件,从这个层面来看,大学知识场域的运行有赖于基层的知识组织和知识人在具体的知识劳动中所作出的一系列决策,因而基层知识组织中的知识权力对于大学知识场域的运行具有重要意义。

(二) 权力协商

知识权力的分散化使得大学知识场域中知识游戏的游戏规则的制定或更改并非全然受控于单一个体,而是知识人共同协商的结果。不过在现实中,有时候单个知识权威或能在一定程度上控制知识游戏的规则并更改游戏规则,其他知识人或主动或被动地服从于这种超强的权威性意见表达。但这种对知识权威的臣服并非知识场域的本质面貌。作为一个专业性的领地,大学知识场域中的知识权力应该是分散共享的,多元主体共同作出有关知识、知识劳动和知识游戏的决策。在大学知识场域中,在许多学术性事务中,有时候采取的是共同协商的决策模式,使得建基于专业性知识的知识劳动能够良性地、可持续地开展。这是大学知识场域的一种特性,这种特性依托于知识、知识劳动和知识游戏的特性,因为知识本身就是多元主体共享的,没有人可以垄断一切知识,也没有人可以在一切知识领地中成为绝对的主宰,因而单个知识人难以垄断一切知识权力,知识权力的分散化是知识场域的权力格局。因而,在大学知识场域中,即使知识人并未担任管理职位,有时他们也可能会用自己的声音介入知识事务的管理和决策当中,彰显着大学知识场域作为知识人的共同体的存在。

知识权力的分散化使得大学知识场域中呈现出知识权力的多中心性、多元性等特征。在大学知识场域中存在许多不同的学院、学科等细分的知识领地,不同知识领地之间要争夺大学知识场域中的资源和话语权,因而彼此之间所占据的知识权力的相互制衡使得在资源和话语权的争夺中呈现出多个权力中心和话语中心。知识人聚焦在各自的知识领地中进行学术耕耘和知识生产以建构自身的专业性,专业性越强则越可能拥有排他性和不可替代性,因而也越有可能在知识场域中稳固地占据一席之地,并对专业性的知识事务具有发表意见、表达诉求的合法性权力。但这种专业性也可能使得不同知识领地的知识人彼此之间缺乏足够的沟通和理解,有时他们可能

第四章 规则控制:大学知识场域的权力

对他人的知识劳动的内涵、意义和价值存在误解。实际上,在大学知识场域中,专业性知识各自占据一块自耕地,不同学科、不同学院之间呈现的是一种松散的联系,甚至并无联系。而且,有时候同一个学科、同一个学院内部的不同科研团队之间也呈松散的联结,各自埋头于自己的那个细分的知识领地进行知识耕耘(有时为了获取资源,可能会展开内部争夺)。大学作为一个整体,在事关所有知识人的事务的决策中需要各个领域的知识人共同发表意见,但他们之间的松散联结以及各自的利益诉求的差异和冲突,往往使得在大学知识场域中知识事务的决策要想取得令人满意或者令多数人满意的结果显得颇为不易。因而,这种松散的结构以及分散化的知识权力分布格局提高了大学知识治理的难度和挑战性:一方面,决策者需要听取不同知识领地的知识人的声音和诉求,尽可能地平衡各方利益,才能确保关于知识事务的决策能够得到知识人的信服与接纳;另一方面,决策者又需要考虑实际条件的约束而在某些情况下不得不进行一些"专断"。即使放置在同一个学院或同一个学科内部,不同知识人的意见也会存在分歧,而理论上每个知识人都有发出声音的权力,各自通过参与知识事务的决策彰显自己的权力、表达自己的诉求、争取或捍卫自己的利益。可见,在大学知识场域中,知识权力的分散化为知识人提供了争夺话语权的空间,也使得知识场域中的游戏更为复杂,如何平衡各种话语和诉求以及利益与权力显然是一个极为繁琐的问题。因而在某种程度上，大学的治理有时候并不高效。

（三）权力结构

然而，分散化的权力也有其特定的结构，权力虽然是分散的、共享的，但并不意味着权力是平均分配在每个人手中的。在大学知识场域中，与知识事务相关的知识权力的分配主要依凭于知识资本，那些知识资本丰厚的知识人可能会掌握更强的话语权。此外，占据更高位置的知识人、拥有特定身份或头衔的知识人也可能占据更强的话语权，位置、身份或头衔与知识资本之间存在某种程度的联系。知识权力附着在位置上，也附着在知识资本上，教授、青年教师、博士后、博士生、硕士生、本科生等不同知识人在大学知识场域中占据不同的位置、掌握不同的知识资本，他们拥有不同的知识权力，并构成一个权力的层级结构。某种程度上，在知识场域中占据更高位置的知识人通常也具有更丰厚的知识资本，正是对知识资本的占有为他赢得了相应的位置。例如，在作出学术决策时，那些学术能力强、学术成果多的知识人的意见可能会产生较大的影响，有时候他们的意见会成为最终的决策或成为最终决策的主要来源，而那些学术能力弱、学术成果少、学术资历浅的知识人的意见可能容易被忽略。学术资历可能在其中产生重要作用。比如，学术权威的意见可能更具话语权，并可能对学术事务的决策产生更大的影响。此外,职位的高低也可能会直接影响知识权力的分配。那些在知识场域中占据管理职位的个体,通常对知识事务更具决策权甚至具有绝对的决策权(有时表现为某种专断性权力)。可见,知识权力的分散化并不表明大学知识场域中知识权力的分配是平均化的。在大学知识场域中,知识权力的分配同样具有结构性,这个结构并非扁平化的结构,而是具有一定层级的结构。知识资本的分布结构在一定程度上符应了知识权力的分配结构,那些持有更多知识资本的知识人在知识场域中通常能够获得更高的位置以及更多的知识权力。知识资本等各类资本和要素在知识权力的分配中扮演着重要角色,而不同知识人所掌握的知识资本在结构上和数量上是不同的,这也决定了不同知识人所占据的知识权力是不同的。不过,在大学知识场域中,掌握知识权力的知识人终究会离开这个场域(比如退休),他们的离开将导致其所掌握的知识权力的让渡。后继的知识人历经长久的积累与等待,有朝一日将成为年长退休者的接班人。从这个角度来看,大学知识场域的知识权力是一种"继任式"的,年长的、资历深的、知识成果丰厚的知识人掌握着当下的知识权力,年轻的、资历浅的知识人需经历一个积累的、成长的、等待的过程,然后在某个时刻继任空出来的位置和权力,由此进行知识权力的交替传递。因而,在知识场域中对知识权力的争夺有时候是一种熬资历的过程。有时需要熬到有空位置的时候,才能获得那个位置和权力。

当然,位置的数量往往少于渴望位置的人,因而在知识场域中,对位置和权力的争夺会持续存在,这种争夺尤其发生在同一层级的知识人当中。

概而言之,虽然在大学知识场域中知识权力表现出分散化特征,但这种分散化并非表明知识权力是分散在知识场域的所有人的手中的,也并非表明所有掌握一定知识的人都能够对知识事务发表意见或者都具有分享知识权力的资格。实际上,作为一个专业性的知识场域,大学知识场域中的知识权力通常分散在掌握专业性知识的知识人手中。专业性知识分散在一个个细分的知识领地当中,不同知识人聚焦在各自的细分知识领地中进行耕耘,以此在知识体系中占据一个板块,并凭借自身在某个知识领地中的知识占有从而在大学知识场域中占有一席之地并取得存在的合法性,以及对知识场域中各项知识事务发表意见、表达诉求的合法性权力。作为一个专业性的知识场域,大学知识场域中知识权力的分配主要建基于对专业性知识的占有。在大学这种高度依赖对专业性知识的生产和占有的场域中,即使知识权力是分散化的,通常也是分散在那些持有特定专业性知识的知识人手中。而且,由于专业性知识的细分化,使得由这种专业性知识所建构的知识权力的结构体系更为复杂化,也使得对知识权力的绝对垄断变得不太现实。因而,在大学知识场域中,知识权力既表现出某种分散化特征,同时也具有层级结构,分散、共享、制衡与层级、结构、专断等看似相互矛盾的特征得以同时存在。

三、知识权力的控制性

(一) 权力控制

权力体现的是一种控制关系,在某种程度上,权力能够控制场域的游戏规则,权力持有者将自身的个人观念上升为场域的主导性观念或者场域的游戏规则的组成部分。而且,权力有时候能够以特定的形式直接支配场域中他者的行动,或者将权力持有者自身的价值观念灌输(有时包含强制的成分)给他人,从而让他人成为权力持有者的观念的执行者和代理人。又或者借助权力的显性和隐性的力量从而使他者代理权力持有者开展知识劳动,并生产知识产品,权力持有者或能借助这种代理关系从而便捷地占有知识资本。权力的呈现似乎是通过各种方式达到对权力控制对象的控制,权力施展其控制性的最终目的是获得权力持有者所期待的各种有形的或无形的利益。在大学知识场域,知识权力的持有者在一定程度上控制着知识向知识资本的转化过程。例如,个人的知识要想发表需要通过一个制度化的评审程序,而那些具有丰厚知识资本的知识人通过担任期刊论文的评审人,就获得了相应的评审权并能够对这项知识是否具有发表的可行性进行评判和裁决。在这个过程中，评审人所掌握的评审权力起了控制性作用。而评审人的评审权力主要来源于其所积累的知识资本，由于其在本领域具有丰厚的知识资本，因而获得了评审他人知识的权力，并对他人知识的资本化施展一定程度的控制。在论文评审的过程中，作为评审人的知识人的知识资本与知识权力得到了彰显和施展，成为把控其他知识人的知识资本化的重要力量。在大学知识场域中，知识人通过诸如课题评审、论文评审、学术奖励评审等具体的知识游戏得以施展自身所掌握的知识权力，并对他者的知识劳动与知识资本形成某种控制作用。在大学知识场域中，某种程度上，绝对控制是不存在的，绝对被控制也是不存在的，而且，绝对不被控制也是不存在的，知识人往往同时处在控制与被控制的境况当中。大学知识场域通过知识和人才的溢出，某种程度上也对社会场域施展了某种或直接或间接的控制。例如，大学培养的人才当中有部分人将进入政界，作为专业人士他们将为治理带来智力（Mittelman，2016）。在社会场域中，大学毕业生可能将他们在大学知识场域中获得的知识、观念、能力等要素融入他们的工作实践中，并对特定的工作构成影响。于是在某种程度上，大学知识场域对其知识人的规训最终可能转化为对社会场域的某种控制。大学以其知识输出和人才输出，在服务社会的同时也对社会诸多事务构成了某种潜在的影响和控制。有时，我们可能低估了大学的潜在影响力和隐

第四章 规则控制：大学知识场域的权力

性影响力,尤其在今天这个时代,政界、商界、学术界、工业界、科技界等各行各业的从业者当中,接受过大学教育的人数比例日渐增长,即使他们用于开展工作的知识和技能并非直接源自大学期间所学,但他们的大学经历已然为他们注入了某种源自大学的血液,他们的身体和精神已被打上了大学的烙印。某种程度上,大学是影响社会的力量根源之一。

知识权力在一定程度上控制着知识资本化与合法化的通道。在大学知识场域中广泛存在着知识权力的控制,这种控制性构成了知识场域运作的深层逻辑。换言之,以知识为合法性基础的知识权力在很大程度上控制着知识场域的知识事务的运作,知识权力在制定或修改知识场域各类知识游戏的游戏规则的过程中施展着控制性的力量,因而它通过控制游戏规则,从根本上控制着知识场域中的知识劳动以及知识人的行动策略,并最终控制着知识场域的知识资本的分布格局,继而控制着知识权力本身的分布格局。例如,知识权力掌控着特定学科的培养方案的制订,规定了授予学位所必修的课程、考试、毕业论文等方面的要求,学生要想获得该学科的学位,就必须满足这套要求。于是,为了获得特定学科的学位,某种程度上,学生"不得不"接受特定学科对他们的规训,并在这个规训的过程中内化该学科的一系列概念、术语、理论和知识以及一套获取知识和生产知识的方法并习得该学科的学科文化。对于专业化的学科以及专业化的教育层次(如博士生教育),学科的规训更为精细和严密,在获取学位的过程中接受着更为系统的学科塑造。经受了精细且严密的学科规训之后,知识人可能会难以跨越特定学科的文化框架,难以翻越学科的高墙介入到其他学科之中。某种程度上,知识人和知识产品一样,都是特定学科的制品,每个学科都有自身一条生产知识和知识人的生产线、一道加工和生产的工序以及一种特定的生产方式,从特定学科当中生产出来的知识人和知识产品会被打上特定学科的标识与烙印,只是这种烙印的深浅各有不同。而且,特定学科为了维护自身的知识领地的准入门槛,可能会倾向于强化学科规训,专业化程度越高的学科这种倾向可能越为明显。不同学科代表着不同的知识领地,各个知识领地的知识权力维系着对本领地知识人和知识游戏的控制,而排斥其他领地的知识权力的介入。在某种程度上,借助知识和权力关系进行学科之间的地位划分,学术共同体以公认的范式对学科的地位进行衡量(乔元正,2013)。因而,为了争夺在大学知识场域中的地位,特定的知识人需要为其所在学科争夺在场的权利与发展的权利,这也是在为知识人自身所掌握的知识资本争夺地位、权利和权力,归根结底是为知识人自身争夺地位、权利和权力。

权力有时候就像引力一样,无须借助某种介质就可以对作用对象施加力的作用。正如太阳与地球之间的引力、地球与月球之间的引力,太阳和地球之间、地球和月

第四章 规则控制:大学知识场域的权力

球之间无须借助实质性的介质便能产生这种引力的作用。知识权力有时候就像引力的作用一样,无须借助有形的介质便能施展其控制性。而且,正如引力的作用是相互的一样,权力的控制性也可能是相互的,只不过权力的相互作用的力不是相同大小的力。权力的控制者施加给被控制者的力强于被控制者反作用于控制者的力。就像重力场一样,物体进入场中就会受到力的作用,知识人进入知识场域也便进入了一个由各种力所建构的场中,他们一进入这个场中就已置身于一系列力的作用当中,甚至在他们还未意识到这一点的时候他们就已经在承受力的作用。当然,他们也可能对其他知识人产生力的作用。大学内部建构着诸如学校层面、院系层面、学科层面等层级性的纵向权力关系以及诸如学术权力、行政权力、文化权力等横向权力关系的相互交错的权力网络,从而使得每一个进入大学组织的人建立起了个人与群体的关系网络并在其中存在权力的运作(周玲,2006:84)。实际上,学校空间的实践把学校建构为充满权力的领域,权力已扩展到了学校空间的每一个细胞之中(石艳,2008:41)。因而,权力的作用并非存在于大学知识场域的某个角落,而是弥漫在大学整个空间当中,进入大学知识场域中的知识人实际上已浸入在权力之网的作用当中。知识权力是大学知识场域中诸多权力中的一种,也是最重要的权力之一。知识人进入知识场域中便即刻置身在这种力的场中,受到这股力的作用,知识权力的控制性便以各种形式发生着作用。知识权力的持有者对被权力控制者的控制也可能无须直接接触,通过一套话语体系和制度体系便能实现这种控制。由于知识权力有时候表现出无形的特征,因而知识权力的控制性有时候十分隐蔽地发生作用。由于知识权力对知识劳动和知识游戏的作用本身即是由知识人自身施展的,而且知识权力弥漫在整个知识场域中,即知识权力在知识场域中无处不在,因而知识人处在由知识权力所控制的游戏中可能并未察觉到知识权力的控制和宰制,甚至有时察觉不到知识权力的存在。有时候,诡异的是,当权力之网大到一定程度时,处在这张巨网中的人可能察觉不到网的存在。权力的厉害之处在于,它像毛细血管般密布整个场域,延伸到每个角落,触及每个人,但有时候人却感知不到它的存在,有时它以温和且隐蔽的方式施展作用,不仅不会遭遇反抗和抵制反而可能还会得到权力作用对象的某种配合。当规训嵌入在这种巨大、温和、隐蔽、缓慢张开的权力之网当中时,规训便得以潜移默化、悄无声息地施展下去。因而,规训有时比强制性暴力更加有效地制造出某种"既驯顺又能干的肉体"(福柯,2012:338)。由于知识人自己参与了知识权力的建构和施展,因而他们自己在被知识权力所控制的同时也在控制着知识场域的游戏规则以及知识场域中的他者。因而,知识人实际上既是知识权力的控制者(施展控制的主体)、宰制者(施展宰制的主体)也是知识权力的被控制者(控制对象)、被宰制者(宰制对象),他们具有控制与被控制、宰制与被宰制的双面性。

大学里的知识权力所呈现出来的控制关系与宰制关系似乎给人一种冷冰冰的印象,似乎权力的控制性与宰制性作用是作为一种否定性的力量而存在的。然而实际上,知识权力也可能作为一种建设性的力量而存在,表现为通过权力维系一种结构秩序,从而维系场域的良性运行。或者说,知识权力"冷冰冰"地施展其控制性与宰制性作用的最终效果是维系知识场域的良性运行。因而,不能简单地将知识权力视为一种冷冰冰的存在物,知识权力在知识场域中施展控制性与宰制性作用有时候是维系知识场域的结构秩序与知识场域的良性运行的关键机制。而且,从另一层面来看,知识权力的控制与被控制、宰制与被宰制并非绝对的关系,也并非固定不变的关系,而是一种互动关系。权力是分散在社会关系当中的,权力关系生产了主体性与行为的形式,没有哪种权力关系能够达到"完全的统治"(total domination)(Lazaroiu, 2013)。例如,教授被尊崇为是占有大量知识和信息的人物,他们所占有的知识,一方面是"学术"知识(比如,特定学科的专业知识,研究方法的知识,教学的知识,等等),另一方面是关于机构的知识,此外,还有关于该学科领域国际研究群体及其实践的知识(Evans,2015)。因而,相对于青年教师或博士生而言,教授们可能基于他们对特定领域的一系列知识资本的大量占有,从而在知识场域的权力结构中占据更高的位置,但他们通常不可能在一切知识事务中对一切知识人施展控制与宰制。在某种程度上,专业性知识是分散在不同知识人手中的,不存在单个知识人掌握了普遍的知识或全部的真理从而对其他知识人形成普遍的和绝对的控制与宰制。事实上,"普遍真理"(universal truth)是福柯所反对的概念(Wang,2011)。即便是资深教授或知识权威也可能会在知识层面上面临挑战,他们无法掌控一切知识,也便无法在一切情境中对一切知识人施展控制与宰制,他们的知识权力的控制性与宰制性作用在某些情境下可能会遭遇知识权力的被控制者(控制对象)和被宰制者(宰制对象)的某种消解。

(二) 权力游戏

知识中所蕴含的权力关系体现的是知识在认知属性之外的属性,这种权力关系并非凭空存在,它既需要一个活动的空间,也需要一个施展自身的舞台或载体。知识场域为知识权力施展其控制性作用提供了一个空间,而在知识场域中开展的一系列知识游戏则为知识权力施展其控制性作用提供了实质性的舞台和载体。在某种程度上,大学知识场域中诸如课题申报、论文评审、学术评奖等各类知识游戏为知识权力的施展提供了具体的凭借,知识权力持有者控制着知识游戏的规则以及游戏的过程和结果,而被权力控制者则被迫或者被诱惑抑或主动地参与这场游戏,并承受知识权力对自身的评判以期获得其所期待的利益。为了在游戏中取胜,或者通过游戏获

第四章 规则控制：大学知识场域的权力

得自己所期待的利益，被权力控制者需要遵循游戏的规则，需要遵从知识权力的直接或间接的控制、宰制和规训。某种程度上，游戏者（参与游戏的人）在游戏过程中时刻都处于被控制、被宰制和被规训的状态，他们不得不遵照由知识权力所控制的游戏规则来施展自己的行动。游戏规则是由特定的人所制定和控制的，因而是特定的人控制着、宰制着、规训着游戏的参与者（游戏者），游戏背后的人（布设游戏、掌控游戏、制定游戏规则的人）与游戏中的人（游戏者）之间存在某种权力关系。实际上，目标和观念都是由人和制度所制造出来的（Lazaroiu, 2013）。因而，知识权力通过一系列制度与程序控制、宰制和规训着参与知识游戏的人（知识游戏者），激励、引导、鞭策着他们走向知识权力希望他们走的方向，实际上就是知识权力背后的权力持有者希望他们走的方向。在大学知识场域中，考试也是一种游戏，考试科目、各科目的分值、考试内容、考试形式、考试时间以及考试成绩的等级分布、绩点的计算方式等由知识权力（以及其他形式的权力）的持有者控制着，假如改变这套游戏规则，或者改变这套游戏规则的某些部分，最终可能会选拔出不同的游戏赢家。游戏规则的制定或更改需借由特定的权力，因而某种程度上权力掌控着游戏赏品的分配过程、分配结果和分配格局，单个个体在游戏中的输赢并不改变游戏整体上的结果和格局——某种程度上，只有权力（通过对游戏规则的介入）才能达到此种效果。作为学校教育场域里的一种主导性力量,考试彰显了国家权力在学校中的运作,借助考试可以对学生和教师进行鉴定和区分,从而对个体作出裁定并划分等级(王有升,2002:31)。正如福柯所指出的:

"与之类似的是,学校变成一种不断考试的机构。考试自始至终伴随着教学活动。它越来越不是学生之间的较量,而是每个人与全体的比较。这就有可能进行度量和判断……考试不仅仅标志着一个学徒期的结束,而且成为一个永久的因素。通过一种不断重复的权力仪式,考试被编织在学习过程中"(福柯,2012:210)。

考试为学习者设置了一场竞争的游戏,使得每个人的学习成效以可比较的方式呈现出来。而且,对考试结果的呈现有助于创设一种竞争性的环境,从而驱动学习者持续地投入在与他人、与自己的比较和竞争之中。正如霍斯金所言:

"它通过每次考试的表现,作出经常性的监视和计算评断,对学习者强加一种新的'规训性'权力……级数评核也将人互相比较,但目的是为了鼓吹比试,以求各人超越自己的同侪。不过分数却不但用来相互比试,而且鼓吹竞争,为的是竞争那些能显示自我有用之处的流通价值"(霍斯金,1999:47)。

在大学知识场域中,各种形式的考试、考察、考核、评审是学生获取学位所必须经历的过程,也是教师获得职位和晋升职称所必须经历的过程。各种形式的考试或评

第四章 规则控制:大学知识场域的权力

审实际上是大学知识游戏的重要构件,大学通过一连串的、名目繁多的、持续不断的、层层递进的考试和评审激励着、引导着、鞭策着学生和教师朝特定方向努力。

"为了取得最终的学位,现代的门徒要反复地根据各种标准被分名定次和接受评审。名次和齐常化评断通常辅以各种各样考试。大学本科和研究院教育明显被考试塞满而不止于论文答辩。大部分学院经常需要进行的'评核'也是不同形式的考试。留任或者终身职任'评核'不合格的代价就是失业"(沙姆韦,梅瑟-达维多,1999:27)。

假如所有个体都不参与这场游戏,那么这场游戏就可能会被瓦解。但现实是,游戏控制者会通过各种利益的诱惑或者制度性的约束与强迫从而使其成员或积极主动或迫不得已而参与这场游戏,并在其中有所投入或奋力争夺。这种利益的诱惑可以是物质、地位、荣誉等,这种制度的强迫可以是诸如学位评审、职称晋升当中的制度性要求(这种制度性要求往往是刚性的,即必须达到相应的条件才能获得相应的物品或赏品),等等。人们或许会拒绝游戏,但人们难以抗拒职位、地位、奖励、荣誉、财富等物品和利益的"引诱"。因而,即使很不情愿,但他们还是会尽力参与游戏。当然,有时候个体为了获得自己所期待的利益会积极主动地参与游戏,并迎合游戏规则,遵从游戏规则所奖赏的方向去施展自己的行动。无论是被动参与游戏还是主动参与游戏,个体一旦参与游戏并在其中尽己所能,便已呈现他们对这场游戏的看重,那么就赋予了游戏控制者充分的权力以控制、宰制和规训这些参与游戏的人(游戏者),于是他们就逐渐成为游戏控制者与权力控制者的"笼中之物"和"囊中之物",并遭受游戏控制者与权力控制者的控制、宰制和规训。如果游戏以及游戏赏品对知识人毫无吸引力,知识人对游戏的结果毫不在意,他们不参与游戏或者即便参与其中也不尽心尽力而是简单应付,那么这场游戏对他们的控制、宰制和规训就不会存在或者被极大地削弱,他们无须努力地约束自己以遵照游戏规则施展自己的行动。大学知识场域中存在一系列知识游戏,例如,课题申报、论文发表、论文答辩、学位评审、职称晋升、学术评奖,等等,这些游戏中蕴含着丰厚的赏品,对知识人构成了某种吸引力,吸引着他们参与游戏并在游戏中尽己所能乃至倾其所能去争夺游戏赏品。大学知识场域通过一系列知识游戏进行资源和权力的分配,继而精细地、严密地控制、宰制和规训着知识场域中的知识人,引导着、规制着他们的行动策略。换言之,知识人为了获得游戏所奖赏的那些诱人的赏品,他们必须好好对待游戏,并尽力遵照游戏规则的要求来施展自己的行动,从而尽可能地在游戏中取得好的结果、赢得更多更好的赏品。在这个过程中,知识人不可避免地被游戏所规训,被游戏及其规则与赏品塑造为游戏设计者与规则制定者希望他们成为的那种人。倘若遵循游戏规则去施展自身的行动策略能够获得游戏赏品,

第四章 规则控制:大学知识场域的权力

而背离游戏规则不仅无法获得赏品反而可能会遭受惩罚,那么,知识人自然会倾向于遵循游戏规则而不会轻易背离它。然而,知识人遵循或者迎合游戏规则所奖赏的方向去行动可能会获得游戏的赏品,同时,也可能以被游戏规则和游戏设计者及游戏规则制定者所控制、宰制和规训为代价。某种程度上,任何游戏都包含赏品,也包含获得赏品所需承受的代价。大学通过布设一系列知识游戏,将知识人牵入、引入、卷入游戏之中,并通过一系列制度设计与规则设计使他们在游戏中尽己所能或倾其所能地争夺游戏赏品,从而充分地占有知识人的知识劳动和知识产品(知识人通常需要基于知识劳动生产知识产品方能在知识游戏中争夺游戏赏品)。在大学知识场域中,几乎任何知识人都无法完全摆脱权力的控制、宰制和规训,他们处在一张权力之网当中,而这张权力之网正是由知识人自身所编织的。因而,在某种程度上,在大学知识场域中,知识人自己编织了一张知识权力之网,从而控制、宰制并规训着他人和自己。权力有时候会屈服于权力,知识权力有时候会臣服于另一种形式的权力,一种形式的知识权力有时候会被另一种形式的知识权力所控制。因而,知识权力也处在一个权力的结构当中。处于结构中更低位置的知识权力可能会被处于更高位置的知识权力所控制。由于知识权力掌握在人的手中,因而知识权力的持有者自身的身份、地位、名气等要素会对知识权力的控制性产生一定的影响。例如,学术权威、学术明星所发表的意见和话语常常更容易得到信服。由于名气能够为知识人获取各种资本和权力提供帮助，因而名气本身也会成为知识人追逐的一种资本。学术活动、学术会议是建构学术名气的重要舞台，吸引着众多知识人在其中奋力地展示自己的"十八般武艺"，有时候，知识人参与学术会议甚至比参与学术劳动本身更为积极。布迪厄指出："参与如此多的仪式场所和会议活动，还要在各种场合亮相发言，自然包含着大量时间与精力的奉献和牺牲，但这种奉献和牺牲却是一种特定的象征性资本积累——学术名气——所绝对必需的条件"（波丢，2006：105）。学术活动、学术会议并非纯粹交流学术见解的场所，它们实质上也是学者们交换学术利益、建立学术关系与社会关系、积累象征性资本的游戏。大学知识场域中的知识人通常习得了游戏规则，并遵照游戏规则去施展自己的行动。当游戏规则内化于心时，某种程度上，或将成为个体惯习系统中的组成部分，并在无意识或潜意识的层面操纵、规约、指引着人遵从游戏规则去施展自己的行动，就像条件反射一样。这时候，游戏规则就像长在人的身体里、溶解在人的身体里一样，已成为人自身的一部分，深嵌在人的肉体和精神当中（并操纵、规约、指引着人的思维与行为），在此种状态下，规训就像从未遭受过反抗和抵制一样得到了充分的施展与贯彻，于是规训便潜移默化、悄无声息、自然而然地达到了至佳的效果。可见，当遵从规则已成为个体的内在惯习时，规训便会深刻、高效、彻底地介入到人的肉体和精神当中。有时候，特定的知识人可能会通过知识权力去干预知识游戏的游戏规则，从而使游戏规则更有利于自己以及自己的利益相关者。除了知识权力之外，知识游戏中还夹杂着许多非知识性力量在发生作用。某种程度上，大学的运行是知识性权力与非知识性权力共同作用的结果。

（三）权力暴力

知识是人类创造的一套符号系统，知识权力的控制性反映的是符号的一种控制性。这套符号系统的控制性常常带有一定的"蒙蔽"色彩，它通过一种表面上温和但事实上具有一定"暴力"性质和"强制"性质的方式将某种东西灌输给被控制者，从而达到一种控制的目的。被控制者或者没有清楚地意识到控制关系的存在，或者意识到了却无法改变被控制的事实，抑或意识到了但并不排斥这种控制关系，因为他们可能借由这种控制关系获得自己想要的利益。控制者能够通过控制关系获得利益，而被控制者也可能以被控制为代价从而换取自己所期望的利益，二者之间达成了某种形式的"双赢"。这种"双赢"使得控制与被控制（以及宰制与被宰制、规训与被规训）关系得以不受抵制地施展下去，并呈现出某种温和的表象，权力的"暴力"与"强制"被这种温和的表象包裹着、隐蔽着。例如，在大学知识场域中，资历尚浅的知识人可能会默认资深知识人的支配与控制，以期从他们那里获得学术上的庇护与提携,从而获得在场的合法性以及积累知识资本和掌握知识权力的机会。在大学知识场域中,知识权力有时候通过强制,有时候通过话语制造,从而实现对控制对象的控制。长期在大学知识场域中存在的知识人,习得并内化了大学知识场域的规则体系,并将其视为理所当然、无需辩驳的存在而接受它(有时候不得不接受它,个体的知识人难以抵抗知识场域的规则体系,甚至整个知识人群体都难以抵抗它),自然而然地承受着甚至协助着知识权力对自身的控制、宰制和规训。然而,假设我们突然走进另一个与我们之前所处的那个场域具有完全不同的规则体系和逻辑系统的场域,再反观我们过去浸淫其中的那套规则体系和逻辑系统时,我们可能会恍然大悟,原来我们习以为常的那套逻辑系统并非我们所认为的那样合理。这时,原来那个场域中的权力的控制与宰制就可能变得让人无法接受。在大学知识场域中,知识本身的无形特征使得知识权力的控制性被其温和的表象紧紧包裹着、隐匿着,于是知识权力的控制、宰制与规训不易被知识人所察觉、反抗和抵制。为了让知识权力的控制性得到更好的施展,在知识场域中,有时候会通过制造知识权威、崇拜知识权威以将特定的知识人偶像化、神圣化,从而控制着知识场域的话语权,并对其他知识人施展强有力的控制。在某种程度上,被控制者与控制者合谋维护了这种控制关系。不过,大学知识场域中知识权力相对分散化,知识人共享着知识权力(只是

第四章 规则控制：大学知识场域的权力

知识权力并非平均分配），他们本质上是知识权力之网的共同编织者，因而他们默认了这种控制关系。于是，在某种程度上，知识人即便清楚自己被知识游戏的游戏规则控制着、宰制着、规训着，他们也可能依然会积极地遵照游戏规则的要求去展示自己，因为遵循游戏规则施展自己的行动或能在游戏中获得赏品。在某种程度上，知识人既是这套游戏规则的合谋者也是这套游戏规则的制品和产物。假如某些知识人垄断了知识游戏的游戏规则的制定权和修改权，那么其他知识人可能会形成一种反抗的态度。然而，在现实情境中，知识游戏的游戏规则的制定与更改可能颇为复杂，并非所有知识人都能介入其中，或者并非所有知识人都能同等程度地介入其中。

在大学知识场域中，不同的知识以不同的地位而存在，因而不同类型的知识之间也存在控制与被控制的权力关系。场域存在主导文化与边缘文化的文化结构，特定场域以某种特定文化为主导，而将其他文化形式边缘化。因而掌握场域中主导文化的个体较容易成为场域的主体，而边缘文化的持有者可能需要通过"抛弃"原有文化并习得场域中的主导文化才能融入场域中的主流群体。生物人之间的差异可能不如社会人之间的差异那么显著，人类文化创造了一系列体系将人不断地分类化、分层化，从而建构起一个结构秩序。例如，通过一种特殊的建构，给特定人群塑造出某种高贵性，从而将他们与普通群体区分开来，并享受特定的权力和利益。人类从自然状态进入社会状态就是从无层级或弱层级状态进入了一个层级性序列状态。这种层级秩序的建构,制造了一种权力格局,不同的人处在不同的结构位置,不同位置之间存在高低位差,于是权力得以顺畅地施展控制、宰制和支配作用。在大学知识场域中也存在主导性的知识和边缘化的知识,并且基于所拥有的知识资本的类型和数量多寡从而在知识人之间形成主体与边缘的区分,并构成一种结构上的高低位差。某种程度上,结构和位差的存在是激发场域活力的重要因素,有时候正是由于层级结构的存在,处于结构下层的个体渴望通过资本的建构和积累实现向结构上层的跃升,于是激发了场域中个体的行动活力。如果他们采取的是符应场域游戏规则的合法策略,那么他们往场域结构的上层攀爬的过程能够为场域积累一定的资本。在大学知识场域中,底层的知识人为了向场域结构的上层位置攀登而不断地投入知识劳动,这个过程客观上为大学知识场域的知识劳动注入了动力与活力。权力或者知识权力,并不一定是冷冰冰的、残酷的、消极的存在物,它们也可能是积极的、建设性的力量。因而,倘若以理性的、合理的、恰当的方式发挥作用,权力结构和权力控制的存在,对大学的良性运行可能也具有某种建设性意义。

在大学知识场域中,不同的知识人在权力结构中所处的位置是不同的。资历尚浅的知识人在知识劳动过程中往往处于某种从属性、被支配性角色位置。处于弱势位置的知识人与处于强势位置的知识人之间存在一种不对等的权力关系,这种权力的不对等关系根植于两者之间在知识资本的持有以及知识权力的占有上的差异,因而被默认地接受。被支配者代理支配者执行具体的知识劳动,支配者作为知识代言人,分享了经由知识劳动所获得的各种利益,某种程度上这也是知识劳动当中的劳动分工与利益共享。在这个过程中,权力和利益的分配不一定是平均的,但利益共享使得这种支配关系得以维系。知识权力的持有者本身即脱胎于知识群体,然而他们一旦占据了某种位置并获得附着在那个位置上的权力时,他们就脱离了原来的群体,成了权力的代言人和代理人,并代表权力机构表达话语、代理权力机构行使权力。成为权力代言人和代理人之后,他们具有了原来同伴所不具有的身份和权力,为了将自己区分于原来和自己一样的同伴,他们可能会在他们与原来的同伴之间制造一种边界、鸿沟,构筑起场域的阶层结构,否则他们的权力的控制性和支配性可能会被削弱。在知识权力的执行过程中,知识权力有时会被异化为一种强制性的"暴力",因为强制性暴力有时能够更便捷地将权力贯彻下去,并能更迅速地达成权力想要达成的目的和效果。"强制"之中彰显着权力,它使得权力跨越了"需要"(陈建华,2006)。正因为权力具有超强规制力,因而可以让他者在自身不需要、不想要的情况下也必须执行权力的要求而进行某种活动或者不得进行某种活动。换言之,强制性暴力有时候不考虑被控制者和被支配者的诉求而强制地执行权力,不给予讨论与协商的空间和余地。然而,过于刚性地施展知识权力可能会遭遇知识人的某种抵抗。因而,有时候以"暴力"的形式替代理性的形式施展权力可能会产生一系列副作用,这种副作用长久地积累可能会成为变革场域结构与秩序的某种动力或者破坏力。在大学知识场域中,知识权力的"暴力"是一种隐性的、柔和的"暴力",它无须借助个体之间的身体对抗或者高强度的张力便可得到执行,因而这种隐性的、柔和的"暴力"更容易不受抵制地贯彻下去。被知识权力控制、宰制和支配的知识人或许感知到了这种控制、宰制和支配的存在,但他们不一定会否定这种控制、宰制和支配,他们可能会接受这种控制、宰制和支配的存在,并希望自己成为这种控制权、宰制权和支配权的持有者。许多知识人深谙游戏规则,且积极地依循游戏规则施展行动从而积累自己的知识资本,并借由资本换取位置和权力,以协助自己更好地在场域中参与资本的争夺。这一过程客观上驱动了大学知识场域不断地运行,假如知识人时时刻刻解构知识权力的控制、宰制和支配,那么知识场域可能会陷入无序、混乱与停滞。倘若知识人接纳、习得、内化并遵循游戏规则,积极参与知识劳动、生产知识产品,就会不断提升大学知识场域的知识生产力。这正是大学知识场域希望知识人努力的方向。因而,布设名目繁多的知识游戏、设计精细巧妙的游戏规则、建构高度竞争性的环境以制造遵循游戏规则施展自身行动的"顺从"且"高产"的知识劳工,是大学知识场域逻辑系统中的重要环节。

知识权力在知识场域中具有广泛的控制性,但许多非知识性的权力也同样具有强大的控制性,甚至具有比知识权力更强的控制性。在大学知识场域中,有时候知识人的知识话语权受制于管理者的行政管理权力,有时候知识场域中资源分配并非依循知识权力而是依循行政权力。有时候,知识权力也只是其他权力的臣服者。于是,在大学知识场域中盛行"学而优则仕"(孔子,2019:394)——学术成就突出者寻求行政管理职位以谋求掌握更多的资源和权力的可能性。在某种程度上,倘若非知识性要素过度干扰大学知识场域的知识事务,可能会削弱大学知识场域的知识属性,并可能会异化知识劳动,继而可能会对大学知识场域的良性运行造成某种阻滞。

第五章
堡垒构筑：大学知识场域的排斥

大学知识场域具有某种排斥性，它通过一套制度化的程序筛选了那些具有它所青睐的那种惯习的个体，并排斥了那些不具有这种惯习的个体。通过制度化程序的筛选而得以进入大学知识场域的知识人具有某些方面同质性的知识惯习，在大学知识场域中开展知识劳动以及过知识生活维系并强化了这种知识惯习。在大学知识场域内部，各个知识领地通过构筑自身的边界和围墙以对其他知识领地的知识人进行排斥，从而守卫各自知识领地的权益，防止其他领地的知识人对本知识领地的侵入。基于惯习筛选和领地镇守，大学知识场域既建构了外部排斥也建构了内部排斥，从而为知识人的知识劳动和知识生活建构了一个庇护空间。知识人在大学所建构的庇护空间中过的是一种与世俗生活的日常实践具有不同性质的知识生活与精神实践。在某种程度上，大学知识场域的排斥性塑造了其封闭性，即使不存在有形的围墙，大学的封闭性依然存在。某种程度上,这种排斥性和封闭性是维护知识人的知识劳动与知识生活的必要保障,同时也为大学对知识人施展隐蔽且温和的规训制造了所需的特定环境。

一、知识场域中的惯习筛选

(一) 惯习筛选

大学知识场域的排斥性首先是建立在对特定惯习的筛选的基础之上的,惯习筛选的过程建基于大学通过一系列制度程序选拔了它所认可的那些人,这些人身上在一定程度上具备了大学所崇尚的和期待的那种惯习,即一套特定的性情倾向系统。而那些被大学选拔机制所排斥的人在一定程度上则不具有大学所崇尚的那种惯习。在某种程度上,"确立大学地位更为重要的因素,是这样一种信念,即,大学选拔和发展了拥有合适的道德情操和精神品质的人才"(克里尚·库马尔,2014:47)。大学在筛选和塑造特定的人时,实质上是在筛选和塑造特定的惯习。大学的一套具体的制度性选拔机制,比如学生选拔和教师招聘,表面上是对个体所展示出来的知识产品(比如考试成绩、学术成果等)的考量,但实质上是通过对知识产品的考量从而在隐匿性的层面筛选出了那套匹配了知识劳动和知识生活的知识惯习。某种程度上,那些创造了丰硕知识产品的个体具备某种适合知识劳动的知识惯习,或者说具备了这样一套知识惯习才能在知识劳动中创造丰硕的知识产品并成功进入大学知识场域从事知识劳动并过知识生活。因而,依托于个体所展示出来的知识产品进行的筛选实质上是筛选了匹配知识场域的一套特定的知识惯习。这套知识惯习的塑造需要依托于特定的知识环境,因而对知识惯习的筛选实际上也是对知识人早先的生长环境和教育经历的一种筛选。有学者指出,谁能上大学以及上哪所大学,与继承"特权"和延续阶层区隔(class distinctions)具有重要联系(Ornstein,2019)。雅克·韦尔热指出,中世纪大学的封闭性首先体现在"排斥贫穷",上大学需要缴纳各种费用,贫困学生则被排斥到短期和低级的学习当中(雅克·韦尔热,2007:141-142)。现代大学通过各种制度创设已经极大地削弱了对经济贫穷的某种显性或隐性的排斥,但大学在某种程度上仍然可能存在对知识上的"贫穷"的排斥,当知识成为一种货币资本的时候,缺乏知识的人可能就变成了某种意义上的"穷人"。能够成功通过大学筛选机制并进入大学的个体往往在早先的家庭环境与教育条件中具有一定优势,对于进入精英大学的学生而言可能更是如此。布迪厄等人的"再生产"理论对此作了深入的阐释,从"再生产"的理论学说中可以看到,处于社会结构底层的个体的家庭文化往往与学校所倡导的知识性文化存在一定的距离(或者说距离较远),因而他们早先的成长经

第五章　堡垒构筑：大学知识场域的排斥

历和教育经历可能不利于塑造大学知识场域所崇尚的那种知识惯习,由此,他们在面对大学的筛选机制时可能存在某些劣势。阿普尔指出,由于学校保存和分配"合法化知识"(所有人都须拥有的知识),因而学校为特定群体的知识赋予了文化的合法性(迈克尔·W·阿普尔,2001：73)。特定团体的知识才能成为官方知识,并非每个人都有"权利"将他们的知识公之于众(迈克尔·阿普尔,2004：66-67)。而且,学校所借诸传递"合法"知识的教科书的编制并非由"社会"完成的,而是由一些特殊群体完成的(阿普尔,克丽斯蒂安-史密斯,2005：4,29)。换言之,学校实际上是将特定群体的知识以及特定群体的知识偏好转变为社会公众所需掌握的知识和知识偏好,来自这个特定群体的学生可能会在学校文化中获得更强的文化适应。相对而言,精英阶层家庭的文化情境与社会主流文化更具亲和性也与学校文化更具亲和性,因而精英家庭子女的成长经历更可能助力他们塑造出大学知识场域所崇尚的那套知识惯习,因而他们在面对大学的筛选机制时更有可能取得成功。阿普尔指出：

"中产阶级的父母在这种文化积累中处于最有利地位,不仅像我们看到的,是因为学校挑选出了他们……在学校和它的行动者中所期望的历史上积累下来的惯习和更加富裕父母的惯习之间是相匹配的"(迈克尔·W·阿普尔,2008b：69-70)。

然而,精英阶层承认社会中特定群体存在某些劣势,却不承认自己在同一制度体系中所具有的优势(Warikoo,Fuhr,2014)。实际上,社会优势阶层家庭子女从小就被灌输教育的重要性,父母反复培养他们的纪律和毅力以便在学校里取得好成绩,为了确保学业成功,家长们付出了诸多努力,比如送子女去上私人补习班或者特制的课程以弥补学校没有提供或者无法提供的教育(Sin,2009)。此外,由于特定教育对家庭的经济资本、文化资本和社会资本等具有较高要求,因而就在无形中把具有这些资本的家庭子女筛选出来以纳入这种教育场域,而将不具有这些条件的家庭子女排斥在外面,他们可能连入场的机会都没有。例如,Flisbäck(2014)指出,从事艺术职业是一种高风险的尝试,在艺术场域中,只有在少数情况下,高投资能带来可观的回报,在瑞典,专业艺术家通常都接受过长期的教育,尽管他们在教育资本上投入了大量资金,但他们在劳动力市场上的地位并不稳定,可能会面临高失业率和低收入的困境。这在无形中就把许多不具有艺术投资能力或者无法承担风险的家庭及其子女排斥在艺术场域之外了,他们可能根本不会进入这个场域。有时候,在面对获取某种教育的可能性以及接受此种教育带来特定回报的可能性和所需承担的风险时,优势家庭与弱势家庭可能会存在不同的认知、权衡和选择,这种认知、权衡和选择的差异往往根植于他们所具有的文化资本、经济资本、社会资本等方面的区别,资本给人制造了不同的期望和可能性,占有各类资本的多寡往

第五章 堡垒构筑：大学知识场域的排斥

往导向了不同的认知和选择以及相应的行动和结果。某种程度上，弱势家庭在面对教育筛选时，有时候可能会存在自我淘汰和自我排斥——自己将自己拒之门外。然而，虽然精英家庭在对子女的教育中的确投入巨大，但精英家庭子女之所以更可能成功地通过大学的筛选机制，可能不只有其家庭投入这一方面的因素，可能大学的这套筛选机制或者说游戏规则对他们更为有利，但这层逻辑是相对隐匿的，不容易被识别出来。许多教育工作者和政策制定者认为中产阶级的行动本身就是有价值的，而不是关注游戏规则如何在诸多行动中优待了某些行动（Lareau, Evans, Yee, 2016）。教育筛选的游戏规则对特定阶层的某种"偏爱"被深深地隐匿起来，并以客观公正的形象出现在公众面前（有时也通过某种话术让游戏规则显得客观公正、让公众相信游戏规则的客观公正）。某种程度上，中上阶层在子女教育上所做出的各种努力与教育场域中的游戏规则所奖赏的行动更为匹配，因而他们的子女在教育上可能更容易获得成功。优势阶层所掌握的各种资源、机会等优势可能会通过各种方式转化为其子女的教育优势，相对而言，弱势阶层子女则面临诸多资源和机会上的劣势及困难。大学知识场域中特定的文化氛围、文化偏好、能力偏好、惯习偏好等（这些偏好会在大学的学生选拔、教师招聘、学术评奖等环节中显性或隐性地呈现出来），可能会给一些个体带来比他人更多的困难和挑战。实际上，在促进更多的人获得更好的发展方面,大学需要做的还有很多。

大学知识场域所崇尚的那套知识惯习并非短时间内便可轻易地塑造出来的,而是需要在特定的知识情境中长期生活、长期实践,才能逐步建构起来。品位(taste)是通过实际行动而发生作用的,并非通过意识调节来控制的(Lizardo,2014)。也就是说,品位不是凭空产生的,也不是短时间内便可制造出来或者伪装出来的,个体只有在特定环境中长期实践才能建构某种品位、趣味或惯习。生长于文化浓厚的家庭的个体往往更有可能培养出对知识和文化的某种偏好,并在大学的筛选机制中呈现出这种惯习,从而获得某种竞争优势。因而,从这个层面来看,惯习筛选实际上不是在大学筛选环节才开始,而是在个体的人生早期便已经在隐匿性地展开了。成功进入大学知识场域并获得存在的合法性以及开展知识劳动的合法性的知识人,无论是学生还是教师,都在某种程度上具备了这样一套匹配了精神实践、知识劳动和知识生活的知识惯习或者这套知识惯习中的某些部分。这套知识惯习可能反映在知识人身上表现出来的独立、安静、忍受枯燥和孤独、具有精神上的耐力等特征。实际上,"学校文化在致力于构建一个'学校化'的身体,它使身体处处体现出一种'学校化'的特征,使我们可以从众多的身体中分辨出'学校化'身体的与众不同"(周宗伟,2006:95)。大学是一个特殊的知识场域,具有其特定的文化气质,从某个层面来看,可能具有一定程度的"象牙塔"品质,选择进入大学并经过选拔得以进入大学从事知识劳动的知识人,在一定程度上可能具有从事知识劳动的那种求知与求真的品性以及精神上和思维上的韧性与耐力。这类知识人匹配了大学的知识惯习也强化了大学知识场域的这套知识惯习。换言之,知识人本身所携带的特质以及从事知识劳动并过知识生活和精神生活所需要的特定风格共同塑造了大学所具有的特定文化气质。某种程度上,大学知识场域的气质和惯习是由知识人的气质和惯习塑造起来的。选择进入大学并经过选拔得以进入大学的知识人已经在一定程度上具备了这套惯习的某些要素,而在大学知识场域中长期从事知识劳动和精神实践以及过知识生活则进一步维系并强化了这样一套知识惯习。

(二) 惯习强化

大学知识场域正是通过一系列制度与程序筛选并强化了特定的一套惯习,这套惯习匹配于知识劳动和知识生活,是从事知识劳动以及过知识生活所需要的一种惯习。因而,大学实际上选拔了特定惯习的同时也排斥了另外一些惯习,并维系了知识场域特定的那套惯习,维系了知识人所崇尚的那种知识生活方式。那些被大学知识场域所排斥的惯习可能不匹配于知识劳动和知识生活,不被知识场域所崇尚,因而在大学知识场域的筛选机制中不受青睐。不过,这种排斥不完全是直接基于人们所具有的惯习,某种程度上是基于他们的惯习转化为他们在知识劳动与知识游戏中的表现。某种程度上,个体身上所具有的一套惯习系统不完全是个体自我生产出来的,而是由特定的家庭经济资本、文化资本和社会资本以及特定的生存环境与教育条件共同塑造出来的,家庭所掌握的各种资源在其中发挥重要影响。某种程度上,来自社会弱势阶层家庭的子女相对而言可能更不易具备形塑匹配知识场域所崇尚的那种知识惯习的资源、环境和条件,因而可能更易在知识场域的各类知识游戏中遭遇失败,不易通过制度化的选拔机制而进入大学尤其是精英大学;而那些来自社会优势阶层家庭的子女所拥有的资源和机会使其在其成长环境与教育环境中可能更具备形塑大学知识场域所崇尚的知识惯习的可能性,因而更可能在学校教育中取得成功并顺利通过大学的筛选机制进入大学知识场域。在实际情境中,在精英大学里,有很大比例的学生来自社会中上阶层家庭,某种程度上他们更容易适应大学场域中的文化氛围,因为这种文化氛围与他们所成长的那个文化氛围具有某种亲和性,而且,他们相对丰厚的家庭文化资本、经济资本、社会资本等也使得他们对大学场域中的游戏和游戏规则更为谙熟;相对而言,来自社会弱势阶层家庭的学生在大学场域中则更可能面临文化上的适应困境,对大学场域的游戏和游戏规则也可能更为陌生和木然,他们的成长环境和教育条件为他们形塑的一套惯习可能让他们在大学场域中体验到的是某种局促感和局外感,他们在大学场域中长久浸

第五章 堡垒构筑：大学知识场域的排斥

染之后，或将经历某种程度上的惯习重塑。在某种程度上，家庭、学校以及个体自身等多方面的因素共同塑造或重塑着这种惯习，并为个体在面对大学知识场域的筛选时带来优势或劣势。这种以一套合法性的制度程序对个体进行筛选，表面上是在以知识产品为基础进行筛选，实质上则是对特定惯习的筛选。因而，进入大学尤其是具有较高选拔性的精英大学的个体与被大学所排斥的个体之间所具有的惯习可能存在某些差异。当然，这是一种笼统的阐述，并不是绝对的。从某种层面来看，进入同一场域中的个体具有某种同质性的惯习。惯习截然不同的两个群体可能不会在同一个场域中存在和遭遇。在某种程度上，大学知识场域开展的是一种知识劳动和精神实践，它不同于体力劳作和物质实践，因而它的筛选机制倾向于把具有从事知识劳动和精神实践的惯习、能力和潜力的个体纳入进来，而将不具有这种惯习、能力和潜力的个体排斥在外，从而将大学建构为特定群体从事特定劳动的空间，即知识人从事知识劳动的空间。然而，需要强调的是，这是一种相对整体层面上的阐述，并非在说惯习是决定性的或者固定不变的，并非在说具备某惯习则能进入大学知识场域、不具备这种惯习则无法入内。这不是绝对化的，也不是决定论的。事实上，惯习或者能力，都是可变的、在变的、可重塑的、在重塑的，因而可以说，在某种程度上，每个人都具备进入大学知识场域开展知识劳动并过知识生活的潜力、机会与可能性。可以说，人生下来并不是机械地等待着被裁决、被规制、被挑选或者被排斥的物品,人的可塑性是被广泛承认的,而且这种可塑性在某种程度上贯穿人的一生。那些通过筛选机制进入大学的个体在大学知识场域中长期从事知识劳动与精神实践进一步强化了他们的知识惯习,逐步将他们塑造为特定的知识人。可见,强化了被筛选出来的惯习,既是一个不断塑造这种惯习的过程,也是一个不断再生产知识人的过程。为了进入大学,个体可能会经历一个长期的训练和准备的过程,而且这种训练和准备需遵循大学特定的筛选规则,否则他们无法通过大学的筛选机制。因而,个体在进入大学之前的训练和准备过程中实际上已经在遭受大学的规训和控制,他们朝着大学的筛选规则所奖赏的方向去施展自己的行动、遵照大学的筛选规则去形塑自我,从而将自身打造为大学的筛选规则所青睐的那种人。大学以其特定的规则、标准和机制在引导、控制和规训着那些希望进入大学的个体的行动策略,并引导他们(尤其是那些能够通过大学筛选机制的人)自我塑造为大学所希望的那种人。自个体将进入大学作为目标时起,大学便开始了对他的规训。某种程度上,大学对知识人的规训贯穿了他们进入大学之前、在大学之中以及离开大学之后的整个历程,只是不同阶段规训的内容、方式和强度有所不同。

(三) 惯习排斥

知识场域以知识、知识劳动和知识游戏为运行的核

第五章 堡垒构筑：大学知识场域的排斥

心要素,知识的特性决定了知识场域对特定惯习的筛选。那种不适配于知识劳动和知识生活的惯习会被拒斥,而那种适配于知识劳动和知识生活的惯习会被筛选出来,从而维系了知识场域的特定惯习。知识人在大学知识场域中所加工和生产的"知识"是一种专业性知识,而且有许多是未知的知识,是需要去探索的知识。这种知识的专业性、深奥性、前沿性建构了大学知识场域的排斥性。个体要想进入大学知识场域从事以专业性知识为劳动对象、劳动材料和劳动产品的知识劳动,需要向大学展示其具备从事这种知识劳动的能力与潜力。由此,大学需要建立一套匹配知识场域的制度化的筛选机制对个体进行细致的筛选,方能让具备从事专业性知识劳动和精神实践之能力、潜力与惯习的个体进入大学知识场域。只有经过一套制度程序的筛选,才能遴选出匹配大学知识场域特定惯习的知识人进入知识场域从事知识劳动。因而,大学知识场域实际上是通过这套特定的筛选机制,将具备特定惯习的特定个体筛选出来,并汇聚在大学知识场域当中开展知识劳动以及过一种抽离于日常生活实践的知识生活。大学设置一套制度化的层层筛选机制,在筛选了匹配它的那些个体的同时,势必就排斥了另外一些不匹配它的人,因而这套筛选机制实际上也是一套排斥机制。这套排斥机制基于一种合法化的、制度化的程序排斥了一批人,并维系着一部分人在大学知识场域中开展一种脱离了体力劳作和日常实践的知识劳动与知识生活。从这个角度来看,大学实质上是一个知识人开展知识劳动并过知识生活的空间,而且是一个具有排斥性的空间。由于这种排斥性的存在,也因而使得大学具有一种封闭性。而且选拔性越强的大学,排斥性可能也越强,其内在的封闭性也可能越强。

大学知识场域通过一系列制度化的程序而进行的惯习筛选在某种程度上是一种"显性的排斥",它以一种明确的门槛、标准和准入机制挑选"合格的人"进入这个场域,这套标准是可见的、公开的。其排斥性是建立在专业性知识的基础之上的,对专业性知识的占有和生产是大学排斥性的基础与标准。某种程度上,能够达到相应标准的是那些具有特定知识惯习的知识人,大学知识场域主要面向这部分人开放,它是一个知识人的存在场域。大学通过这种惯习筛选机制从而排斥了不具有这种惯习的人,并建构起一个相对封闭的空间。不过,正如前文所述,这不是绝对化的,也不是决定论的,在某种程度上,每个人都具备进入大学知识场域开展知识劳动并过知识生活的潜力、机会与可能性。在某种程度上,筛选和排斥是大学维系其合法性地位的必要基础,大学如果不能筛选出真正适配于它的人,那就可能会自我弱化,甚至消解自身存在的合法性。如果大学选择的是不适配于知识劳动与知识生活的人以及相应的惯习,那么大学的知识劳动与知识生活可能会衰落。因此,作为知识人从事知识劳动、探究真理的场所,大学或许需要具备一定的排斥性,

第五章 堡垒构筑：大学知识场域的排斥

通过某种制度化程序选择真正适配于它的人。于是大学知识场域筛选了特定的惯习，排斥了另外一些惯习，从而建构起一个由特定群体所组成的封闭的知识空间，维系一种宁静的、脱离日常实践的知识生活，从而区分于社会公众的日常生活实践。实际上，学校是借由围墙而划定出一个特殊的空间进行专门化教学的场所，制度化的学校立足于非日常的生活世界（刘云杉，2000：56）。而且，大学知识场域中的知识人有时候需要制造一套话语体系，将这种远离日常实践的知识生活建构为一种高雅的、有意义的生活方式，从而建构起远离日常实践的知识生活的合法性存在。大学知识场域的知识实践某种程度上是脱离于日常实践的一种特殊实践，这种实践有时候基于一种话语制造从而被赋予特殊的价值与意义（有时候甚至获得某种神圣性），于是具备了在社会中存在并大量消耗社会资源的合法性。而且，这种合法性得到了广泛的承认。

大学通过宣称自己的独特性以及知识劳动与知识生活的独特意义，并通过一套制度化的排斥性程序从而合法地将自身与社会的日常生活实践相区隔，继而为大学以及大学里的知识人所掌握的知识资本制造文化合法性与价值合法性。大学是知识人彰显知识劳动与知识生活的独特性与价值性的场域，在知识场域之外，知识人及其知识劳动与知识生活并不一定适配于日常的生活实践，知识人从知识场域踏入日常生活实践当中可能会略显笨拙，他们在日常生活实践中可能不如社会公众那般如鱼得水，脱离了知识场域，知识人的知识资本对于社会公众的日常生活可能缺乏实际意义；而在知识场域内部，知识人及其知识劳动与知识生活则成了主宰，知识、知识人、知识劳动与知识生活是知识场域的主导性要素，因而相比于在日常实践场域，知识人在知识场域中可能更有如鱼得水之感。因而，某种程度上，知识人要想如鱼得水般地过一种脱离日常实践的知识生活就需要聚焦在知识场域中，并通过一种制度化的方式将知识场域区隔于日常生活场域，以寻求必要的安宁与不受侵扰的环境。通过制度化的排斥机制，大学知识场域实际上被塑造成了一个封闭的知识空间，这种封闭性或许是知识劳动与知识生活的某种保障。知识人在知识场域中争夺的是一种资本，也是一种符号，因而基于知识资本的争夺实际上是对一套符号系统的争夺。掌握了这样一套符号系统，才能具备进入知识场域并进行资源争夺的条件。知识本身在某种程度上是知识人自我消费的物品，知识人以知识为劳动对象，在知识场域中过一种以知识为核心的知识生活，并赋予知识以超强的文化含义和精神含义，从而将知识以及知识生活合法化。因而，本质上，大学虽然存在于社会当中，但无论大学有无实体性的围墙，大学与日常社会始终存在某种程度的区隔，大学知识场域中的知识劳动和知识生活是脱离于日常生活实践的一种特殊的精神实践，大学知识场域则是一个脱离于日常实践的特殊的

第五章 堡垒构筑：大学知识场域的排斥

知识空间,而且这个知识空间存在某种程度的排斥性和封闭性。一群以知识为劳动对象的知识人聚集此处进行着与体力实践不同的精神实践,而他们之所以能够在大学知识场域中存在,首先在于他们具备了过这种知识生活及开展知识劳动与精神实践的知识惯习(这套知识惯习会在知识劳动和知识游戏中以某种直观的、外显的形式呈现出来),并在知识生活、知识劳动和精神实践中进一步强化了这种知识惯习。因而,某种程度上,大学以知识产品为筛选维度和筛选标准所进行的筛选,实质上是筛选了适配于知识劳动与知识生活的一套特定的知识惯习。

大学知识场域的惯习筛选体现的是一种外部排斥,是在大学知识场域的入场处设置了一道关卡以筛选匹配了大学知识场域特定惯习的人并排斥不具有这套惯习的人,继而通过这种惯习的筛选维系了脱离于日常实践的知识劳动与知识生活。大学知识场域通过惯习筛选,实际上筛选了一批具有相似惯习的人,他们之所以能在大学的筛选机制中胜出,某种程度上是因为他们身上所具有的惯习符应了这套筛选机制的偏好与品位。某种程度上,考试成绩、学术成果反映的不只是对知识的掌握程度或知识生产能力,其背后也可能反映知识人对知识劳动本身的偏好度与承受力,即在多大程度上喜好知识劳动或者在多大程度上能够承受知识劳动,这种对知识劳动的偏好度与承受力是知识惯习的某种体现。具备这套符应知识劳动和知识生活的知识惯习的知识人在大学知识场域里高度集中,从而建构、维系并强化了大学知识场域的知识惯习。本质上,无论对于大学知识场域还是对于其他场域而言,特定场域筛选了特定惯习而排斥了另外一些惯习,特定惯习匹配了适合于它的那个场域才能如鱼得水般存在。特定惯习在不适合于它的场域,可能容易遭遇排斥,或者在其中格格不入。

二、知识场域中的领地镇守

(一) 领地镇守

虽然被大学一套特定的筛选机制选拔出来的知识人在一定程度上具有匹配知识场域的惯习,但由于大学知识场域以专业性知识为劳动对象,而专业性知识分布在知识体系中一个个细分的知识领地,因而进入大学知识场域的知识人是在各自细分的知识领地中进行知识劳动并开展精神实践和知识生活。不同类型的知识之间存在差异,这种差异可能会在它们之间制造某种区隔乃至冲突,而且各个知识领地为了自身的发展,它们在大学知识场域中可能会相互竞争合法性存在并争夺一系列资源与权力。某种程度上,专业性知识本身便会通过一系列专业术语等方式划出一道知识边界、构筑一道知识围墙,以标明自身的领地、争取和守卫自己的利益并排斥外来者

第五章 堡垒构筑：大学知识场域的排斥

的入侵。沙姆韦和梅瑟-达维多指出，学科边界的划分具有多重目的，一方面是对学科自身的保护，另一方面也是为了对学科内部成员施展规训：

"当建立界限是保护某学科时，边界就标志着所有者的领土，外人不得擅入，以便跟其他学科划清界线……当界限是用来指导学科规训的执业者时，分门划界就决定要包括哪些方法和理论，哪些要排除，哪些可以引进"（沙姆韦，梅瑟-达维多，1999：22）。

在大学知识场域内部，不同知识领地之间存在一系列争夺，为了守卫自己的利益或者为了争夺更多的利益，各个知识领地会通过一系列策略和方式镇守自己的领地。大学知识场域内部各个细分的知识领地的领地镇守是一种内部排斥，是存在于大学知识场域内部的相互排斥。在大学知识场域中，一个个细分的专业化知识领地通过一系列资本和策略从而构筑知识领地的围墙与藩篱以排斥外来者对本领地利益的侵扰。在大学知识场域中，学科就是一种典型的知识领地，学科之间存在一系列差异：其所探究的问题、所采用的研究方法、所生产的知识、所持有的知识观念乃至整个学科文化都可能存在差异。实际上，学科之间的冲突在很大程度上源于学科之间的文化差异，倘若没有这种差异就不存在冲突（高山，2012）。学科之间的冲突、疏离和分裂在学术领地中客观存在，而且随着研究的深入、细化与专业化，学科之间的分歧和斗争会更为激烈（边国英，2007）。在知识存量较少的时代,知识分野尚不清晰,学科相对综合;当知识生产逐渐加快、知识存量快速增长时,知识分支日渐强大,于是便逐渐从知识主干上分离出来,成为独立的知识领地。因而,在某种程度上,随着知识的增长,学科细分会被强化,学科之间的分野会被强化。倘若学科组织形式发生了改变,那么意味着学术劳动力的训练和生产以及学科的认同都会发生改变,学科知识本身也会发生改变(O'Connor,Yates,2014)。可见,知识增长与学科分化可能会对学科和知识本身带来一系列影响。而且,知识的发展使得人们难以学习和研究所有事物,而是只能在越来越窄的学科领域中开展特定的研究(黄福涛,2008:131)。对于教师而言,科研能够提高他们的专业化水平,而且科研领域的细化将进一步推进教师的专业化(亚瑟·科恩,2010:118)。于是,可能会加剧不同研究领域的教师之间的学术分野。Mourad(2018)指出,虽然大学通常会鼓励跨学科的合作,然而大学的组织结构实际上建基于既存的学科和专业领域,将研究者置于一个有着共同研究主题的组织单元中能够提高研究的效率,部分原因在于通过分享观点以及相互支持对研究有所助益,然而更为重要的或许是此种设置能够促进研究者们为追求学术成就而展开竞争,从而提高研究绩效。不同学科对有限资源展开竞争可能会加剧学科之间的冲突,例如,在跨学科的学术组织当中,不同学科由于争夺学术资源而会引发权力与文化的冲突(章宁,俞青,2016)。在大学

第五章 堡垒构筑：大学知识场域的排斥

知识场域中,获得较多资源的学科可能会获得更好的发展并继而在资源的争夺中取得进一步的优势,而获得较少资源的学科的知识生产能力可能会被削弱,于是其资源配给可能会被进一步削减。而且,特定学科的文化地位可能会出于内部或外部的原因而随着时间的推移出现升高或降低的变化(Blair,2008)。知识领地之间的资源争夺就像是一个马太效应的过程,镇守各自的领地边界,维护自身存在的合法性并获取资源是学科生存的重要策略,也是生存于其中的知识人的奋斗目标之一。知识人在大学知识场域中的存在依托于特定学科,置身于特定知识领地,假如他们所赖以生存的知识领地被裁撤、被瓦解,那么他们可能就难以在特定的大学知识场域中存在了,需要另寻其他栖身之所。可见,镇守知识领地事关知识人在大学知识场域中的生存,生存是知识人的头等大事。

特定知识领地常常通过一系列专业术语和专业符号的制造将自身所持有的和所生产的知识进行不断地专业化,并通过一系列话语制造,将这些专业化知识不断地进行合法化,以创造并提升这些知识的地位、价值以及合法性和效力。通过这一系列策略和方式,特定的知识领地一方面排斥了非本领地的知识人对本领地的介入或者至少让外来者的介入变得困难,另一方面则提升了本领地的知识在知识场域以及在更大的场域中的地位、价值以及合法性和效力,从而建构起相对于其他知识领地所持有的和所生产的那类知识的相对优势,继而在一系列利益的竞争中获得更多的竞争优势。从这个层面来看,大学知识场域内部各个知识领地的领地镇守以专业性为基础并以获取各种利益为目的。某种程度上,各个知识领地都试图提升其知识的专业性从而提高本领地的准入门槛,这实际上是各知识领地的一种生存之道,也是一种竞争策略和排斥策略。倘若某个知识领地完全不具有专业性和排他性以及与其他知识领地的差异性和区隔性,那么它可能很容易遭受其他领地的知识人的入侵,也可能很容易丧失自身存在的合法性以及价值与效力。因而,基于知识的专业化、差异化、排他化以划定边界、构筑城墙、制造区隔,是知识领地守卫自身的生存利益的某种理性策略,由此也使得各个知识领地之间可能存在封闭、排斥与区隔。

"领地镇守"既是一种排斥的策略,也是一种排斥的结果。特定知识领地通过一系列策略制造了与其他知识领地的一种区隔,将其他知识领地的知识人阻隔在外面,由此制造了一种排他性。因而,这种"区隔"既是手段也是目的、既是过程也是结果。"领地镇守"在某种程度上制造了知识领地的排斥性与封闭性,知识领地的专业性越强、准入门槛越高,其在知识场域中的地位也可能越高,并制造出某种"优越性"。某种程度上,在大学知识场域中,学科之间可能存在某种"仰视"和"轻视",并可能存在某种"优越"与"卑微"的学科心理。在大学知识场域中,特定的知识领地通过超强的专业化建立坚固的围墙和较高的门槛,试图进入该知识领地的知识人先要证明自身的资格。入场的条件要求越高,可能越能使该知识领地显得"高贵"和"优越",从而制造出该知识领地更高的地位、更大的价值与效力以及更强的合法性。因而,在某种程度上,特定的知识领地想方设法为本领地的知识制造出专业性正是为了制造出相对于其他知识领地的门槛、排斥性和优越性,从而在结构化的大学知识场域中获得优势位置并在对资本和权力的争夺中取得竞争优势。除了专业性之外,市场价值、商业价值也是现代大学知识场域中学科地位划分的重要依据,具有较高市场价值、商业价值的学科及其知识、知识人、知识劳动、知识产品在大学知识场域中可能会获得更高的认可度和地位以及资源、权力和发展空间。在大学知识场域中,学科之间的地位区分或许一直存在,只是在不同地区、不同时期、不同大学,学科之间的地位区分的呈现方式不同、表现程度不同。然而,无论以何种方式制造的学科地位区分,一旦这种地位格局建构起来,某种程度上便会在不同学科之间制造出某种张力。抑或学科之间在资源、权力、话语、发展空间等方面的争夺推动了学科之间地位格局的建构,学科地位格局的建构既是学科之间的张力与争夺的原因也是其结果。因而,在大学知识场域中,以学科为代表的知识领地会通过各种策略镇守各自领地的资源、权利、权力以及各种利益,不同学科或者不同知识领地之间存在显性的或隐性的等各种形式的排斥与争夺。

特定的知识领地具有特定的文化和话语,有时候可能会对其他知识领地存在某种偏见,这种偏见隐匿着某种排斥。例如,倘若某个研究者基于其特定的话语规则认为质性的数据"不精确",那么他就不会认为质性研究是"好的"研究(Olsson,2007)。因而,当他对这种类型的研究成果进行评判时,可能会先入为主地带入一定的偏见。这种偏见不仅存在于不同学科的学者之间,也可能存在于同一学科的学者之间。黛安娜·克兰指出,一个研究领域中多产的、优秀的科学家也可能会抵制新的发展趋势:"他们倾向于保卫自己的思想而拒绝新来者提出的思想。有时他们轻视新思想,不把它们看作是真正的新东西"(黛安娜·克兰,1988:34)。

有时候,一个学科中出现某种新的发展趋势、新的研究领域和新的研究方向,可能会使得传统的研究方向失去热度和关注度以及资源和利益,那些已经在传统的研究方向上积累起来的知识人,一方面可能占据了该领域的优势位置和丰厚的资源不愿转移到新的研究方向,另一方面也可能由于能力、精力、条件等多种现实因素的制约难以转移到新的研究方向,于是他们可能会采取某种策略或显性或隐性地"抵制"新的发展趋势以守卫自己的领地和利益。那些在大学知识场域中具有超强专业性的知识领地,其他知识领地的知识人往往难以介入其中,高度专业化的知识领地掌握了特定的知识话语权,并建构

第五章 堡垒构筑:大学知识场域的排斥

起自己的利益范畴。而那些专业性相对较弱的知识领地,则比较容易被其他领地的知识人介入,其他领地的知识人或能比较容易地介入该领地的知识劳动并生产知识产品或者能够比较容易地对该领地的知识劳动和知识产品发表评论或发表意见,于是该知识领地就难以将其他领地的知识人排斥在外,该知识领地的知识人的利益可能较容易被入侵。从而使得该知识领地及其知识人和知识劳动在大学知识场域中的地位与话语权被弱化。换言之,倘若其他知识领地的知识人能轻而易举地侵入这个知识领地,能轻而易举地介入这个知识领地的知识劳动,那么这个知识领地的地位可能会遭到削弱、利益可能会遭到侵占,甚至陷入生存危机。建构专业性,是知识领地守卫自身生存权的重要凭借,因而各个学科都有强化自身专业性的倾向,这是守卫自身的生存与地位的某种命脉。学科的排斥性与封闭性可能有碍于学科之间的交叉、融合与协作,对知识领地的镇守以及对其他知识领地的排斥可能会给大学的知识劳动带来某种消极性,但这种排斥也可能具有某种积极意义。例如,学科之间的区隔能够保护在特定环境中被视为地位较低的学科,以避免这些弱势地位的学科遭受强势地位学科的侵扰和控制,而且,在对特定研究主题和方法具有强烈的文化偏见时,学科区隔也具有保护认知多元化的作用(Blair,2008)。因而,学科之间的排斥与区隔并不一定是消极的,也不完全是一种学科对抗,它也可能是对学科的一种保护,尤其是对弱势学科的一种保护。从这个层面来看,知识领地的领地镇守以及对外排斥是自我保护的一种策略,如果特定知识领地完全放弃这种排斥和区隔以及放弃制造专业性和排斥性的努力,那么就有可能会丧失自身的知识话语权与合法性地位以及一系列利益,甚至危及自身的生存。

(二) 专业强化

在大学知识场域中,不同知识领地的知识人通过各种话语的制造与表达从而建构自身所掌握的知识及所从事的知识劳动的合法性与价值意义,由此也确立了自身在大学知识场域中存在的合法性与价值意义。有时候,知识人不仅宣称自身所掌握的知识的合法性与价值意义,同时通过否定其他知识的合法性与价值意义,从而提高自身所持有的知识的地位、价值和效力,并由此在与其他知识人进行资本和权力的争夺时获得竞争优势。领地镇守需要将自己所在的知识社群与其他知识社群区分开来,将自己所在的知识团队与其他知识团队区分开来,从而实现对话语权的精确控制,继而为竞取一系列利益创造条件。专业性越强的知识领地可能越具有排斥性,以排斥其他知识领地及知识人,从而竞得更多的资源和权力。大学知识场域内部不同知识领地借助知识的专业性对其他知识领地及知识人进行排斥,以保护自身的知识领地的合法性和利益。特定知识领地所建构起来的一套

第五章 堡垒构筑：大学知识场域的排斥

专门术语和专业概念成为排斥的一种手段，对一系列专门术语和专业概念的掌握程度将知识人进行分类和分层，并进行身份界分，即区分特定知识领地的"自己人"与"外人"，未能掌握特定学科的专门术语和专业概念可能就难以介入该学科领域的知识劳动和知识游戏。例如，社会科学和人文学科中的社会建构与知识分层依赖于符号识别机制（symbolic recognition）（Schögler，2018）。对专门化的概念、术语、理论、方法、知识的掌握成为各个知识领地区分"自己人"和"非自己人"的一套"暗语"，同时也是同处一个知识领地的知识人开展对话的基本凭借。而且，这套符号系统还可以随知识的细分而不断地细分下去，可以细分到单个知识人制造出自己独特的术语，从而展示出自己在某个细分知识领地中的专业性，从而维护自身在该知识领地中的合法性地位以及一系列利益。正如兰德尔·柯林斯所指出的：

"学校是个在学习上效率很低的地方。管理和专业岗位中所需的技能大多是在工作中学到的，而商学院和专业学院之所以要求学生完成漫长的课程，很大程度上是为了提高这些职业的地位，在业内人士与门外汉之间制造社会化的障碍"（兰德尔·柯林斯，2018：30）。

通过制度化和专业化的学校教育为特定的人群装配一套区分于普通公众的资历、身份和标签，从而为他们匹配到特定的职位和地位。倘若单纯从岗位技能去评判，接受过学校教育的人士未必胜过未接受过这类教育的人。专门化教育所赋予的标签有时候能够为特定群体提供排他性的优势,在某种程度上,这是由于专业获得了国家的撑腰而为其成员构建了集体性的权威(兰德尔·柯林斯,2018:226)。例如,由国家颁发或者受国家认可的学历文凭、资格证书赋予了其持有者某种权威性。当然,人们需要接受严格的知识训练、考核与评审才能获得文凭和证书及其背后的权威性。在高等教育走向大众化和普及化的时代,入学机会急剧增长、文凭数量极大膨胀,这使得文凭本身的效力被削弱,尤其是当获取知识以及生产知识的门槛逐渐降低之时,要想通过专门化知识而获得排他性优势则需要在知识掌握中变得更加深入化和专业化。克拉克·克尔指出:

"由于知识变得更加普及,从事知识探究的个人,他们的身份将更加可以通过他们所了解的东西和他们了解的深刻程度来确定……知识的历史也是专门化的历史"(克拉克·克尔,2001:17)。

通过知识的专业性而进行的排斥是一种隐匿的、温和的排斥,并且容易得到知识场域中知识人的默认。强势学科以其知识本身的超强专业性而将其他知识人排斥在外,使得他们的知识领地犹如建构起了坚固的堡垒,能够抵抗一系列攻击和侵袭,并始终具有超强的合法性。而许多弱势学科由于缺乏超强的专业性,有时候难以排斥外来者的介入,由于比较容易被介入,因而这些知识领地往往难以获得超强的地位。弱势学科有时候需要通过话语制造,将自身所掌握的知识的价值与意义合法化,从而维护自身存在的合法性,并形成对强势学科的一种反排斥力量。有的知识领地及其知识人不断地制造话语进行自我意义化、自我神圣化,以提高自身知识的地位、价值和意义,这种自我神圣化有时候需借助知识威权的力量赋予自身所掌握的知识以超强的合法性,从而将自身与他人区分开来,并占据相应的资源与权力。于是,那些缺乏自身独特的理论体系、概念体系、术语体系、方法体系、工具体系等专门化符号的知识领地容易在知识场域中被"轻视",其地位和话语权容易被削弱,其存在的合法性也容易遭到质疑。

然而,虽然知识的专业性在一定程度上能够赋予其排斥他者的有力凭借,但专业性也可能会导向一种自我束缚、自我禁锢和自我封闭。专业性的建构既可以排斥专业外主体对本专业领域的资源的争夺,同时也可能会制造出一种自我封闭,将自身束缚在、禁锢在狭小的空间当中,使得自身的资源边界难以有效拓展。而且,沉浸在专业性知识领地当中,可能会限制知识人的认知视野,因而专业性知识赋予知识人以守卫自身利益的力量时,也可能对知识人施展了某种规训和控制,将他们塑造为特定知识领地的知识人。专业化程度越高的学科,或许为知识人提供的庇护也越强,学科规训的程度可能也越高,在知识人的身体上和精神上以及思维上、言语上、行为上烙下的学科烙印可能也越深,对知识人的禁锢可能也越加严密。当大学知识场域中不断制造出来的话语倾向于认同学科交叉,赋予交叉学科以较高的认可度、重要性与合法性,并为之配置一系列资源和权力的时候,学科之间的互动关系可能会出现新的逻辑。学科之间并非一定是零和博弈的关系,在某种情境下,学科之间的协同与合作有可能创造出更多的利益,从而形成互利共赢的局面。在复杂的现实情境中,人们所面对的现实问题往往并非对应特定的学科,可能需要通过不同学科领域的相互协作、相互整合方能解决现实问题。现代大学倡导学科交叉与学科融合,但不同学科或者不同知识领地之间或显性或隐性的排斥与区隔或许会成为这种交叉融合的某种阻力。

(三) 知识城堡

实际上,在大学知识场域内部,不同知识领地本身就不是紧密地联系在一起的,许多知识领地之间存在的是松散的联系甚至没有实质性联系。不同知识领地所建构起来的"知识城堡"散落在大学内部,这些知识城堡只是共同隶属于一所大学,它们之间本身并不一定有着实质性的联系。大学就是由这样一群相互之间关联松散的知识城堡所组合而成的。各个知识城堡城墙高筑、城门紧闭,还有深深的护城河在周围护卫着,并通过层层防护以守卫自己的领地和利益,其他知识城堡的知识人很难入侵进来。知识城堡的构筑以及相互之间松散的联系加剧了不同知识领地之间的排斥。知识领地的松散联系以及领地之间的排斥性强化了知识人的知识劳动与知识生活的封闭性,并制造出大学知识场域中知识空间的结构性。在这个具有结构性的知识空间当中,不同知识具有高低不同的位置,进入不同知识领地的知识人相应地具有高低不同的位置,由此建构出知识场域中主流与边缘的界分,有的知识领地和知识人成为知识场域中的主流者角色,有的则是知识场域中的边缘者角色。主流者掌握着知识场域中主要的资源和话语权,甚至还掌握着分配资源的权力以及分配权力的权力。占据主流地位的知识领地和知识人越是占据着更多的资源和权力,可能就越是具有排斥其他知识领地和知识人的倾向。他们既要守卫自己的利益和权力,也要守卫自己分配利益的权力和分配权力的权力,而且他们还牢牢掌控着知识场域中主要的游戏规则。越是边缘化的知识领地和知识人可能越难以获得话语权,也越难以在游戏规则的制定与修改中发出有力的声音,因而也就越难以守卫自己的利益。有时候,这样的知识领地常常处于被排斥的边缘,而且作为一个由诸多不同知识领地松散联系起来的知识场域,裁撤一个边缘化的知识领地对大学知识场域整体运行可能不会造成根本性的影响,甚至毫无影响。于是这类边缘化的知识领地就更容易被排斥、被边缘化,相应地,从事这类知识劳动的知识人也就更容易被排斥、被边缘化。不同学科在不同大学里的角色地位是不同的,某学科在某大学里可能是边缘者,但在另一所大学里可能是主流者。因而,学科知识的角色地位也与特定大学有关。然而,在整个社会场域中,学科知识的角色地位存在一个整体的界分,这种整体界分有时在所有大学当中都适用。比如,某些学科在整个社会中处于受认可的地位,其在大学里也通常处于受认可的地位,类似于"热门学科"与"冷门学科"的界分。某种程度上,学科知识的地位界分不仅与知识本身的性质有关,同时也反映了时代特征、社会需求以及社会运行的某种逻辑,此外,也反映了权力的逻辑,知识与权力的亲密性使得二者之间往往相互依存。学科知识的地位格局,也会转嫁为知识人的地位格局,从事某学科领域的知识劳动便与相应的学科领域高度捆绑、荣辱与共。因而,守卫自身所依存的学科领地是知识人寻求生存的理性策略。

在社会场域中,不同的经济资本、文化资本和社会资本等要素塑造了不同阶层不同的消费方式和生活方式,并在优势阶层和弱势阶层之间构筑了一种区隔。优势阶层掌握着较为丰厚的经济资本、文化资本和社会资本,他们凭借经济资本、文化资本和社会资本的优势从而过着弱势阶层群体无法过上的甚至是无法想象的生活方式。而且,优势阶层还掌握着话语权和符号的生产,他们有能力通过一系列话语的生产和传播从而将自身所持有的消费方式和生活方式界定为高级的、高雅的消费方式和生活方式,并将这种话语上升为公众的认知,从而建构起一个物质的和精神的层次结构,在这个层次结构中,优势阶层在物质上和精神上都被建构为结构的上端。与之类似,在大学知识场域中,各个知识领地通过其所占有的专业性知识建构起一道道边界和围墙并对其他知识领地进行排斥,从而建构起一个具有结构性的知识空间。那种高度专业化的知识顺理成章地占据了这个空间中的较高位置,并掌握着更多的资源、利益和话语权。于是在大学知识场域中,不同知识领地基于其专业性的强弱、在知识场域空间结构中的位置的高低以及所占据的资源的多寡和话语权的强弱而进行相互排斥,并形成一系列的、一层层的"轻视"。处于知识场域中心位置的知识及知识人可能会"轻视"处于知识场域边缘的知识及知识人,这种"轻视"加剧了大学知识场域内部不同知识领地之间的排斥与封闭。实际上,排斥本身就已构筑了一道藩篱将自己封闭在内。

在大学知识场域中,知识领地之间的相互排斥制造了不同知识在知识场域中的不同地位,并形塑了知识场域中知识资本和知识权力的再生产。某个知识领地越能将其他知识领地排斥在对资源和权力的争夺之外,就越能掌握知识场域中更多的知识资本和知识权力。实际上,知识领地的排斥并非为了排斥而排斥,排斥的目的指向资本和权力。资本和权力能够再生产资本和权力,正是资本和权力的这种累积循环再生产强化了不同知识领地之间的相互排斥。不同知识领地通过制造专业化的理论、概念和术语强化本领地知识的专业性和排斥性,或者通过话语制造提高本领地知识的地位和价值,从而加固本领地的防护网,以达到排斥外来者的目的。这种排斥的倾向越强,则越有可能将各自知识系统复杂化,有时候制造出一系列冗余的抽象化和复杂化的概念和术语,甚至使得连本领地的知识人都难以掌握。而且,这种排斥会导致各个知识领地主观上更倾向于自我耕耘,客观上外来者愈加难以掌握该知识领地的概念系统、术语系统、符号系统,加剧了不同知识领地之间的区隔,从而阻碍了知识交换、融合协作与互相启发,于是可能使得各个知识领地走向更为封闭、更为割裂的状态。

大学知识场域中不同知识领地之间的排斥建基于各个知识领地本身的专业化,不同的专业化知识系统之间存在固有的区隔,这种专业化的区隔不可能被完全消除,而且也不应该被完全消除。知识的专业性是大学的一个基本特征,倘若消除了各个细分知识领地的专业性,那么大学作为社会重要的知识创新者的存在价值与合法性就会被削弱。实际上,对于大学自身而言,其借以区分于许多其他知识机构并创造社会价值的一个重要基础就在于其所提供的知识的专业性与前沿性。Considine(2006)认为大学系统应被理解为基于知识的二元系统(knowledge-based binary),从而将知识从其他事物中区分出来。这种认识,生产了一种"以身份认同为中心"(identity-centering)的系统模型,认为大学必须执行两种不同的区分才能生存

第五章　堡垒构筑：大学知识场域的排斥

下去,其中之一便是,大学必须将自己从其他系统(比如,经济系统以及劳动力市场等)中区分出来(Considine,2006)。可见,为了在激烈的竞争中保护自己的地位,高等教育机构需要将自己与其他机构之间的差异最大化(Leahy,2012)。大学倘若要维持其学术标准并依循其自身内在逻辑和规律而发展,那么大学就需要建构稳定的边界,大学场域的边界区分了大学与其他组织,同时也是大学与其他组织互动的界面(黄文彬,2011)。也就是说,对于大学而言,它要在社会场域中与其他知识生产者以及知识供应者竞争资源和话语权,就需要建构出自身的独特性,从而将自身从社会诸多知识生产者与知识供应者当中区分出来。可见,大学作为一个特定的系统要与社会中其他类似的系统建立区隔(distinction),大学要将特定类型的知识从其他类型的"知道"或"无知"中区分出来,倘若丢失了身份认同所依凭的首要区分,大学就会陷入危机(Considine,2006)。对于大学知识场域内部的知识领地也同样如此,它们也需要通过专业化的建构以区分于其他知识领地,从而确证自身存在的合法性与价值性。因而,专业化是知识领地守卫自身合法性存在的不可或缺的策略。

如果说不同知识领地之间的专业化区隔不可能被完全消除也不应该被完全消除的话,那么大学内部不同知识领地之间的排斥也就依然会持续存在。于是,大学内部各个知识领地也依然会延续一定程度的排斥性与封闭性,因而大学就依然还是一个由一个个封闭的知识城堡松散地联合起来的知识场域。大学知识场域对内对外都具有一定的排斥性和封闭性,这种排斥和封闭既是为了维系一种脱离日常实践的精神实践与知识生活,也是为了守卫耕耘在各个知识领地中的知识人的一系列权益。而且,为了守卫知识人的权益并维系知识劳动与知识生活,大学知识场域的排斥性和封闭性可能会持续存在。

三、知识场域中的空间封闭

(一) 准入门槛

大学通过惯习筛选构筑了一个知识人的生存空间,它设置了特定的准入门槛将那些具有知识惯习的个体纳入进来,维系并强化了特定惯习的传习,并建构起脱离于日常实践的一种精神实践与知识生活,继而建构起一个相对封闭的知识人的存在空间。知识劳动与知识生活本身便是远离日常实践的一种独立的、安静的、封闭的生活方式,而大学的选拔性与排斥性进一步塑造并强化了其内在的封闭属性,再加上大学知识场域中由于知识的专业性与高深性而构筑起的坚固的知识城墙与知识藩篱无疑又是对知识场域的封闭性的一种强化。实际上,中世纪大学即是以行会的形式构建的,行会实质上是本行业的从业者抱团形成的自治组织,自治组织往往会设置一

第五章 堡垒构筑：大学知识场域的排斥

系列门槛对行业外人士进行排斥，以维护本行业及其从业者的利益，并建构行业标准对本行业从业者进行规训和控制。正如兹纳涅茨基所言：

"被某一社会圈子所需要、其自我具备圈子里他扮演的角色所需要的品质的人，具有确定的社会地位，也就是说，他的社会圈子授与他一定的权利，并在必要时强化这些权利以反对圈子内外的个体"（兹纳涅茨基，2000：12）。

然而，要想进入特定的圈子并获得那个圈子的成员身份和相应的权利，就需要满足那个圈子对其准入成员的要求。

"事实上，每一位执行某项社会角色的个体，都被他的社会圈子认为具有或者他自信具有正常的角色执行所必不可少的知识。如果缺乏这些知识，就认为他在心理上不适合于担任这一角色。获得这种必要的知识是通常被称作'教育过程'的准备阶段中的一部分，并且是最重要的部分；直到认为他已经获得这些知识（也包括角色所需要的其他个人特征），他才成为他正在为之做准备的角色候选人"（兹纳涅茨基，2000：17-18）。

教师要想进入大学获得执教权，需要完成特定层次的教育并经受长时间的知识训练、获得一定的知识成果和特定的文凭与资格证书以及学校、学院、学科、教师同行及相应学术团体等的评审、接纳、认可和授权，即需要经历一个制度化的过程，这个制度化的过程实际上具有一定的准入门槛。学生要想进入大学学习也需要经历一个包括各级各类教育和考试等在内的制度化的过程,并且在这个制度化的过程中需要满足一定的条件(比如考试成绩要达到相应的入学标准)。无论对于教师还是学生而言,进入大学都需要通过一个制度化的准入门槛,而且大学的层次越高相应的准入门槛也越高。这种准入门槛是一道屏障,越过这道屏障才能进入大学知识场域,因而这种准入门槛也是一条纳入与排斥的分界线。大学的内在属性中就存在一种基于专业资质的对外排斥。大学在很长一段时间里其实是少数人的乐园,那些进入大学任教或学习的教师或学生,他们在大学里的生活方式与世俗社会的日常生活有所不同,在过去的一些时代,大学里的生活方式与社会公众的生活方式之间存在某种区隔。虽然现代大学已日益走向大众化,入学门槛逐渐降低,但大学依然具有一定的门槛,个体倘若不具有一定的知识基础以及从事知识劳动和精神实践的特定资质,便难以进入大学进行学习或研究。尤其是在那些选拔性较高的精英大学,这种较高的准入门槛以及较高的选拔性和排斥性始终存在。虽然高等教育已经走向了大众化乃至普及化,但知识劳动实际上变得更加专业化了。在过去一个世纪里,研究日益专业化,知识获取的形式以及知识生产与交换方式也发生了迅速的变化(O'Connor, Yates,2014)。倘若不在大学知识场域中接受特定的知识训练,很难具备从事知识职业的专业资质,而社会各个场域的知识职业都越来越强调专业资质。从另一层面来看,现代大学虽然与社会联系紧密,但大学里面的生活方式与大学外面的生活方式依然存在诸多不同。现代大学在一定程度上仍然是独立于社会场域的一个具有排斥性和封闭性的知识空间,现代大学依然具有一定程度的"象牙塔"气质。而且,大学里的知识人为了维护自身特定的知识劳动与知识生活不受侵扰,某种程度上也会继续守卫大学的排斥性与封闭性。虽然现代大学日益强调走向社会,但维系一定程度的封闭性与走向社会并不矛盾,对大学知识场域的准入门槛及排斥性和封闭性的适当维护,是保障知识人从事知识劳动的基础,是维系大学精神实践与知识生活的必要前提,也是维系大学区分于社会其他场域的重要特性的方式。对大学知识人及其知识劳动的保护,最终将通过知识创造、知识溢出、知识传播等使社会公众受益,因而,强调大学走向社会、服务社会与维系大学的准入门槛以及一定程度的排斥性和封闭性将在不断博弈中保持某种相对平衡。无论是中世纪大学还是现代大学,排斥性与封闭性始终是大学所具有的某种内在特质,只不过现代大学的排斥性与封闭性更为温和、更为隐蔽。

(二) 无形围墙

制度化的学校是一个"封闭型组织群",它借由围墙而圈定了一个独特的物理空间(孙银光,2015)。从大学对特定惯习的筛选以及对其他惯习的排斥来看,大学具有封闭性空间的特征。无论大学是否存在有形的实体性围墙,它实际上都制造了一堵无形的"围墙"将大学内的生活方式与大学外的生活方式区隔开来,将一部分社会成员排斥在大学知识场域之外。大学的封闭性不在于它是否存在实体的围墙,即使是没有实体围墙的大学,也掩盖不了其与世俗社会的疏离。空间的构成并非仅仅依靠它的物质现实,空间实际上隐含着它的社会功能、属性以及目的,并具有文化符号的阶层含义(Grbin,2015)。换言之,大学的封闭性并不一定呈现为有形的围墙,它的隐匿的封闭性主要存在于特定的知识及其功能、属性和一系列制度当中。虽然现代大学在形式上和功能上均向社会开放,它与社会其他机构进行密切的互动与合作,它向社会公众敞开大门,接纳社会公众进入大学参观。但那些进入大学参观的社会公众并未真正涉足大学知识场域,他们依然被大学知识场域排斥在外。只有那些通过制度化程序进入大学知识场域并获得合法身份从而在大学知识场域中开展一系列知识劳动的教师和学生等知识人才是真正踏入了大学知识场域。然而,知识人要想进入大学知识场域则需要向大学证明自身在知识上的成就,呈现自身所具有的知识惯习,并需要经受大学的制度化筛选。

大学知识场域中所加工的和所生产的知识是一种高深知识,高深知识具有其他知识所不具有的特殊性。它的特殊性表现在深奥性、前沿性、专业性和自主性上。因而，大学的知识劳动是一种高度自主性的活动，自主性可能会建构出一种排斥性和封闭性。即便是没有围墙的大学也同样是一种封闭的大学，即使没有围墙也难以掩盖大学的封闭性本质，大学高深知识的本质属性强化了这种排斥性和封闭性。知识劳动的日益专业化，使得知识生产日益集中在特定人群手中。知识生产越来越被限定在从专业社群中筛选出来的成员当中，尤其是限定在大学教师等群体当中，权力产生了某种消极的机制，阻止了非专业人士将他们的观点和信息作为合法化知识的企图（Lehtimäki，Peltonen，2013）。大学通过专业性知识的生产以及专业性人才的培养建构了自身的排他性与排斥性。大学知识场域的排斥性建构了它的自主性与封闭性，制造了一种封闭的空间，从而维系一种封闭的知识生活。通过这种排斥建构了一个个封闭空间，构造出知识场域空间封闭的格局，维系了特定的知识劳动方式与知识生活方式。某种程度上，排斥是为了资本和权力的分配，而在排斥了外来者的封闭空间中比较容易发生内部群体之间的激烈争夺，排斥了外来者之后的封闭空间中聚集的是一个相对同质性的群体，在封闭的空间中，为了竞取有限的资源并获得合法的生存权，这个同质性的群体内部可能会展开一系列的激烈争夺。在大学知识场域中，某种程度上，学校是封闭的、学科是封闭的、研究团队也是封闭的。大学以及大学的各门学科的封闭性是构建训练体系的重要手段，同时也是对大学知识人的一种规训方式——为他们装备一套特定学科的研究方式、思维方式和言语方式,将他们的知识劳动限定在特定的学科当中,有时候是限定在极为狭小的研究领域当中。

"学者的训练还不是最强有力的操纵机制。另外还有一个更强大的机制,那就是,学科控制了学者结束训练以后的职业样式……每个人在组织上都要归属于一个学科……研究生还被劝告要在公认的常规学科里拿学位。学者倾向于主要参加他们自己学科的全国性(或国际性)学术会议。各学科机构给它们的成员罩上一层保护网,唯恐越雷池一步"(华勒斯坦,等,1997:77)。

学科边界在很大程度上划定了知识人的知识劳动的范畴,他们大多数时候都在本学科领域从事知识劳动、发表学术成果、参加学术会议等。在某种程度上,他们是在一个狭小的圈子中进行知识的交往活动,而且学科外人士或者本研究领域外人士可能不会介入或者很难介入这个圈子,对于专业性较强的学科领域来说更是如此。无论大学有无实体性围墙,它实际上都制造了一堵无形的"围墙"将大学内的生活方式与大学外的生活方式区隔开来,从而构筑并维系着知识人在知识场域中开展一系列知识劳动并过一种宁静的知识生活。当然,现代大学不可能是完全隔绝于社会的,大学以围墙为物理边界将大学内外环境区分开来,而大学与其他组织系统之间存在相互渗透性,大学的社会边界则显得模糊与复杂(刘亚敏,2006)。现代大学已充分展示出其与社会的密切联系,并且这种联系正日益密切,它的封闭性是从其内在属性的层面上去审视的,是特定知识人、知识劳动与知识生活相对于社会场域中其他机构、活动及人员的一种封闭性。

在一定程度上,这种封闭性是知识劳动与知识生活的一种保障。封闭性是维护知识生活不受外界侵扰的必要基础,也是维护知识劳动得以良性运行的必要基础。倘若大学知识人的知识劳动与知识生活始终处于外界的侵扰之下,那么大学或将难以为社会提供高质量的知识,最终受损害的将是社会及公众。而且对于大学知识场域而言,排斥性并非一定是消极性的、否定性的,它也可能具有积极的意义。在某种程度上,倘若完全消除大学的排斥性和封闭性,那么知识发展可能会遭受某种侵扰和损害。倘若大学完全不具有排斥性与封闭性,那么大学可能会充满喧嚣与纷扰。大学的空间封闭是知识劳动与知识生活的一种有力保障,是对来自世俗社会可能的与潜在的不理性、不合理侵扰的一种抵抗,这是大学的排斥性与封闭性的某种积极意义。倘若大学的围墙里外都完全一样,大学完全丧失了"象牙塔"的属性,那么大学可能就不再具有精神上的独立性与高贵性,并将丧失在社会中的独特性之所在,更重要的是,大学赖以生存的知识以及知识劳动可能将不可避免地遭受损害。

(三)庇护空间

大学知识场域通过筛选和排斥,为知识人从事知识劳动并过知识生活构筑了一个庇护空间,从而保障知识人得以少受干扰地在大学知识场域中开展知识劳动和知识生活,为其个人积累知识资本,也为大学生产知识。在微观层面,知识是在一个个微观的知识生产单元中生产出来的,一个个微观的知识生产单元占据着一个个知识生产的前沿,占据知识前沿的知识生产单元形成了一定的排斥性和封闭性。而且,如果聚焦在更为微观的层面,知识则是在知识人的大脑中生产出来的,在个人大脑中进行的知识加工与知识生产显然更具隐蔽性和封闭性,这个过程是知识人的个体性劳动,是一种独立的、封闭的活动。实际上,在哲学、艺术等知识领域,诸多知识产品均是个体知识人独立劳动的成果,而且这种独立劳动有时候需要远离物理的和精神的干扰,需要一个物理的和精神的封闭性空间。即使在知识劳动的团队工作当中,最终也依赖个体知识人微观层面的脑力劳动与智力劳动,个体独立自主的脑力劳动、智力劳动是知识劳动与知识生活中最微观也最核心的组件,这种个体性的精神实践往往具有一定的封闭性并且需要一定的封闭性。从这个层面来看,大学本身具有一定的排斥性和封闭性,大学知识场域内部进行的一系列微观知识劳动本质上也具有排斥性和封闭性。因而,即便大学对社会开放,社会公众也难以轻易地介入这个封闭空间的封闭的知识劳动当中。大学通过一整套制度的和非制度的程序布设了一道屏障,将知识人及其知识劳动封闭在一个特定的物理空

第五章　堡垒构筑：大学知识场域的排斥

间和精神空间当中,从而维系知识劳动的良性运行。倘若大学的排斥性和封闭性被完全消解,大学为知识人从事知识劳动所建构的庇护空间被完全消解,那么大学的知识劳动与知识生活可能会遭受损害,并最终使社会及公众的利益遭受损害。

在大学知识场域中,知识人有时候会自我制造一系列话语,并进行自我合法化,以建构与他者的一种差异和区隔,从而排斥他者对自身知识领地及相关利益的介入与侵入,以守卫和庇护自身的权益。因而在大学知识场域中存在许多"迷思",知识人排斥他者的一种策略是不断制造专业性的概念、术语、理论等话语体系以"迷惑"和排斥外行,从而建构属于自己的封闭性的知识领地,以守卫自己的利益、权利和权力以及合法性存在与生存空间,并实现对自我的庇护。就像是为了守卫自己的权益和生存空间而在自己的领地周围构筑一道城墙,从而将自己所在的知识领地放置在一座知识城堡中庇护起来,以免遭到外来者对本领地的入侵。知识人入驻各自的知识城堡,在各自的知识领地中耕耘和收获。制造一系列话语从而构筑起排斥性的城墙与门槛,并建构起封闭空间,既服务于对外排斥,也服务于内部规训,因而制造话语是一种权力的施展过程。巫术就是一种特殊的话语体系,它通过制造一系列特殊的语词、符号建构起一套特殊的知识体系和阐释体系,从而对事件、现象等进行解释,并据此获得利益。有时候巫术通过制造神秘性从而将自己与普通公众区隔开来,这种区隔在巫术及其掌控者与普通公众之间划出一道难以逾越的界线,由此让普通公众难以介入其中、难以知晓其背后的玄机。巫术的语词体系、符号体系、话语体系具有很强的排他性甚至垄断性,不是普通公众可以轻易介入的,由此为巫术掌控者获取利益提供了强有力的庇护。当然,巫术的生存前提是它要设法获得它的信众。在某种程度上,学术与巫术存在某种"相似性"(当然,它们之间存在本质的区别)。学术有时候就是通过建构一系列抽象的语词、概念和术语从而将知识体系复杂化和抽象化,以垄断对特定知识的解释权,从而达到对专业外人士的排斥,最终服务于谋求相应的资本和权力等利益。这种对外排斥是知识发展的一种内在逻辑,知识的不断细分加剧了知识之间的区隔,由此强化了知识的排斥性与封闭性以及知识之间的分野。以专业性知识为核心材料的大学,承续了知识内在的排斥性与封闭性。越是站在知识前沿的大学,可能越是具有高度的选拔性、排斥性和封闭性。通过布设制度化的筛选机制(这种筛选机制既是合法的,也是受认可、受接纳的;筛选同时也是排斥,筛选机制同时也是排斥机制),大学筛选出符应大学特性的知识人,并建构起一个由知识人组成的知识社群,并与社会公众区隔开来,从而维系着一种不同于日常实践和日常生活的知识劳动与知识生活,并通过话语制造以强化自身的知识性及其意义与价值,从而为封闭的精神实践与精神生活制造超强的合法性。

第五章 堡垒构筑：大学知识场域的排斥

专业性越强、选拔性越强、自主性越强的知识场域可能越具有封闭性。大学实际上是一个高度封闭的空间，尽管形式上看起来很开放，但无法掩盖它本质上的排斥性与封闭性，大学为具有特定资质的知识人从事知识劳动并过知识生活建构了一个特殊的庇护空间。

大学是一个具有排斥性和封闭性的知识场域，专业性是大学排斥性和封闭性的根源之一。知识场域的专业性越强就越有可能排斥其他因素的干扰而具有更强的自主性，自主性越强就可能会愈加封闭。大学知识场域的封闭性和自主性的某种表现是大学知识人主要是为本领域的同行生产知识，而不是直接为社会公众生产知识。大学知识人所生产的专业性知识产品主要由本领域同行进行评价，社会公众某种程度上既不具有直接评价知识人专业性知识产品的资历，也不具有直接评价知识人专业性知识产品的意愿。大学知识人与社会公众实际上是在不同的空间中进行各自的劳动，他们之间存在某种区隔。在某种程度上，大学知识场域中专业性知识的生产、传递与评价是在一个由知识人组成的封闭空间中进行的，社会公众一般不会直接介入这个生产、传递、评价专业性知识的空间中。某种程度上，许多学科的学术论文主要是在学术同行之间相互阅读、吸收和评价，这些知识主要是在一个特定的圈子中流通，这些知识以及知识人实际上存在于一个封闭的庇护空间当中，外人很少介入其中，也很难介入其中（专业化程度越高的学科领域，介入的难度可能也越大)。在大学内部,学科壁垒即是学科用于防范外来者入侵的城墙,学科壁垒的布设是守卫学科领地与学科权益的策略。对外排斥或许有利于守卫学科自身的权益,但也可能是一种自我束缚、自我禁锢、自我封闭,学科之门紧闭有时也可能会导致学科缺乏活力而陷入僵化与死气沉沉。知识的排斥性、学科的排斥性是人为建构的,大学的庇护空间也是人为建构的,反映的是特定的知识人守卫自身知识劳动与知识生活的一种诉求。某种程度上,中世纪大学的建构也出于类似的逻辑,教师和学生为守卫自身的知识劳动与知识生活以及相应的权益而仿照行会的模式建立起属于自己的学术行会,并逐渐发展为大学。或许这种由知识人团体组织并建构起来以维护知识劳动与知识生活的学术空间,其内在属性当中天然地具有某种排斥性与封闭性。即使已经过去一千年,而且大学、社会以及二者之间的关系均已发生质的变化,但排斥性与封闭性依然是大学的某种内在属性,并且大学的排斥性与封闭性依然有其积极意义。

大学的封闭性实际上是一种隐匿的封闭性,现代大学并非还如古典大学那样与社会保持距离、躲在"象牙塔"中从事纯粹的知识劳动(况且古典大学也并非完全远离社会)。现代大学的封闭性实际上已经从有形的围墙转向一种为了维护专业化知识劳动而制造的一个宁静的封闭空间,即弱化了有形的实体性封闭而强化了无形的抽象性封闭。需要强调的是,谈论大学的封闭性并非否

第五章　堡垒构筑：大学知识场域的排斥

定大学与社会的联系、向社会开放以及为社会提供服务。实际上，大学的这种"封闭性"与大学的开放性不是对立的、也不是矛盾的，而是从不同层面对大学的观察和审视。尤其是在知识经济时代，大学的知识生产与社会发展具有极其密切的联系，大学早已不再是纯粹意义上的"象牙塔"，大学早已走出了"象牙塔"而与社会各个机构展开密切的互动，大学也已日益成为社会发展的重要创新动力。大学对社会发展施加重要影响的同时，社会也对大学施加了重要影响。大学和社会之间的互动是促进社会发展与大学自身发展的必要途径。然而，即便是与社会发展联系密切，大学也依然具有一定的封闭性，它的内在属性依然是一个封闭性空间，而且这种封闭性是维系大学知识劳动与知识生活所必不可少的保障。实际上，现代大学的困境不在于它的封闭性和排斥性阻碍了它与社会发展建立紧密的互动，而是在与社会紧密互动的过程中，大学可能会被社会场域中的商业性、功利性气息过度侵扰，并可能损害大学自身知识劳动的内在规律或者异化大学知识劳动。倘若大学的知识劳动遭受损害，那么最终将会转嫁为对社会及公众利益的损害。与其讨论现代大学是否应通过改善其组织结构以及治理方式从而消解其内在的和外在的封闭性，还不如让他者认识到大学特定的知识劳动所特有的规律，从而消解公众对大学知识劳动的不解或误解。何况，机构采取何种治理模式还不如机构所展示的过程的开放性么有意

(Trotter,Mitchell,2018)。对于大学来说,重要的是以积极的形象清晰地呈现在公众面前,消除迷雾与误解,让大学获得公众的理解,让公众理解大学的知识劳动及其规律以及所需要的条件和环境——这其中包含着一定程度的封闭与宁静。在某种程度上,大学的封闭性需要得到公众的理解与支持。因而,在强调大学与社会紧密互动的时代,我们并不是要去完全消解大学的排斥性与封闭性,反而要在一定程度上保护和守卫大学的这种排斥性和封闭性。在某种程度上,正是这种排斥性和封闭性保障了大学知识劳动的良性运行,也正因为这种排斥性和封闭性才得以使大学在社会场域中维系一种独特的、有价值的存在。倘若完全消解了大学的排斥性和封闭性,那么大学可能会走向庸俗化,大学可能将对过度的功利主义等风气毫无抵抗和免疫的能力,大学的知识劳动和知识生活或将遭受损害,最终受影响的不只是大学的知识人及其知识劳动和知识生活,也可能会由于大学的知识劳动遭受损害使得大学难以为社会源源不断地提供新知识而损害社会公众的利益,毕竟维系大学持续运行的经费最终还是源于社会公众的腰包。

在另一个层面,大学的排斥与封闭为知识人从事知识劳动、过知识生活构建了一个特殊的庇护空间,这个庇护空间并非全然是一种安乐窝。这个庇护空间为知识人提供庇护的同时,也布设下名目繁多的知识游戏、设计出精细且严密的游戏规则、搭配着丰厚且诱人的游戏赏品、营造了高度竞争性的环境,从而吸引着、激励着、鞭策着知识人为之争夺。大学为知识人所提供的庇护空间某种程度上也建构了一种特殊的环境,从而得以更加精细且有效地对知识人施展控制、宰制与规训。这个庇护空间既是温室和安乐窝,也是一张巨大且严密的"规训之网"。恰恰由于这个庇护空间如温室和安乐窝一样给知识人提供了某种温暖的庇护,使得知识人所遭受的规训显得既温和又隐蔽,于是这种规训不易被察觉也不易遭遇抵抗,从而得以顺畅且高效地施展下去。可见,在这个庇护空间当中营造着某种特殊的环境与氛围,它既是"温室"也是"牢笼"。知识人落入其中,或许能得到某种庇护,同时也可能会成为某种"笼中之物"和"囊中之物"。庇护空间既温暖又可怕,它的可怕之处在于,知识人即使遭受着控制、宰制与规训,也不太起身抵抗、不愿抽身离开,而是沦陷其中、沉迷其中。

第六章
多重博弈：大学知识场域的争夺

在大学知识场域中，资源分配有其特定逻辑，它并不是面向所有知识人平均分配的，知识人要想获得良好的生存与发展，就需要参与各种争夺。知识人在大学知识场域中的争夺既包括在正式的或公开的情境中展开的"显性争夺"，也包括在非正式的或非公开的情境下展开的"隐性争夺"。然而，对于大学知识场域中的知识人而言，无论是显性争夺还是隐性争夺，各种争夺最终都建基于"自我争夺"，即知识人与自我之间展开的"较量"，在某种程度上，这是由于知识劳动从其内在属性而言具有高度的个人化与个体性。在大学知识场域中，"显性争夺""隐性争夺""自我争夺"并非相互割裂、独立运作的，而是交织在一起的。一般来说，"显性争夺"和"隐性争夺"更多是发生在知识游戏当中，"自我争夺"更多是发生在知识劳动当中。知识人在知识劳动中积极投入，不断生产知识和知识产品并积累知识资本，是参与知识游戏中的争夺并竞取游戏赏品的基础和前提。因而,知识人的显性争夺、隐性争夺、自我争夺是弥散在、交织在、融合在知识劳动与知识游戏当中的。

一、知识场域中的显性争夺

(一) 显性争夺

虽然场域具有斗争性,斗争是场域的一种常态,但大学知识场域中的"争夺"不完全等同于"斗争"。这种"争夺"比"斗争"更温和,也比"斗争"更具积极性。在许多场域中,"斗争"有时候是一种刚性的、激烈的对抗,是有着清晰的输赢结果的一种对抗。而在大学知识场域中,知识人之间可能并非呈现出一种刚性的、激烈的对抗,而是一种柔性的、温和的争夺,这种争夺并非导向一种绝对的输赢,有时候呈现的是利益共享的局面,只不过利益并非平均分配而已。因而,从这个层面来看,大学知识场域中的这种"争夺"不完全等同于"斗争",这种"争夺"是一种温和的"斗争",而且也可能是一种积极的"斗争"。此外,"争夺"具有"竞争"的特点,但竞争通常是以公开的规则为基准而进行的一种较量和对抗。而"争夺"除了具有以公开的规则为基准进行竞争的含义,还包含潜藏在显性规则背后的隐性力量的博弈过程,而且争夺有时候并不是公平的、对等的。因而,大学知识场域中的这种"争夺"

比"竞争"更加复杂,但比"斗争"更为温和。我们需要从更为积极的含义去理解"争夺",实际上"排斥"和"争夺"都可以是一种中性的概念并具有一定的积极意涵,而并非一定是否定性的概念和消极性的意涵。"争夺"或许是知识人之间所存在的一种张力,它可以是大学知识场域的活力源头,也可以是推动大学知识场域运行的积极性力量。而且,在某种程度上,"争夺"不是一种结果,而是一个博弈与平衡以及再平衡的过程。"争夺"不一定是一方压倒另一方、一方垄断另一方,而可能是一个各取所需、利益共享的过程,也可能导向一种多赢的局面。而且,知识人为获得更多的资本和权力以及合法性存在而进行一系列争夺,客观上促进了大学知识场域的知识生产与知识积累。大学知识场域中的知识传授与知识生产等知识劳动并非单纯由知识人本身的意愿和目的驱动而发生,实际上,这些知识劳动有时候是受知识场域内一系列争夺而驱动,即有时候在知识场域中展开的各种对资本和权力的争夺驱动了一系列知识劳动的发生。知识人参与知识劳动并生产知识产品是参与知识游戏并争夺游戏赏品的基础和前提,倘若知识人有意获得游戏赏品,那么他们便需要积极参与知识劳动并生产知识产品,并以此为资本和筹码参与知识游戏并争夺游戏赏品。因而,对游戏赏品的争夺是知识人参与知识劳动的某种诱发力、激发力、驱动力、鞭策力。知识人要想在知识场域中获得生存或者想成为知识场域的主导者和支配者,那么

第六章 多重博弈：大学知识场域的争夺

他们就要不断地生产出符应知识场域的游戏规则的资本，当他们成功地维系了自身在知识场域中的合法性存在的时候，或者他们成功地占据了知识场域中的主导性、支配性地位之时，他们可能为知识场域生产了许多知识产品，否则他们很难获得在知识场域中的合法性存在，更难以获得主导性、支配性地位。知识人在争夺其所期望的利益的过程中需要为大学生产知识，由此大学便占有着、控制着、宰制着知识人的知识生产功能，使其不断地为大学生产知识。知识人之间的争夺是驱动知识场域持续运行的一种动力，出于对各种赏品和权益的争夺，使得知识人积极地投身于知识劳动，从而不断提升知识场域的知识生产力。这体现出争夺在知识场域中所具有的某种积极意义。

实际上，知识人一旦进入大学知识场域就被卷入一系列"显性争夺"当中，他们要想在大学知识场域中获得良好的生存与发展，就需要参与一系列显性争夺。"显性争夺"是在正式的或公开的情境中展开的争夺。显性争夺通常是在正式的或公开的知识游戏中依循特定的游戏规则进行的争夺。例如，教师要想确保在大学维系一个学术职位以开展教学和科研，就必须不断地开展教学和科研，并在其中取得一系列成果，从而确保职位稳固以及获得职称晋升。学生要想获得合法的求学身份，就必须努力学习，至少要保证学习成绩等各方面达到学校的基本要求。在这个过程中，无论教师还是学生，都需要遵循大学的特定制度和规则进行争夺。当然,他们不一定是与他人争夺,也有可能是与自己争夺。与他人争夺是争夺有限的资源和机会,而与自己争夺是争取超越自我。在大学知识场域中,争夺是永恒的主题,每个知识人不是在与他人进行争夺,就是在与自己进行争夺。现代大学是一个包罗了多元化群体的复杂机构,为了获得合法性存在以及一系列资源和权益,不同群体以及不同个体之间会形成一系列张力。布迪厄提到:"也可以说,斗争的目的就在于争夺针对各种不同权力的权力,或者争夺一种特殊的资本,因为这种资本能够赋予人们一种针对资本的权力"(布尔迪厄,2020:465)。在不同场域中,行动者所争夺的资本和权力的具体内容和形式或许有所不同,但这种争夺性可能是普遍存在的。在大学知识场域中,各种资本和权力是知识人获得合法性存在的重要基础,对这些资本和权力的争夺在不同个体和不同群体之间制造出各种显性的或隐性的张力。场域内个体之间或群体之间的张力或许会酝酿出某种分化与冲突,从而进一步加剧个体之间或群体之间的博弈与争夺。在某种程度上,大学内部所存在的分化与异质化的组织文化往往会生产文化冲突(陈金圣,谢凌凌,2012)。这种分化、差异与异质性既表现在不同组织之间,也表现在不同个体之间。实际上,学术场域中存在一系列差异,一方面,学术场域被视为变化的和多元化的,另一方面,学术场域被认为充满矛盾和斗争(Lee,McWilliam,2008)。而且,大

第六章　多重博弈：大学知识场域的争夺

学之中具有诸多不同的权力,不同权力主体在各方面会存在差异和冲突(杜瑛,戚业国,2008)。例如,大学内部的学术权力和行政权力之间会展开权力博弈(罗昆,阙明坤,2016)。学术权力与行政权力是大学不可或缺的两种力量,但二者存在一些差异和张力,因而也存在某种博弈。

在某种程度上,每个知识人都必须不断地参与争夺才能确保自己在大学知识场域中的合法性存在,倘若想要获得更高的位置、更多的资本、更大的权力,就需要参与更加激烈的争夺。假如某个知识人放弃了一切争夺,他就有可能失去在大学知识场域中继续存在的合法性以及从事知识劳动的合法性,这是大学知识场域的制度设计与游戏规则使然。例如,学生如果完全不顾学校的要求、不修课程、不参加考试,无法达到学校、院系、学科对学生学业的基本要求,那么他可能就会失去学习的合法性,被退离出大学。同样地,教师如果完全不进行教学、科研等知识劳动,那么他可能就会失去从事教学科研的机会,被退离出大学。而且,在日益流行的"非升即走"的游戏规则下,教师即使积极地投入教学、科研等知识劳动,但如果其知识成果达不到相应的要求或者在与他者的竞争中落败,无法获得职称晋升,那么按照"非升即走"的游戏规则他也可能会被退离出大学。因而,进入大学知识场域中的知识人并非高枕无忧地在一个远离世俗实践的封闭的知识空间中获得温暖的庇护并自由自在地过知识生活,他们实际上被绑定在一系列游戏与争夺当中,这是大学知识场域的制度设计与游戏规则使然。在某种程度上,参与游戏争夺是知识人别无选择的,或者说他们选择进入大学知识场域,就被默认为选择了参与这一系列的游戏与争夺,无论是与他人的争夺,还是与自己的争夺。而且,在高等教育场域中,大学作为一个机构也需要参与一系列游戏与争夺,从而获得自身的存在与生存。实际上,高等教育场域由许多不同高校组成,它们相互冲突,在进行一场竞争游戏,竞争是为了获得学生、员工、资金等资源(Leahy,2012)。对于大学而言,倘若不参与对师资、生源以及资源的争夺,那么它可能会逐渐落后于他者,这种落后逐渐累积,有可能会使大学逐步失去竞争力。大学的竞争力源于大学内部知识人在知识劳动中的产出,因而大学自身想要获得竞争力,便布设名目繁多的知识游戏、设计精细且严密的游戏规则、搭配丰厚且诱人的游戏赏品、营造高度竞争性的环境,以吸引、激励、鞭策知识人为之奋力争夺。于是知识人便积极投身于知识劳动与知识游戏,大学便得以对知识人的身体、时间、精力和智力施展精细且严密的控制、宰制和规训,从而全方位地占有知识人的知识劳动功能,并源源不断地从知识人身上获取知识产品,从而维系着大学自身的持续运行。在这套体系和机制当中,大学与知识人之间存在某种互利关系,而且大学作为强势方,知识人难以抵抗它,因而即使存在某种控制、宰制和规训,这套体系和机制也依然能够稳健地运行。某种程度上,或许也是因为这种隐蔽且温和的规训,使得知识人积极地配合这套体系和机制的运行。当大学与知识人二者"合谋"时,这套体系和机制便更加牢固了。

(二) 层级结构

知识场域中存在一系列知识游戏,这些知识游戏搭配着丰厚且诱人的游戏赏品,知识人进入知识场域在一定程度上是受游戏赏品的吸引而参与知识游戏。在知识场域中,知识人之间展开的"争夺",是基于知识资本和知识权力并遵循知识游戏的游戏规则(或者更改游戏规则)以获取知识资本和知识权力等利益的过程。知识场域中的知识游戏蕴含着各种形式的争夺,争夺的手段和凭借是知识资本和知识权力,争夺的对象和目的也是知识资本和知识权力,争夺的过程和结果是再生产了知识资本和知识权力。在大学知识场域中,知识人想要获得职位、职称、奖励、荣誉等"物品"或"赏品",就需要参与一系列游戏的争夺。为了求得在场域中的合法性存在,知识人需要对这一系列物品或赏品展开争夺,而这一系列物品或赏品也吸引着他们积极地展开争夺。知识人展开一系列争夺的出发点是寻求生存,寻求自己以及自己所持有的知识和自己所生产的知识以及自己的知识劳动在知识场域中的合法性存在,求生存、求得更好的生存是知识人参与争夺的出发点和归宿。例如,布迪厄的场域、资本、惯习和幻象等概念可以用来解释为什么许多学生有动力进入高职教育(Smith,2018)。某种程度上,个体的选择是在特定情境中综合权衡的结果,当然,这个权衡的过程有其复杂性,会纳入诸多因素。在大学知识场域中,利益追求是驱动知识人一系列策略的构建或更改的重要力量。或者说,争夺本身并无特殊意义,争夺的对象即一系列利益才具有实质性意义,正是这些实质性利益吸引着知识人参与争夺。因而,不应低估游戏赏品对知识人的吸引力和诱惑力。

实际上,大学鼓励知识人围绕知识和赏品展开争夺,这也是大学布设名目繁多的知识游戏的某种隐含逻辑。在大学里,认可的标准(norms of recognition)鼓励研究者在高度竞争的环境中追求知识以便通过学术成就来维持自己的学术岗位并获得奖励(Mourad,2018)。营造一种竞争性环境、强化知识人之间的各种争夺是大学对知识人施展控制、宰制和规训的一种策略,从大学的视角而言,这有助于提高知识人的知识生产力、增强大学知识场域的知识活力,并促进大学的知识生产和知识积累。在企业中也同样如此。Lupu和Empson(2015)指出,在会计公司里,专业人士不论经验、成就和资历水平如何,都感觉自己无助、陷入困境,为了提升社会地位、养家糊口、获得和维持认可等因素的组合导致专业人士被在会计行业取得成功及相应的回报所吸引和俘虏。组织以某种利益"诱惑"行动者为之而竞争,在获得奖赏的同时,行动者逐步被组织所"俘虏",朝着组织希望的方向努力。在某种

第六章 多重博弈：大学知识场域的争夺

程度上，大学知识场域通过一系列制度的创设和竞争性环境的营造从而激发知识人为其所期望的利益展开争夺，从而对知识人施展全方位的控制、宰制和规训，并充分占有知识人的知识劳动功能。当然，大学知识场域中的争夺也存在自身的特殊性，这种特殊性根植于知识本身的特殊性。

场域中存在行动者、位置、关系、资本、权力、层级结构等，它是一个分层的系统，不同行动者和不同位置构成了这个分层系统。在大学知识场域中，有居于层级上端的知识人（比如教授），也有居于层级下端的知识人（比如青年教师）。场域中不同层级存在不同位置，位置之间存在高低位差，不同位置占据着不同的行动者，不同行动者之间存在相互关系。不过，这种位差并非绝对的，而是相对的；并非固定的，而是变动的；并非完全显性的，也可能是隐性的。某一个体相对于另一个体而言，处于更高的位置，能够对后者施展某种支配，但他在其他个体面前，也可能处于更低的位置，也可能处于被支配的位置。某一个体在某个时间或某个场所中处于更低的位置，成为被支配者，而换了一个时间或空间，他可能处于更高的位置，并掌握一系列支配性权力。在场域中，有时候个体所处的位置的高低并非像占据一个职位一样明晰可见，而可能是可以被感知到却没有清晰的外在表征物予以显现的。例如，掌握丰厚知识资本的知识人在知识场域中有时可能具有某种无形的话语权，其话语表达有时无需借助特定的职位和权力便可得到他者的信服。因而,在大学知识场域中,层级结构既是通过特定的位置、职位和权力的划分而建构的,也可能是由于对主导性知识资本的不同占有而塑造的。

大学知识场域中存在教授、副教授、助理教授以及博士后、博士生、硕士生、本科生等不同身份的知识人,他们处在分层化的知识场域中,处于不同层级的知识人掌握着不同的资本和权力,他们可能分别处于支配或被支配的境况中。对于教师而言,通过职称晋升、职位提升等方式获得更多的资本和权力以寻求在大学知识场域中进入更高的层级位置并寻求更好的生存与发展是他们参与知识游戏的争夺的重要动力。学者们大都希望在学术场域中获得某种认可,这种认可既可能源于权力,也可能源于知识。对于研究者而言,一种类型的认可(recognition)来自同行评议、终身教职、奖励等,另一种类型的认可来自高工资、良好的办公空间、实验室等(Mourad,2018)。在知识场域中获得认可是驱动知识人参与知识游戏的重要动力。为了获得更多的资本和权力并获得合法性存在,知识人可能会积极投入一系列争夺当中,并基于对资本和权力的争夺从而实现资本和权力的再生产,使得知识资本生产了进一步的知识资本、知识权力生产了进一步的知识权力。争夺涉及人与人之间的关系,涉及不同知识人之间的张力。争夺的本质是不同主体之间利益的博弈与平衡的过程,争夺是为了在场域结构中占据一个更好的位置以及更多的利益,并竞取资本和权力以及分配资本的资本和分配权力的权力,从而寻求在场域中更好的生存。争夺再生产了场域的层级结构,也再生产了资本和权力。对资本和权力的争夺需依托于已有的资本和权力,通常难以凭空去争夺资本和权力。因而,争夺实际上是资本和权力的再配置与再生产的过程,争夺是以已有的资本和权力作为筹码,以期再生产和再积累资本和权力。知识人之间的争夺是大学所喜闻乐见的,积极投入知识劳动、积极卷入知识游戏、积极参与对游戏赏品的争夺或能为知识人带来一系列利益,在这个过程中知识人也为大学生产了一系列知识产品,而且知识人遭受着大学的某种控制、宰制和规训,并被塑造为大学希望他们成为的那种人,从而达成大学自身的组织目标。这是大学的制度设计与游戏规则使然。

(三) 规则公开

在大学知识场域中存在一系列以知识为核心要素的制度化的知识游戏,这类制度化的知识游戏通常包含一系列公开的制度化规则体系,知识人习得这套规则体系,并将之内化于心,从而依循这套规则体系对游戏赏品进行公开的显性争夺。例如,知识人在教师招聘、学术评奖、课题申报、职称晋升等各类制度化的知识游戏中对相应的赏品进行公开的争夺。显性争夺一般具有公开的规则、标准和程序,而且设定了参与争夺的相关条件,知识人对照规则、标准和程序以及自身的条件,从而参与争夺。这种争夺会以显性的结果呈现出来。例如,谁获得了聘任、谁获得了学术奖励、谁获得了课题立项、谁获得了职称晋升,等等,是以公开的、明晰的结果呈现出来的。在这场争夺中,相应地,就有人没有获得聘任、没有获得学术奖励、没有获得课题立项、没有获得职称晋升,等等。也就是说,这种显性争夺的结果一般是排斥性的,即要么成功要么失败。而且,由于争夺的赏品少于参与争夺的个体,因而通常在这种显性争夺中有人成功就会有人失败,有人获得了赏品,同时也就有人无法获得赏品。在大学知识场域中,有些资源不会面向所有知识人进行分配,更不会面向知识人平均分配,资源分配有其特定的逻辑,资源分配有时是一种输赢分明的零和博弈,由此调动起知识人为有限的资源和赏品展开激烈争夺,这正是大学所喜闻乐见的局面,通过游戏的布设以及资源和赏品的非均衡分配,再搭配上奖励与惩罚机制,大学由此建构了一个高度竞争性的环境,吸引着、激励着、鞭策着知识人无止无歇地投入知识劳动、卷入知识游戏,从而得以对知识人施展全方位的、精细且严密的控制、宰制与规训。在知识游戏的争夺中取胜或者落败某种程度上依托于知识人所拥有的知识产品或者知识资本,这是知识游戏的游戏规则主导下的理性结果。卓越的成就对应高度的认可,中等成就对应中等程度的认可,低成就对应低程度的认可,行动者通常相信成就与认可之间的这种关系,否则他们不会再参与游戏(Münch, Baier, 2012)。然而,公开的规则表面上遵循此种逻辑关系,但实际上隐性的规则有时可能会破坏这种逻辑关系。例如,在大学知识场域中,有可能存在学术成就并不突出的知识人获得了更高的职位和地位以及更多的资源和权力的情况,非学术性因素可能在其中发挥了作用。倘若非知识性因素过度干扰知识场域中的知识游戏,那么有可能会造成知识人的不满,甚至对知识游戏及其游戏规则产生质疑。某种程度上,知识游戏若要得到知识人的信服,则需要树立其游戏规则的威信,如果非知识性力量能够轻而易举地介入知识游戏及其游戏规则,那么或将削弱知识游戏及其游戏规则的威信与效力,甚至导致知识游戏的瓦解。

在大学知识场域的一系列具有显性争夺特征的知识游戏中,各类知识资本被"明码标价",以作为具有交换效力的货币在游戏中换取相应的赏品。例如,有时候在大学的某些奖励评审当中,不同级别的期刊论文被赋以不同的分值,参评者将自己所发表的论文展示出来并被换算成分值,然后再结合其他方面的成果计算出总分,最终的评选是基于参评者所得的总分进行的,而不是针对每个参评者的每篇论文及其内容进行的。通过这种显性的规则将知识人的抽象的、难以直接评价的知识产品进行数值化从而转化为可直接比较的具体数值,并根据数值的大小换取不同等级的奖项,并分配不同等级的赏品。大学的许多奖励具有类似的程序,即把参评者的知识产品(论文、课题等)进行数值性转化,得出一个综合的结果:各种级别的期刊论文各有多少篇、各种级别的课题项目各有多少个,等等,从而对参评者进行精细化的评价与裁定,并得出评奖的结果。在这场知识游戏中,知识人以自己的知识产品为基础参与争夺,由于可以通过数值化而将抽象的知识产品进行量化转换,从而可以清晰地对知识人进行评判、区分、裁定和分等,并得出一个清晰的、排他性的结果,即谁获得什么级别的奖项或者谁能获得奖项、谁不能获得奖项是相对清晰的,而且在数值化的结果面前,这种评判、裁定、分等以及评奖的结果似乎是客观公正、毋庸置疑的,似乎知识人应当对此心悦诚服。实际上,这种知识游戏是大学对知识人施展精细化的宰制与规训的一种方式,游戏及其赏品激发了争夺,争夺激发了生产力,这是大学喜闻乐见的。沉浸其中、沉迷其中时,知识人可能对此浑然不觉,抑或坦然接受乃至欣然接受。某种程度上,大学与知识人在知识游戏中各取所需,这也是知识人和大学之间的某种"互利"与"共赢"。

这种公开的、显性的、制度化的知识游戏将它的游戏规则清晰地展示给参与游戏以及有意愿参与游戏的知识人,知识人倘若想要参与游戏或者想要在游戏中取得成功、获得赏品,就需要按照游戏规则采取行动。因而,这种显性争夺可以在明晰游戏规则的基础上进行有针对性的准备。例如,学生知道需要达到怎样的标准才有可能获得奖学金,教师知道需要具备怎样的学术成果才有可能获得职称晋升,然后对此有所准备。对学者而言,地位与合法性是建立在研究成果等基础上的,其次是教学(Dashper,Fletcher,2019)。"大学里的教师和研究人员都知道,研究导向和研究产出对学者来说就意味着最高的荣誉和(常常)最好的待遇,所以他们常常迫使学校强调研究是大学的关键使命"(菲利普·阿特巴赫,莉斯·瑞丝伯格,劳拉·朗布利,2010:17)。如果大学对教师的评价和奖励主要指向研究而不是教学,那么教师为了在大学中获得生存就会把研究放在首要位置。游戏规则作为强有力的指挥棒会将知识人的争夺导向规则所鼓励和奖赏的方向,特定的规则向知识人展示了努力的方向,同时也规制着知识人的行动策略。知识人为争夺游戏赏品所做的准备是个人性的、过程性的、隐匿性的,而学术评奖或者职称评审有时候则是一个清晰的活动,这个活动有其特定的时间、地点以及参与者。参与争夺的个体将此前准备的知识产品在这个时刻展示出来,从而争夺各自所期待的赏品。知识场域中各类知识游戏的评价准则通常都离不开知识,或者都以知识为核心要素,因而参与这一系列知识游戏的争夺在客观上激发了知识人投身于知识劳动的积极性,并有助于提高大学的知识生产力。

大学知识场域这一套游戏规则迫使知识人无论是否情愿都要不断地处于争夺之中。为了求得存在的合法性或者为了获取更多的利益,知识人会采取一系列策略参与争夺。于是就在无形中驱动着知识人积极参与知识劳动并不断提升知识劳动的产出和效率,最终无论是对知识人自身而言还是对大学而言,都将从中获得一定的收益。知识人争取到了自己所期待的位置、资本和权力,而大学从中获得了知识产品。游戏是遵循特定规则运行的,这种规则在特定情境中是确定的,否则,游戏不会继续下去(Münch,Baier,2012)。在知识场域的知识游戏当中,知识人需要被告知朝哪个方向努力才能获得其所期待的游戏赏品,因而他们需要对游戏规则有所认知。游戏规则决定了什么是学术成就、如何评价学术的认可以及谁具有评价学术认可的合法性、谁不具有这种合法性(Münch,Baier,2012)。这一系列规则明确的、制度化的游戏促生了一系列显性争夺,为大学营造了一种竞争性的氛围。竞争性的氛围是激发知识场域的知识活力的重要元素,然而过度竞争性的氛围也有可能制造出一系列紧张和焦虑,并削弱知识劳动的创造性。某种程度上,知识劳动与精神实践是知识人个体内在性的过程,这种内在性过程有时候需要一个宽松的而不是高度紧张的氛围。竞争性在一定程度上或许能够提高生产力,但过度竞争性的环境也可能会削弱知识人从事知识劳动的从容性与闲逸性,使得知识人难以长期潜心钻研,使得许多知识产品变成某种速成品、急就品并且缺乏创造性。尤其是在人文艺术等领域,富有想象力和创造力的知识产品有时候是在闲暇与放松的状态中突然出现的。然而在高度竞争性的环境中,有时候知识人难以从容不迫地开展知识劳动,高度的竞争、焦虑和压力可能会形塑知识人在知识场域中特定的策略选择。在当下的大学中,绩效主义盛行,一系列高度竞争性的游戏不断创设、一系列精细且严密的游戏规则不断出台,知识人不得不无止无歇地投入知识劳动、卷入知识游戏以期求得生存。某种程度上,如今非营利性大学甚至比营利性企业都更加盛行绩效主义,绩效及其考核就像悬在知识人头顶上的达摩克利斯之剑,让知识人望而生畏,并借此引导着、激励着、鞭策着知识人无止无歇地投入知识劳动和知识游戏,从而对知识人施展精细且严密的控制、宰制与规训。绩效主义对于大学来说或许是一把"双刃剑",它也许有助于提高知识生产力,但也可能会异化知识人和知识劳动。在用这把剑宰制知识人时,倘若把握不好尺度,可能会伤及大学自身。

二、知识场域中的隐性争夺

(一) 隐性争夺

从布迪厄的场域视角而言,大学不过是充斥着权力博弈与利益纷争的世俗场所(于忠海,2009)。这种权力博弈与利益纷争既可能是公开的竞争也可能是非公开的较量。除了显性争夺之外,大学知识场域中还存在诸多"看不见的"争夺,这种"看不见的"争夺是"隐匿"在知识场域中的"隐性争夺"。"隐性争夺"是在非正式的或非公开的情境下展开的争夺。有时候它是发生在场面之外、台面之外的争夺。在对诸如话语权、影响力等柔性、无形性、抽象性物品的争夺中常常蕴含着隐性争夺。隐性争夺具有某种"隐性""柔性""无形性""灵活性"等特征。而且,隐性争夺所依循的规则是模糊的、无形的、灵活的。它可能依循知识游戏的特定游戏规则,也可能依循隐性的、柔性的、非正式的、非公开的规则。在大学知识场域中,隐性争夺是知识人之间存在的一种隐性张力,是发生在公开场景背后的一系列争夺。如果说显性争夺是露在海面上的冰山一角,那么隐性争夺则是潜藏在海面之下的巨大冰山,隐性争夺可能比显性争夺更为频繁、密集、广泛。与制度化、正式化、公开化的显性争夺通常具有明晰的、排斥性的结果不同,隐性争夺的结果可能并不明晰也并非排斥性的。某种程度上,隐性争夺并非你赢我输或者我赢你输的那种输赢分明的排斥性争夺,而可能呈现出参与争夺者共享了他们所要争夺的物品的局面。换言之,在隐性争夺中,参与争夺者可能成为共同的赢家,只是各自获利程度不同。例如,在争夺知识话语权的过程中,可能最终是参与争夺的各个知识人都不同程度地获得了知识话语权,并对游戏规则的制定或者对知识事务的决策产生了一定程度的影响,而并非单个个体排他性地在争夺中赢得了所有话语权。此外,隐性争夺还具有变化性的特征,它可能并非以一种恒定的结果而结束争夺,或者说,隐性争夺不存在某种意义上的"结束",它

第六章 多重博弈：大学知识场域的争夺

可能一直持续着、变化着,争夺的结果只是暂时的局面,随着争夺的持续,争夺的局面在不断变化。正如对知识话语权的争夺,知识人始终在为之争夺,某个时间段某个个体掌握了更多的话语权,随着争夺的继续,换了一个时间,知识话语权的分布格局可能发生了变化,可能其他个体掌握了更多的话语权。而且,在对不同类型的知识事务进行决策时,不同知识人也会具有不同的争夺能力,他们获得的话语权以及对决策的影响程度也会不同。因而,隐性争夺是一种隐性的、柔性的、持续着的、变化着的争夺。隐性争夺使得大学知识场域中的权力关系更加复杂化,使得知识人在大学知识场域中的生存斗争更加复杂化,有时候一系列资本和权力在隐身状态下左右着知识人的生存状态。学术场域是复杂的,其本身就处于不断变化的状态,应该要意识到里面存在的陷阱,即使是最有天赋的"鱼"也无法在不断变化、有时甚至是危险的水域中游泳(Acker,2010)。为了在大学知识场域中获得良好的生存与发展,知识人有时候需要借助知识之外的力量参与争夺,因而需要将一部分时间和精力分散在、消耗在知识劳动之外,知识性与非知识性劳动对知识人形成一种撕扯,非知识性劳动有时候反而支配了知识性劳动。某种程度上,学者身份意味着充满了与不同优先事项、期望和压力之间的紧张关系,而作为从事智力工作的学者理想可能越来越难以实现(Dashper,Fletcher,2019)。某种程度上,大学知识场域中的争夺不仅依凭知识的力量,有时也会裹挟着诸多非知识性力量,在大学知识场域中,参与知识劳动是知识人获得生存的基本前提,但生存斗争的复杂性使得知识人有时需要投身于诸多非知识性劳动。然而,倘若非知识性劳动过度挤压了知识人的知识劳动,那么知识人的知识劳动可能会被异化,甚至知识人自身也可能会被异化。

大学运行的核心材料是知识,而知识以及知识劳动的无形性决定了大学知识场域中隐性争夺和隐性排斥的存在。这种隐匿性的争夺有时发生在知识劳动的微观环节之中。在知识劳动的微观环节,位高权重者可能夺得了知识劳动带来的声誉中较多的部分。例如,某种程度上,一个知识机构的声誉是由这个知识机构的所有知识人共同建构的,但机构的代理人可能通过制度化的方式获得了与他个人的贡献不相称的符号资本(他得到的大于他所贡献的)。机构代理人代表机构进行发声、参与社交、开展活动,并由此增长其个人的声誉、话语权和影响力。某种程度上,有时候机构代理人依凭机构的声誉获得了个人额外的声誉、依凭机构的话语权获得了个人额外的话语权、依凭机构的影响力获得了个人额外的影响力。位置上附着了资本和权力,位置上的资本和权力有时可以转化为位置占有者个人的资本和权力,场域中的行动者渴望占据特定位置,或者说,特定位置是场域中行动者重要的争夺对象。在大学知识场域中,学院、系科、研究机构、职能部门为知识人提供了大量的管理职位(既

第六章 多重博弈：大学知识场域的争夺

有实质性的职位也有荣誉性的职位），这些管理职位提供了某种意义上的代理人的位置、身份、资本和权力，这是知识人的重要争夺对象。

在大学知识场域中，知识人有时候会采取各种方式制造话语，从而为自己所持有的知识争夺更多的合法性地位、价值和效力，由此为自己争夺更多的资本和权力。例如，在为自身所占有的知识以及所从事的知识劳动争夺合法性的过程中，知识人可能会采取各种策略、借助各种方式将自己的知识和知识劳动意义化甚至神圣化，以塑造（有时也是某种包装和渲染）自己的知识劳动和知识产品的价值、意义与重要性，从而助力于自己对各类资本和权力的争夺。某种程度上，知识权威有时候基于自身所研究的领域、自身的知识体系、自身所阅读的文献从而对其他人的知识产品进行评判，这种评判有时候会将个体自身的知识偏好与文化偏好加在他人身上，并借助自身的权威甚至威权而使其他人认可并接受这种评判，从而完成对自身知识体系的神圣化。当然，这个过程并不一定是主体有意识的策略和行为，也可能是主体无意识地施展了此种策略和行为。例如，在论文评审、项目评审等知识游戏中，有时候评审者可能会基于自己的学术偏好、学术视角、学术阅历、学术经验和学术积累对论文或项目的意义、价值和水平进行评判并决定论文是否可以发表、项目是否可以立项。在这个过程中，评审者个人的立场有时候会隐匿性地成为实际发挥作用的评审标准或评判依据,从而对所评审的论文或项目进行评判和裁决。这其中蕴含着某种隐性争夺。在这场游戏中,被评价者与评价者之间进行着某种隐性的"较量",但被评价者往往缺乏反制之力,像待宰的羔羊一样接受宰制。评价者掌握着评价权和裁定权,他们影响着或者决定着游戏赏品的分配,被评价者参与游戏、渴望获得游戏赏品,只得受制于评价者。在二者之间的权力关系中,评价者处于强势一方,被评价者处于弱势一方,被评价者及其被评价的知识产品某种程度上像砧板上的鱼肉一样等待评价者的宰制,有时候是"任意的""任性的"宰制。某种程度上,无论从劳动者、游戏者还是从评判者、裁决者的层面去审视,知识劳动和知识游戏都是高度个人化和个体性的,个人的和个体的因素深深地卷入其中。因而,无论是显性争夺还是隐性争夺都不全然是"客观公正"的,个人的和个体的主观性会卷入其中,非知识性因素和力量也可能会卷入其中。可见,在大学知识场域中,争夺是多种因素和多种力量交织在一起的、高度复杂的过程。

(二) 显隐交互

显性争夺和隐性争夺有时候并非泾渭分明的,二者可能不完全是在独立地运行着。有时候,隐性争夺深嵌在显性争夺之中、隐匿在显性争夺背后,或者显性争夺为隐性争夺提供基础,隐性争夺为显性争夺提供补充,二者交织在一起共同作用,从而形塑资本和权力的分配格局。

第六章 多重博弈：大学知识场域的争夺

例如，在争夺某个位置中取胜，可能会为知识人在知识场域中对话语权、影响力等物品的隐性争夺中提供帮助。显性争夺和隐性争夺并非边界清晰、各自运行的，而是交织在一起、互为基础、互为补充的。知识人在知识场域中时常卷入各种显性争夺，同时也在进行着一系列隐性争夺。知识人在知识场域中对各种知识资本和知识权力的争夺是一种复杂的争夺过程，诸多显性的和隐性的因素在这个过程中产生影响、发生作用。显性争夺往往依循公开的、制度化的游戏规则，隐性争夺则是在相对无形的和隐匿的过程中进行，并且不一定依循公开的、制度化的规则，其规则更为模糊、更为无形也更为灵活，争夺的过程更具持续性，争夺的结果更具可变性，即争夺在不断进行、争夺的局面在不断变化，因而隐性争夺相对而言更为复杂。

隐性争夺的规则的模糊性、过程的复杂性以及结果的可变性使得隐性争夺更难以被知识人精准地把握。而且，这个较为无形、柔性且灵活的争夺过程为其他因素的介入提供了更大的空间。在不容易被看见的隐性争夺中，规则的模糊、无形、灵活，使得许多非知识性的资本和权力具有介入其中的更大的空间和更大的可能性。隐匿性的特征在一定程度上能够有效地遮掩非知识性因素的介入，使得非知识性因素以隐蔽的方式在其中发挥实质性的作用，同时也使得资本和权力的争夺结果及分配格局更容易被接受。例如，在对知识事务的决策权的争夺中,有身份、有地位的知识权威以其身份和地位作为凭借,从而制造出某种气场,并给其他知识人制造某种压力(处于弱势位置的知识人往往难以对知识权威形成抵抗,或者他们以臣服于知识权威的方式获得某种利益),于是知识权威获得了更多的话语权和决策权,并成为决策中的主导性话语和力量。有时候,在大学知识场域中,存在各种形式的"专断"。有时候知识人通过非知识性的资本和权力得以在隐性争夺中向其他知识人施加压力,以此控制决策的主导权,以使决策朝着有利于自己的方向发展,并进一步助益于自己的资本和权力的积累,从而实现从资本到资本、从权力到权力、从某种资本和权力到其他类型的资本和权力的再生产。然而,这个过程并不一定是主体有意识的策略和行为,也可能是主体无意识地施展了此种策略和行为。

在大学知识场域中,现实情境是复杂的,在对各类资本和权力的争夺中不同程度地包含着显性争夺和隐性争夺,显性争夺与隐性争夺交织在一起发挥作用,使得在大学知识场域中的争夺呈现出一种复杂的特征。在相互交织中,显性争夺与隐性争夺既可能是互补的、互助的也可能是互相排斥、互相冲突的。在显性争夺中呈现出的资本和权力的分配格局,可能会被隐性争夺干预甚至重构,反之亦然。在大学知识场域中,倘若在显性争夺中未能达至某种利益分配的平衡,知识人对利益分配尚未满意,那么隐性争夺可能会很激烈,知识人可能会在隐性争夺中寻求达成利益诉求的可能性。同样地,倘若隐性争夺无法实现知识人的利益诉求,那么显性争夺可能会很激烈。倘若从理性人的角度去审视知识人,那么达成各自的利益诉求是他们的理性期待,因而作为有意识的、有能动性的主体,知识人会采取各种策略去进行利益争夺。资源的有限性、利益分配的非均等性以及游戏和游戏规则的内在逻辑(游戏和游戏规则被设计出来往往用以吸引、诱导、激发、鞭策、鼓励竞争)使得争夺难以避免也难以终止,换言之,争夺会持续存在,或者说,争夺永恒存在。某种程度上,在大学知识场域中,利益分配在不断进行中,利益分配的某种平衡短暂地达成随后又可能会出现新的不平衡,于是博弈与争夺不断上演,显性争夺与隐性争夺交织着不断上演。在某种程度上,争夺驱动着知识人不断投身于知识劳动、不断生产知识产品。然而,过于激烈的争夺、过于严酷的竞争,可能会导致知识人及其知识劳动的某种异化。这种异化可能会以各种形式显露出来,并危及大学自身的良性运行。

(三) 群体区隔

大学知识场域中诸多知识事务的话语权和决策权等相对抽象的和柔性的物品难以完全通过制度化的、公开的显性争夺进行分配,有时候需要借助非制度化的、隐匿性的、柔性的、灵活的隐性争夺进行分配。在大学知识场域中对各类知识事务发表意见、表达诉求有时需要通过更为柔性、更为灵活的方式进行落实,并在柔性的较量与互动中通过各方的话语平衡和利益平衡,从而构筑最终的决策。相对而言,显性争夺更具刚性和排斥性,在显性争夺中,某个或者某些个体获得了胜利,就意味着其他个体可能遭遇失败,胜利者拿走了赏品,而失败者可能一无所获。显性争夺主要发生在具有制度性和公开竞争性的知识游戏当中,往往依循特定的游戏规则进行争夺,争夺的结果是输赢分明的、排斥性的。在大学知识场域中,诸如话语权和决策权的分配并不一定是排斥性的,并非单个个体占据了全部的话语权而将其他个体完全排斥在外,在诸多涉及知识事务的决策中通常是权力共享而非权力垄断的,在这其中许多知识人共同作出决策(有时也可能存在专断或变相专断)。某种程度上,话语权和决策权等柔性的、抽象的、无形的物品常常是基于隐性争夺进行非排斥性分配,在这种隐性争夺中,诸多知识人获得了话语权和决策权,只是话语权和决策权并不一定是平均分配的。

有时候,隐性争夺可能会带来一些负面效应。隐性争夺在知识人之间制造了一股隐性的张力,甚至强化了知识人之间的区隔、分化与分裂。知识人可能希望在知识事务中表达话语,并希望将自己的立场、判断和意见纳入决策之中。然而,不同知识人之间的立场、观念、判断和意见的差异形塑了他们之间的张力,于是在话语和利益的争夺中寻求某种平衡。在大学知识场域中,知识人

第六章 多重博弈：大学知识场域的争夺

在各自的细分知识领地中进行知识劳动，知识领地的细分最终可以细分为以单个知识人为领地，即单个知识人所耕耘的具体内容构成一个细分领地。某种程度上，知识人在大学知识场域中是原子化的存在，他们之间既存在区隔又存在融合、既存在分裂又存在关联、既彼此独立又相互依存，因而既存在协作也存在争夺。当知识人采取各种策略守卫各自的领地和权益时，他们之间的区隔、分裂和争夺便可能会显露出来，并强化他们之间的分野，催化他们围绕资本、权力、话语、决策、合法性展开博弈。隐性的区隔、隐性的分裂、隐性的张力、隐性的争夺有时被遮掩着但可能时刻存在，并可能在知识人群体中撕开裂缝，使得知识人群体分裂成诸多小群体和小团体，小群体和小团体之间形成立场、观念、利益的小联盟，各个小联盟之间围绕话语和利益展开争夺。结成小群体、小团体、小联盟某种程度上能够使知识人在争夺话语和利益时取得更大的胜算，但小群体、小团体、小联盟的存在可能也会加剧知识场域的分散化与分裂化，并且可能会加剧不同团体之间的分歧、对抗和争夺。联盟或团体之间的争夺往往比个体之间的争夺更加激烈、更加猛烈，有时候对场域的冲击、撕裂和破坏也可能更加剧烈。而且，在小群体、小团体、小联盟的内部也可能存在各种区隔、分裂、张力和争夺，于是小群体、小团体、小联盟可能会继续细分为更小的单元，直至以单个知识人为利益单元。因而，某种程度上，在大学知识场域中，知识人本质上是以原子化的形态存在着，最终的利益联盟是单个知识人自己。可见，隐性争夺的隐性和柔性有时难以掩盖它在知识人之间可能制造的区隔、张力与分裂。实际上，无论是显性争夺还是隐性争夺，各种争夺既可能会激发知识人参与知识劳动和知识游戏的动力，也可能会在知识人之间制造张力。大学的游戏、制度、规则的设计，不应只是考虑如何吸引、调动、激励、鞭策知识人参与知识劳动的动力，也应考虑如何缓和内在的张力。过度的争夺、过强的张力可能会使知识人和大学陷入某种"亚健康"，并危及知识人个体的良好生存和大学组织的良性运行。

无论隐性争夺是生产积极的效应还是制造消极的效应，它都是一种客观的存在，而且不可能被彻底消除，也难以被一套制度化的规则体系所规制。符应知识人在大学知识场域中求生存和求利益之需要而客观存在的隐性争夺不可能被彻底消除。隐性争夺的隐匿性、柔韧性、灵活性、持续性、变化性使得它难以被清晰地界定，也难以被精准地把握，更难以被彻底制度化。在知识游戏的背后，隐性争夺时时刻刻存在着，它是存在于知识人之间的无形的张力，这股无形的张力难以被有形的制度和规则所规制。某种程度上，大学难以用一套制度规则去规制知识人每时每刻的行为，作为有意识、有能动性的个体，知识人在面对复杂的博弈时，可能会采取各种策略去提高胜算，并不一定全然依循制度化的规则。因而，即使制定再多、再完善的制度化、公开化的规则，也依然会存在

第六章 多重博弈：大学知识场域的争夺

制度化、公开化规则之外的非制度化、非公开化的规则，也依然会存在游离于规则之外的策略和行为。某种程度上，场域的运行是一个复杂的过程、有赖于一套复杂的机制。倘若这套机制过于刚性，有时可能会造成场域运转的失灵。正如再灵巧的机器也需要润滑油加以调节，否则机器零件之间的长期磨损可能会导致机器出现故障而运转失灵。在场域中，行动者之间的争夺不能过于刚性，有时也需要用柔性的因素加以调节，否则可能会危及行动者的良好存在和场域的良性运转。在场域中，除了依循制度化和公开化的游戏规则去分配资源，有时也会基于非制度化、非公开化的柔性策略调节和平衡资源的分配，在正式的或公开的显性争夺之外存在非正式的或非公开的隐性争夺有其某种必要性与必然性。因而，在现实情境中，难以期望通过一套精细、严密且完善的制度体系与规则体系完美地规制场域的运行，制度化、公开化规则与非制度化、非公开化规则在且永在，依循规则的策略和行为以及游离在规则之外的策略和行为在且永在，显性争夺与隐性争夺在且永在。

隐性争夺是大学知识场域中的客观存在，它既不可能被彻底消除，也难以被制度化规则体系完全规制。实际上，无论是显性争夺还是隐性争夺，呈现的都是大学知识场域中的一种力的作用。每个进入大学知识场域中的知识人都置身于由一系列力所编织而成的一张巨网之中，而且知识人自身正是这张巨网的共同编织者，只要他们在场域中存在便无法完全抽离于这张巨网，也无法完全摆脱这张巨网当中各种力的作用。在这张巨网之下，布设着名目繁多的知识游戏、设计着精细且严密的游戏规则、搭配着丰厚且诱人的游戏赏品、营造着高度竞争性的环境，吸引着知识人入场，也引导着、激励着、鞭策着知识人为赏品而奋力争夺，由此对知识人施展全方位的、精细且严密的控制、宰制与规训，从而充分占有知识人的知识劳动功能，并促进大学的知识生产。某种程度上，进入场域、陷入巨网之中的知识人难以抵抗场域中的控制之力、宰制之力与规训之力，有时他们配合着场域对自身的控制、宰制与规训，并在这种配合中获得自己在场域中的生存。某种程度上，既已在场便是"笼中之物"和"囊中之物"。

三、知识场域中的自我争夺

（一）自我争夺

无论是显性争夺还是隐性争夺，对于大学知识场域中的知识人而言，各种争夺归根结底是"自我争夺"。"自我争夺"是知识人与自我之间展开的"较量"，是自我与自我之间的一种张力，这种张力是推动知识人超越自我的一种力量。在大学知识场域中，参与知识劳动并生产知识产品、积累知识资本是参与知识游戏并争夺游戏赏品的基础和前提。自我争夺是知识人积极参与知识劳动以

第六章 多重博弈：大学知识场域的争夺

生产知识产品、积累知识资本从而超越自我当前在场域中所处的位置的过程。知识人为了在知识场域中寻求生存与发展，为了获得资本和权力等物品，就需要参与一系列知识游戏、展开一系列显性争夺和隐性争夺，但知识人难以凭空参与知识游戏中的争夺，参与知识劳动并生产知识产品是参与知识游戏并在游戏中展开争夺的筹码。自我争夺是知识人在知识劳动中与自我展开的较量，也是知识人在知识场域中参与一系列争夺的基础，是知识人在知识场域中寻求生存的基础。某种程度上，自我争夺是知识人在知识场域中寻求生存的起点，也是寻求生存的过程和结果。或者说，自我争夺是知识人在知识场域中的日常，是知识人在知识场域中的存在方式。知识劳动具有某种个人性、个体性和自我性，即知识的生产、获取、内化某种程度上是知识人一种相对封闭、相对独立的自我性、个体性、个人化劳动。从知识劳动的内在性质而言，知识人通过自身的体力、脑力和智力劳动加工知识材料、生产知识产品，是一个自主性、个人性、个体性的过程。尤其是发生在知识人头脑中的微观层面的知识加工，是一个极具隐匿性、个体性和自我性的过程。这个过程是知识劳动的核心环节，也是知识人生产知识产品的原初环节，经历了这个环节和过程，知识材料才能被加工成知识产品。然后，知识人才能凭借知识产品及知识资本作为筹码参与知识游戏以及一系列争夺。因而，在知识劳动当中知识人的自我争夺建构了他们在知识场域中一系列争夺的某种原点和基础。知识游戏的游戏规则有时为特定的游戏赏品列出了相应的标准和条件,知识人对照着这些规则、标准和条件进行自我准备,从而在游戏当中争夺相应的赏品。对照游戏的规则、标准和条件进行自我准备的过程中,知识人看似在与他人进行比拼,但本质上是与自我展开较量,或者说,与他人的比拼和争夺最终会回归到与自我的较量和争夺。知识人只有超越自我的当前状态才能突破知识场域的结构,从而在知识场域中获得更佳的位置以及更好的生存。因而,某种程度上,自我是知识人在知识场域中最大的竞争对手,也是最终的竞争对手、最本质的竞争对手。

发生在知识人之间的显性争夺或隐性争夺是一种人与人之间的相互较量,这种人与人之间显性的或隐性的相互较量直接关系到资本、权力、话语等一系列利益的分配,因而在人与人之间构成一股强劲的张力,这种或显性或隐性的张力有时候使得知识场域弥漫着一种高度竞争性的氛围,以及一种时刻投入或卷入竞争的紧张感。自我争夺某种程度上不是一种输赢性争夺,它是知识人对自我的突破和超越,是一种自我生长。在大学知识场域中,知识劳动和知识生活存在某种个体性、个人性和自我性特征,是一种独特的、个体的、个人的和自我的行为。有时候,知识人会按照自身的偏好、方式和节奏去开展知识劳动和知识生活,某种程度上,知识人的知识劳动和知识生活是高度"自我"的,在其中充满了"自我"的成分。

在这个过程中,知识人要不断地面对自我、不断地以自我为"对手",不断地调用自身的脑力、智力和体力去加工知识材料、生产知识产品。有时候,正是因为融入了许多"自我",使得知识人的知识劳动和知识产品更具独创性和价值性。尤其在那些"自我"的含量较多的学科领域更是如此。例如,在人文艺术领域,有时候,知识劳动高度依赖知识人个体的和个人的自我性,其知识产品也融入了高度的自我性,某种程度上,自我是其创作之源、存在之源。因而,"自我"以及"自我争夺"对于知识人及其知识劳动而言具有某种特殊的、不可替代的价值和意义。

(二) 自我选择

某种程度上,在大学知识场域中开展知识劳动并过知识生活意味着知识人需要装配一套特定的知识惯习,装配了这套符应知识劳动和知识生活的内在逻辑的知识惯习才能在知识场域中建构良好的存在,否则可能会体验到某种局促感和局外感,甚至与知识场域格格不入。选择进入大学知识场域并通过特定的筛选机制得以进入大学知识场域的知识人,某种程度上具备了符应大学知识场域的知识惯习,或者具备这种知识惯习的某些要素。这种选择是知识人的某种"自我选择",也是知识人的"被选择",或者说,这种选择是一种"双向选择",在这种"双向选择"中知识人与大学之间达成了某种适配或者暂时达成了某种适配。知识人得以进入大学知识场域,知识人在大学知识场域中的在场,既已表明知识人与大学之间的某种适配或者暂时的适配。为了寻求在大学知识场域中更好的存在,知识人需要建构与大学之间更长久、更深度的适配。知识人投身于知识劳动和知识游戏,并在其中奋力争夺,依循知识游戏的游戏规则去施展自身的行动从而竞取游戏赏品,于是不断建构并筑牢自身在大学知识场域中的存在。在这个过程中,知识人可能便在潜移默化中深度地适配于大学知识场域,成为大学所要建构的人。知识人与大学之间达成某种互利,二者各取所需,因而即便知识人可能会遭受大学的某种控制、宰制与规训,但他们可能依然会遵照大学所要的模样去打造自我,成为大学希望他们成为的那种人。这套控制系统、宰制系统、规训系统得以运转的基本前提是知识人选择了大学(倘若知识人不选择进入大学,那么这套控制、宰制与规训系统可能便没有后续的运转),而且这在原点上和初始上是知识人的一种自我选择。知识人在大学知识场域中寻求生存与发展,首先面对的是自我,最终面对的也是自我,自我选择、自我争夺、自我建构是知识人的一种本质性的在场方式、存在方式。知识劳动充满了不确定性,尤其在大学知识场域当中,知识人的知识劳动的劳动对象、劳动材料和劳动产品是专业性知识,专业性知识具有高度的不确定性、不稳定性,因而大学知识人的知识劳动也具有高度的不确定性、不稳定性,知识人在知识劳动中的奋力投入并不意味着确定的回报,抑或知识劳动

第六章 多重博弈:大学知识场域的争夺

的回报具有滞后性、延后性、不确定性、不可预期性。在日复一日充满不确定性的知识劳动中耕耘,有时候知识人可能只是在重复毫无结果、毫无回报的劳碌,就像西西弗一样将巨石推向山顶然后从山顶滑落继而再将它推向山顶,循环往复、无止无歇。而且,知识生活可能也充满物质上的清贫以及精神上的孤独与不被理解。因而,某种程度上,知识生活并不适合所有人,也并非所有人都会对这种生活方式怀有好感。然而,对于一部分人而言,知识生活充满了幸福的诗意,他们由衷地选择它。西西弗推巨石上山并非一场徒劳,其意义即是其本身。甚至在某种程度上,这已不再是对西西弗的一种惩罚,而是变成了对他的奖赏。正如加缪所言:"*攀登山顶的奋斗本身足以充实一颗人心。应当想象西西弗是幸福的*"(加缪,2017:165)。同样地,知识生活的意义不在知识生活之外而在其中,对于由衷地选择了它、接纳了它的人而言,知识生活本身即是最佳赏品。由衷地选择了知识生活并被知识生活由衷地选择的人,也许符应了某种知识惯习。这种知识惯习在无意识或潜意识的层面下指引了他的选择和行动,并将他引向知识场域和知识生活。而且,在知识场域中长久浸染、长期过这样一种知识生活则进一步维系并强化知识人身上的知识惯习,使之在知识场域中如鱼得水般契合。某种程度上,知识人是在自我选择、自我争夺、自我建构与自我强化中不断塑造与再塑造自己的知识惯习,从而与知识场域之间达成更深程度的适配,并在知识场域中寻求更好的存在。

大学知识场域有其准入门槛,它通过一套制度化的筛选机制选择它所想要的知识人,在这种筛选机制当中,大学似乎占据了选择的主动权而知识人似乎是等待着被选择的对象。某种程度上,大学处于强势一方,知识人处于弱势一方,大学的确拥有比个体的知识人更强的力量,知识人要想进入大学知识场域则必须依循大学知识场域的筛选标准去谋划、准备和行动,知识人要想在大学知识场域中寻求生存与发展并争夺更多的资本和权力,也需要依循大学知识场域的制度体系与规则体系去施展自己的行动策略。整体而言,大学相对于知识人拥有更强的选择权和掌控权,某种程度上,知识人就像大学的"笼中之物"和"囊中之物"一样,承受大学的筛选、遵从大学的指令、围绕大学的游戏规则去施展自己的行动,并遭受着大学的控制、宰制与规训。然而,知识人寻求进入大学知识场域以及在大学知识场域中寻求生存与发展,并非全然由大学单方面掌控着的,这个过程实际上是知识人和大学之间的双向选择,知识人掌控着一定程度的选择权,甚至掌控着最原初、最根本的选择权。某种程度上,知识人最原初的选择决定了大学的筛选、控制、宰制与规训系统的运行。倘若知识人没有进入大学知识场域的意愿,没有在大学知识场域中寻求生存与发展的兴趣,对大学知识场域中的知识游戏和游戏赏品毫无兴趣,那么,大学知识场域对知识人就没有了施展权力的依凭,大学知识场域的一整套筛选、控制、宰制与规训系统对知识人构不成任何效力与作用力。某种程度上,只有当知识人做出了进入大学的这个选择、做出了在大学中寻求生存与发展的这个选择,大学才有可能对知识人施展各种力的作用。因而,知识人的自我选择具有某种决定性的力量,它决定着知识人是否会出现在大学知识场域当中,它是知识人在大学知识场域中存在的前提。不过,大学所布设的丰厚且诱人的赏品对知识人构成了强大的吸引力和诱惑力,而且,在更大的社会场域和文化场域中,大学是知识人重要的栖身之所与强身之所,大学本身对于知识人而言也极具吸引力和诱惑力;因而,源源不断地会有知识人选择大学,源源不断地会有知识人奋力争夺进入大学的机会,大学永远不乏其"拥趸"与"信众",在这个层面上,大学相对于知识人始终处于高位、始终处于强势一方。当知识人既已存在于大学知识场域中并在其中投身于知识劳动和知识游戏,则表明知识人已做出了相应的自我选择,继而大学对知识人施展各种力的作用便有了基础和依凭。某种程度上,自我选择贯穿知识人存在的始终,知识人会不断面临自我选择。但知识人的"自我选择"不全然是"自我的"和"自主的","自我选择"可能会遭遇诸多外力的诱惑与侵扰,有时"自我选择"当中也含有"被迫"或者"被诱惑"的成分。不过,相对于纯然的"被选择"而言,"自我选择"纳入了知识人一定程度的自我意志,而且即使程度再低,这种自我意志有时也极具力量。自我选择是知识人自我争夺的一种表现、一个部分、一个层面,是知识人在大学里的某种原点。在这个原点之上,不断建构起知识人在大学知识场域中的存在与各种可能。

(三) 自我建构

大学知识场域中的争夺既存在排斥性也存在某种共享性,这种争夺并非全然是一种零和博弈,有时争夺的结果是参与争夺者共享了所争夺的物品,只是所争夺的物品并不一定是由参与争夺者平均分配。知识既存在排斥性也存在共享性,"排斥性"与"共享性"这两种矛盾的属性有时可能在同一种物品里共存,就像一枚硬币的两面,从此面和彼面看到的是不同的图案,但这的确是同一枚硬币。一方面,知识尤其是专业性知识存在某种认知门槛、文化门槛和权力门槛,介入、占有、加工、生产知识并非任何人皆可轻而易举地为之;另一方面,和许多物品不同的是,知识某种程度上可以被不同个体同时占有、使用、消费和加工,并且知识的共享有时还能再生知识。因而,知识场域中的知识劳动和知识游戏存在某种排斥性的同时也具有广泛的包容性,知识场域为纳入其中的知识人提供了一个宽阔的存在空间,在这个空间中知识人可以充分建构自我的存在。事实上,大学是一个巨大的场域、一个极具包容性的空间,各种类型、各种风格的知识人皆可能在其中存在,并寻到自己的特定位置、建构起自己独特的存在方式。虽然大学知识场域可能存在某种

第六章 多重博弈：大学知识场域的争夺

竞争性，资源的有限性以及资源分配的非均衡性，驱使知识人不得不为各自的存在与生存展开争夺，并在知识人之间形成某种张力，建构起知识人之间的某种区隔与分裂；但大学知识场域并非全然由争夺所填满，知识人之间的协作与融合也是大学知识场域中的某种重要旋律。有时候，知识人之间并无关联或者只存在松散的关联；有时候，知识人之间既无争夺也无协作，只是各自存在与自处；有时候，知识人之间"各自为政"并且"互不干扰"甚至"互不来往"。有时候，知识人的自处、自存在是大学里的一种常态，这是各种类型、各种风格的多样化知识人群体在大学里的某种共生，万物共生的生态是某种平衡的生态、富有生机与活力的生态。在一个以专业性知识为主要劳动对象、劳动材料和劳动产品的场域中，知识人常常聚焦于各自细分的专业知识领地中进行知识耕耘，而且，从微观层面而言，知识人的知识劳动最终落脚于知识人个人层面综合调用自身的脑力、智力和体力进行知识加工，这是知识劳动的微观环节，是知识劳动的某种原初起点，也是知识人自我建构的过程。某种程度上，知识人在知识场域中最终的和最本质的选择是自我选择、最终的和最本质的争夺是自我争夺、最终的和最本质的建构是自我建构、最终的和最本质的存在是自我存在，知识人最先面对的是自我，最终也将回到自我，自我是知识人最初的原点和最终的落脚点。因而，建构自我是知识人寻求自身存在的本质要求。如果说，显性争夺和隐性争夺是知识人向外竞取生存资源、拓展存在边界,那么自我争夺则是知识人向内探寻自我、建构自我。某种程度上,向内探寻自我、建构自我贯穿在知识人从起点到终点的整个存在过程。倘若缺失"自我",知识人的知识劳动与知识生活可能会变成某种空心的劳碌,甚至沦为了游戏而游戏、为了争夺而争夺、为了生存而生存,知识人的存在也可能会变成某种空心的存在。倘若寻找到"自我"、建构起"自我",即使陷入知识劳动的不确定性深渊,即使卷入知识游戏无尽的争夺,即使遭遇大学的某种控制、宰制与规训,知识人可能会依然维系着从容、坦然与自洽。"自我"或许是知识人的存在之命脉,倘若寻找到"自我"、建构起"自我",那么尽管天旋地转,知识人可能依旧维系岿然不动的定力与闲庭信步的从容。

然而,应然的理性想象难以遮盖实然的现实困境。在当下的大学里,某种程度上,从容与坦然、闲适与闲逸对于知识人而言显得过于奢侈,尤其对于被绑缚在"非升即走"体系中的青年知识人而言,任何一丝怠惰、任何一丝松懈都可能是致命的——他们的头顶上悬着"非升即走"这把达摩克利斯之剑,只得全力投身于知识劳动与知识游戏,并在其中奋力争夺,方能求得一丝生存,岂敢奢谈从容与坦然、闲适与闲逸。而且,绩效主义已浸透大学全身,绩效及其考核作为大学控制、钳制、宰制知识人的一把利器,时刻鞭策着知识人在知识劳动中快马加鞭、无止无歇地生产知识产品,俨然把知识人制造为勤奋的、高

第六章 多重博弈：大学知识场域的争夺

产的知识劳工,有时甚至是"知识苦力"。某种程度上,在大学知识场域中,对知识人及其知识劳动和知识产品的评判与裁决是高度数量化、标签化、符号化的,各种级别和数量的论文、课题等像计算"工分"一样转化为某种可比较的数值和分数,从而对知识人进行明晰的评判与裁决,而且这种数值化的评判与裁决似乎"客观公正"并且无可辩驳,知识人似乎应当对此心悦诚服。于是,知识劳动变成某种计件工种,简单粗暴的计件和数数成为评判知识人及其知识劳动和知识产品的基本逻辑,这或许是对知识人、知识产品、知识劳动与知识生活的某种异化。这种制度体系、游戏规则与评判逻辑,某种程度上正在侵袭大学的包容性,正在将有着各种类型、各种风格的多样化知识人群体制造为单一的、同质化知识人群体,某种程度上,大学已越来越容不下闲暇、闲适与闲逸(这种"闲"是知识劳动和知识生活的某种内在需求),知识人正在被批量地制造为勤奋的、高产的知识劳工甚至知识苦力。然而,一个良性的、健康的、有活力的生态应该是多元群体共生的生态,一个高度单一的、同质化的社群或许会陷入某种僵化与死气沉沉。大学是一个巨大的场域、一个广阔的空间,应当能够容下各种类型、各种风格的知识人,倘若将知识人捆缚在单一的系统当中、将知识人牵引到同一方向上内卷,无异于是将知识人赶上同一座独木桥(并让他们在独木桥上争夺有限的生存空间),这对知识人和大学而言都是一种巨大的灾难和危险。此外,各种职位、身份、头衔和标签成为争夺资源的某种力量加持,吸引着知识人为之疲于奔命。而且,各种知识游戏层层递进、环环相扣,精细且严密的游戏规则渗透在各个角落、各个环节,有时候,参与某个游戏并在其中获胜是参与更大的游戏的前提,获取某项资本是获取更大资本的基础,于是使得争夺有时呈现出某种马太效应的特征——在某个游戏中取胜可能会带来更多的和更大的胜利,资本、权力、身份、头衔、荣誉不断再生产、不断滚动累积;而在某个游戏中落败可能会导致更多的和更大的落败,生存之路越走越窄。于是有时候可能一步领先则步步领先,一步落后则步步落后。因而,对于知识人而言,生存布满危机,岂敢奢谈从容与坦然、闲适与闲逸。况且,当知识人被绩效考核这把利剑抵住喉咙时(再搭配上职称晋升、"非升即走"以及各种奖励与惩罚机制的捆缚),何以从容与坦然,恐怕只得遵照特定的游戏规则去施展自己的行动策略,方能求得可能的存在与生存。而且,知识场域及其评价准则对知识及知识产品有其特定偏好,为了获取研究资金以及研究成果的发表机会,知识人的知识劳动及知识产品有时候需要符应这种知识偏好,倘若知识人自身的知识偏好与知识场域及其评价准则的知识偏好格格不入,知识人可能会体验到某种局促感和局外感,更现实的是,其在知识场域及其游戏规则下的生存空间可能会极为狭窄,甚至难以生存。因而,在现实情境中,知识人有时难有"自我",某种程度上,他们是

第六章 多重博弈：大学知识场域的争夺

砧板上的"鱼肉"，任由大学宰制；或者是某种"笼中之物"和"囊中之物"，任由大学摆布。"自主性"对于知识人而言是某种稀缺品和奢侈品，只有少数知识人（往往是持有丰厚成果以及重要身份和头衔的"学术大牛"）拥有强大的"自主性"，他们有足够的筹码和大学讨价还价，从而对大学形成某种反制与制衡。"学术大牛"是知识游戏与游戏规则的制品和产物，是知识游戏中的胜利者、佼佼者，是大学的"宠儿"；有时候，他们在知识场域中待价而沽，并在一定程度上具备了超脱于知识游戏与游戏规则的自由度。某种程度上，"学术大牛"（尤其是成果丰厚并且拥有各种身份、头衔和荣誉加持的"学术大牛"）是知识场域中的"抢手货"，是不同大学之间竞相争夺的对象，也是大学愿意花大价钱去争夺的某种"商品"和"资本"。可见，大学知识场域既是"学术场"，也是某种"生意场"。知识人的成果、身份、头衔和荣誉等有形或无形的物品皆可成为具有交换价值的"商品"和"资本"，并为知识人带来收益。有时候，知识人自身也是某种"商品"，其身上的附着物（成果、身份、头衔、荣誉等）成为衡量其"价值"与"价格"的准则，于是吸引着、激励着知识人为建构自己的价值、提升自己的价格而努力。可见，大学知识场域中的生态系统是复杂的，知识人建构自我也是复杂的、艰难的；有时候，知识人的自我在知识场域中被深深地淹没在、埋葬在游戏与争夺当中。

在当下，大学自身也处于高度竞争性的环境之中，大学也要参与各种游戏的竞争。而且,这种竞争不只是区域性、国家性的,而是全球性的。现代大学在全球范围内展开对师资、生源、资源、声誉和地位的竞争,这种竞争是大学在其所处场域中寻求生存与发展的某种必需。于是,大学通过制度设计将这种竞争转嫁到知识人身上,知识人成为大学竞争压力的最终承受者。大学的制度设计善于使用奖励与惩罚机制,通过布设名目繁多的知识游戏、设计精细且严密的游戏规则、搭配丰厚且诱人的赏品、营造高度竞争性的环境,从而引诱着、激励着、鞭策着知识人积极投身于知识劳动,并为自身的生存奋力争夺。奖励与惩罚的推拉之力、诱惑之力、鞭策之力,深深地嵌入知识人的身体和精神,由此对他们施展着精细且严密的控制、钳制与宰制,于是规训便潜移默化、悄无声息、自然顺畅地在知识人身上施展下去。奖励与惩罚机制以及精细且严密的制度与规则,或许能给知识人施加某种外在刺激,并提升知识劳动的生产力;但大学应谨慎使用奖励与惩罚手段,过度依赖奖励与惩罚机制给知识人施以外部刺激,有时可能会产生副作用、生产副产品。在大学里,倘若过度盛行绩效主义、过度营造竞争性环境、过度滥用奖励与惩罚手段,可能会异化知识人及其知识劳动与知识生活,并最终异化大学自身。知识劳动与知识生活有其特定的内在规律,有时候,需要的不是激励和鞭策,而是自然而然与水到渠成;有时候,创造性的知识产品不是在奖励与惩罚机制的作用下生产出来的,而是在自主、宽松、闲适、从容的氛围和状态下涌现的。一定程度的自主、宽松、闲适与从容,是知识劳动与知识生活的内在需要,也应成为大学制度设计与规则创设的某种必要的考虑——最终的受益者不只是知识人,也是大学以及社会和公众。

第七章
规则与规训:审视现代大学的运行

现代大学的运行有赖于一系列制度创设,在大学知识场域中,一系列制度在具体的知识游戏中具体化为一系列具体的游戏规则,这一系列规则潜移默化地塑造了知识人在大学知识场域中的行动策略与存在方式。知识人要想在大学里寻求生存与发展,则需依循大学的特定规则来施展自己的行动,于是在隐匿性的层面,知识人不断被塑造为大学的规则所希望的、鼓励的和奖赏的那种人。现代大学处在一个高度竞争性的环境中,大学自身作为其所处场域中的行动者,面临着一系列外部压力、竞争与挑战,大学对外部环境的反应或将转化为内在规则的创设与更改,从而将大学所面临的压力与挑战转嫁到大学内部的知识人身上,并通过规则的创设和更改以削弱知识人的闲逸性并增强其生产性,从而制造"有用的"知识劳工,不断提升知识人的知识生产力以增强大学自身的竞争力。制造知识劳工的过程蕴含着对知识人的某种规训,这种规训塑造了知识人遵从知识场域的规则来施展自身行动策略的惯习。这个规训的过程温柔地隐匿在大学知识场域的资本、权力、排斥、争夺等要素之中,是在知识人参与知识场域的一系列知识游戏中潜移默化、悄无声息、自然而然地展开的。在某种程度上,知识人"配合"了这个规训的过程,并在这种"配合"中有所获益——在遵循(有时是主动"迎合")知识场域的知识游戏之游戏规则而展开行动时,知识人(有意识地或无意识地)将自身打造为知识场域的游戏规则所希望的、鼓励的和奖赏的那种人,这为他们在知识场域中参与资源的争夺提供了助益(为了获得知识游戏的赏品,为了在知识场域中寻求生存与发展,有时候知识人"不得不"将自身打造为游戏规则所希望的、鼓励的和奖赏的那种人)。在参与大学知识场域一系列知识游戏的过程中,知识人获得了游戏赏品,同时大学也从知识人身上获得了其所要的物品(各类知识产品、荣誉、声誉,等等)。可见,大学与知识人之间的规训与被规训是建立在二者的"合谋"与"互利"的基础之上的。

一、奖励与惩罚:现代大学对知识人的规训

大学,是一个知识场域。大学知识场域有其特定的知识游戏、游戏规则与游戏赏品,知识人在一场场知识游戏中奋力争夺以竞取游戏赏品。在这个过程中,知识人

付出了知识劳动、生产了知识产品,并凭借知识产品换取各种其所渴求的"物品"。知识产品可换取的一系列"物品"是吸引(或者"诱惑")知识人参与知识游戏的重要动力,作为某种"幻象",知识人在知识游戏中的在场既已表明他们对知识游戏和游戏赏品的兴趣(甚至"迷恋")。遵循大学知识场域中一系列游戏规则去施展自身的行动,是知识人寻求存在与生存的理性策略。知识人或主动或被动、或有意识或无意识地遵循游戏规则去施展自身的行动时,可能会被游戏规则制造为"有用的"知识劳工。这其中蕴含着规训的成分。某种程度上,这种规训是在大学与知识人"合谋"之下完成的,大学与知识人在这场"合谋"中获得了各自的"利益"。因而,这种规训某种程度上也是知识人的自我规训。相比于直接介入肉体的规训,这种介入精神的规训是一种更为隐蔽、更为温和的规训,它的隐蔽与温和,使它更容易不受抵抗地施展下去,也使它更为强大、更为深入、更为彻底。可见,大学既是一个知识场域,也是一种规训空间。

从知识场域的视角审视,现代大学的运行逻辑某种程度上体现在:通过创设规则化的游戏和竞争性的环境从而对知识人施展精细化的规训,将"自主的"知识人制造为"有用的"知识劳工,使他们为大学不断地生产知识、制造荣誉、建构声誉等。制造"有用的"知识劳工是一个削弱知识人的"闲逸性"而增强其"生产性"的过程,旨在提升知识人的生产性价值。这种"闲逸性"主要表现为个体不受外在压力的迫使或者外在利益的诱惑而在闲逸的好奇主导下从事知识劳动的那种状态,而"生产性"主要表现为个体为满足外在要求或受外在利益的驱使而从事知识劳动的那种状态。"知识人"和"知识劳工"不是两个群体,而是从不同层面对同一个对象所进行的理解,即,二者指的都是在大学里从事知识劳动的师生。大学的师生既具有知识人的属性,也具有知识劳工的属性,只是在不同情境下所表现出的知识人的属性和知识劳工的属性在程度上有所不同。知识人和知识劳工都不同程度地具有闲逸性和生产性,从知识人的层面去理解大学的师生,则彰显其闲逸性;从知识劳工的层面去理解大学的师生,则彰显其生产性(如图 7-1 所示)。现代大学通过创设名目繁多的知识游戏以及精细且严密的游戏规则,使得

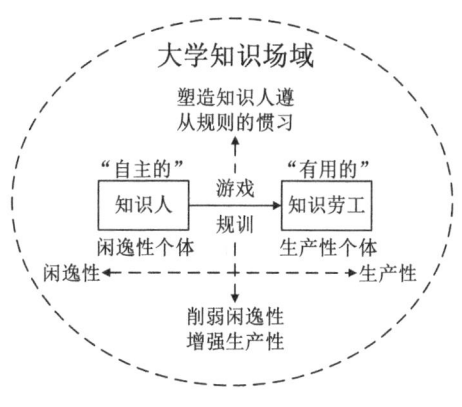

图 7-1 现代大学对知识人的规训

知识人需要不断地投身于知识劳动并不断生产知识产品才能在大学当中寻得合法性的存在与生存。为了在大学中寻求生存与发展并获得其所期待的一系列利益,知识人需要依循大学的一系列规则去施展自身的行动策略,在这个过程中,知识人或将自身导向规则所鼓励的方向、将自身打造为规则所奖赏的那种人(在大学里,规则有各种表现形式,规则不一定是一整套完整的制度体系,也不一定以制度化的文本予以呈现,某次或某项资源或者利益的分配方案也是某种形式的规则;规则也有各种不同形态,包括制度化的规则和非制度化的规则、成文的规则和不成文的规则、显性的规则和隐性的规则、公开的规则和缄默的规则,等等)。于是,大学便隐匿性地对知识人施展了某种规训,这种规训塑造了知识人遵从规则所鼓励和奖赏的方向去施展自身的行动策略的惯习。某种程度上,那些能够通过大学筛选机制及其规则体系的筛选而进入大学的知识人,内在地具有某种遵从规则的性情倾向,或许正是因为他们本身便具备了遵从规则去施展自己的行动的性情倾向,从而使得他们更有可能在大学的筛选机制及其规则体系当中取胜。进入大学之后,在大学的一系列游戏及游戏规则中长期存在、长久浸染,知识人便进一步习得并内化了大学的游戏规则。某种程度上,当个体习得并内化游戏规则时,或将使规则成为人身体和精神的组成部分,使遵循规则成为人的某种无意识或潜意识。当游戏规则内化于心时,某种程度上,或将成

第七章 规则与规训：审视现代大学的运行

为个体惯习系统中的组成部分，并在无意识或潜意识的层面操纵、规约、指引着人遵从游戏规则去施展自身的行动，就像条件反射一样。这时候，游戏规则就像长在人的身体里、溶解在人的身体里一样，已成为人自身的一部分，深嵌在人的肉体和精神当中（并操纵、规约、指引着人的思维与行为），在此种状态下，规训就像从未遭受过反抗和抵制一样得到了充分的施展与贯彻，于是规训便潜移默化、悄无声息、自然顺畅地达到了至佳的效果。可见，当遵从规则已成为个体的内在惯习时，规训便会深刻、高效、彻底地介入人的肉体和精神之中。借由这套隐蔽又温和、精细且严密、灵巧并深刻的规则与规训系统，大学得以将知识人塑造为大学所希望的、所想要的那种人，即削弱知识人的闲逸性而增强其生产性，从而将"自主的"知识人制造为"有用的"知识劳工。在这个过程中，知识人某种程度上由自主地、闲逸地依循自身的兴趣和节奏从事知识劳动转向依从知识场域的游戏及其游戏规则所鼓励和奖赏的方向与方式从事"有用的"知识劳动并不断提高知识生产力，从而更快、更多地为大学生产知识产品。当然，这不是绝对化的，也不是普遍化的，而是一种整体层面的观察。在某种程度上，制造知识劳工，可能并不一定是、也并不完全是大学本身主观意识的行为，可能也是大学内部和大学外部对知识人的一系列评价指标、评价规则、评价体系、评价制度乃至评价理念与评价文化等共同制造的结果。总体而言，基于这个"规训"与

"制造"的过程,大学得以不断提升自身的知识生产力,将大学自身建构为对国家和社会"有用的"机构,并提升大学自身作为行动者在其所处场域(比如全球大学所组成的场域或者整个社会场域)中的竞争力。

现代大学对知识人的这种规训的强大之处体现在知识人不仅自觉遵从大学知识场域中的一系列游戏规则甚至主动"迎合"游戏规则,知识人迎合游戏规则是为了更多地、更好地赢得游戏赏品、获得知识所附着的利益。倘若塑造了知识人遵从或迎合规则的这种惯习,大学便可以通过制造规则或更改规则从而持续地对他们施展精细化的规训。有时候,即使知识人感知到这种规训的存在,但可能依然会积极"配合"这种规训,他们以这种被规训作为代价获得了他们所期待的利益。大学则通过这个规训的过程实现了对知识人的身体、脑力、智力、体力以及时间和精力的占有,从而实现了对他们的知识劳动功能的占有。换言之,大学从知识人的知识劳动中取得一系列知识产品,为大学的运行与发展提供能量。因而,某种程度上,大学和知识人之间的规训与被规训是建立在二者的"合谋"与"互利"的基础之上的。大学想从知识人身上获得知识产品,知识人想通过知识产品获得利益,因而大学对知识人施展的基于知识的隐匿性的规训是为知识人所接受的(甚至被知识人所"配合"或"迎合"),而不是被反抗的。这种建立在利益互惠基础上的规训不是在肉体上鞭打出来的规训(虽然在这种规训当中也存在惩罚手段,但并非肉体上的惩罚;而且,相比于惩罚手段,奖励机制在其中可能发挥更为重要的作用),而是被规训者"主动配合"或"主动迎合"的规训,这种规训更为隐蔽、更为温和(同时也更为深入、更为强大、更为彻底),有时候甚至被规训者自身以及施展规训的人员和机构可能也并未察觉到这种规训的存在。规训的隐蔽性与温和性是它不同于某些强制性暴力的重要特征。正如福柯所言:"规训权力是通过自己的不可见性来施展的"(福柯,2012:211)。福柯揭示了在监狱、军营、工厂、学校等场所中存在的规训,这种规训有时候直接介入身体和肉体,继而"造就既驯顺又能干的肉体"(福柯,2012:338)。然而,相比于监狱等场所直接作用于个人肉体上的规训而言,现代大学对知识人的规训似乎更为隐蔽、更为温和,但却比肉体的规训更为深入、更为有效、更为彻底,也更能使作用对象听命和臣服。实际上,通过知识以及学习知识的过程对人进行规训并刻下身体的和精神的烙印的知识规训是一种温和的规训(林华,2012:6)。相比于直接作用于肉体的体力劳作而言,知识劳动更多地介入人的精神,因而围绕知识而展开的这种规训在肉体上可能是温和的,但在精神上可能是严肃的、严酷的,它制造出来的不只有驯顺的肉体,而且还有驯顺的精神。在大学知识场域中,当知识人的闲逸性被逐步削弱而其生产性被逐步增强时,他们就成为了对大学而言既驯顺又有用的知识劳工(甚至是"知识苦力"),"驯顺"体现在对规则的遵从,

"有用"则体现在无止无歇地投身于知识劳动并不断生产各种知识产品。大学对知识人施展精细化的控制、宰制与规训旨在制造"有用的"知识劳工,并塑造他们特定的惯习,惯习在无意识或潜意识的层面指引着他们"主动"遵从大学知识场域的一系列游戏规则去施展自身的行动(当惯习已深入个体的肉体和精神时,那么在惯习的牵引、指引和规约下,遵从游戏规则去施展自身的行动有时候是不知不觉、自然而然的,就像条件反射一样),并积极为大学源源不断生产知识、制造荣誉、建构声誉。大学想方设法吸纳有生产力的知识人,他们身上具有更强的生产知识、制造荣誉、建构声誉的能力和潜力,并且他们与知识游戏的游戏规则更具亲和性,因而,对他们施展规训时可能遭遇的阻力或许也会更小,规训的施展可能会更为顺畅。

大学的规则与规训系统无法凭空存在,它需要借由奖励与惩罚机制才能发挥作用(奖励与惩罚机制常常镶嵌在各类游戏当中)。奖励用于诱导"合理的"行为(规则期待的行为),惩罚用于制止"不合理的"行为(规则不期待的行为)。大学通过创设精细且严密的奖励与惩罚机制以及一系列利益分配制度,不断吸引、激励、鞭策知识人投身于知识劳动并积极生产知识产品,并通过对挑选出来的符合标准的知识人进行公开表彰从而制造供人学习的榜样并营造竞争性的氛围,以期通过榜样的示范性与环境的竞争性进一步驱动知识人投身于知识劳动的积极性。精细且严密的奖励与惩罚机制,使规则与规训系

第七章　规则与规训：审视现代大学的运行

统得以具体且实在地施展下去。相比于惩罚，奖励是一种更为高效也更为可怕的规训机制。惩罚或者可能的惩罚，会引起人们的畏惧，从而使人尽可能地避免它、远离它。在一定程度上，人们只要不去触碰会引起惩罚的事物，就可以避免它。然而，奖励或者可能的奖励，其威力在于，它不是让人感到畏惧而避免和远离，而是诱惑人自觉地向它靠近，人们调动自身的一切能力和潜力去接近它，最终全方位地成为它的俘虏。与惩罚类似，奖励可能以各种不同的形式呈现它的面貌，无论是否获得了奖励，奖励对于那些对它感兴趣的人都可能构成某种规训，这种规训隐秘而强大，它的力量可能超出了被规训者自身的想象。在大学里，这种奖励无处不在。福柯指出："在纪律中，惩罚仅仅是奖—罚二元体制的一个因素"（福柯，2012：203）。"（教师）应该尽可能地避免使用惩罚，相反，他应该多奖励少惩罚。懒惰的学生与勤奋的学生一样，希望获得奖励比畏惧惩罚更能使他振奋"（转引自：福柯，2012：203）。奖励和惩罚的作用机制是不同的，无论对于教师还是学生而言，某种程度上，奖励是一种"吸引力"或者"诱惑力"，它将人"吸引"或者"诱惑"过去；而惩罚是一种"拒斥力"或者"威慑力"，它通过警示和威慑让人与它保持距离。实际上，"奖励"不只是以"奖励"的字眼而呈现，它的种类比我们想象的更多。从广义的视角来理解"奖励"，某种程度上，在大学知识场域当中，知识人能从中有所获益的事物都是某种意义上的"奖励"。在大学当中,诸如学生选拔、教师招聘、职称晋升、奖学金评选、学术奖项评定等,这些包含着游戏规则和游戏赏品的各类"游戏",虽然不一定冠以"奖励"的字眼,但在某种意义上知识人可以从中获益,便是某种意义上的"奖励"("奖励"既包括活动本身,比如,"进行某种奖励";也包括活动的赏品,比如,"获得某种奖励")。奖励的奥秘在于它的"吸引力"或者"诱惑力",这种"吸引力"或者"诱惑力"是指引和形塑知识人的行动方向与行动策略的强大力量。因而,奖励(各种形式的"奖励")是大学知识场域规训力的重要来源(某种意义上,可以说,是最重要的来源)。为了获得奖励,知识人需要积极地参与争夺,充分施展自己的能力与潜力,而且需要遵照奖励所依循的规则及所奖赏的方向去采取行动,由此,知识人便成为规则制造者的"笼中之物"和"囊中之物"。于是,大学只需通过少量的赏品便可以收割众多知识人努力地开展知识劳动、生产知识产品。学术职级系统(教授、副教授、助理教授)给知识人制造了一个爬坡过坎的职级升迁游戏,对于知识人而言,学术职级与职称晋升既是一种诱人的赏品又是某种残酷的枷锁,高级职称往往意味着更大的认可、更高的地位、更多的资源和更好的保障,竞取高级职称也意味着需要在知识劳动当中更加奋力,并且需要更精准地遵从学术职级与职称晋升的游戏规则。于是,在学术阶梯上努力攀爬的过程中,知识人全方位地遭受大学的控制、宰制与规训,大学充分地占有知识人的身体、脑力、智力、体

第七章 规则与规训:审视现代大学的运行

力以及时间与精力,并充分占有知识人的知识劳动与知识生产功能。学术职级系统以及学术职称的这种等级制是控制、宰制和规训知识人的一把利器,它将知识人的学术生涯牢牢框定,知识人在学术职级系统或者学术职称的等级制当中耗费心血爬坡过坎,越是沉迷其中便越是沦陷其中。某种程度上,现代大学的制度设计迫使知识人不得不投身其中、卷入其中、沦陷其中。尤其在当下的大学里,学术职级与职称晋升体系搭配着"非升即走"制度,使得大学的规则与规训系统更加精细、更加高效、更加强大,也更加残酷,并且大学场域中的竞争氛围也更加浓烈。"非升即走"是一种以职位压力制造竞争、催促生产的策略,知识人倘若想要获得安全稳定的学术职位,便不得不在限定的时间内生产出一定的知识产品;而且,在"非升即走"制度下,衡量标准有时呈现出的模糊性和变动性、学术职位和各类资源的有限性以及同侪之间的竞争性等,使得知识人需要持续不断地进行知识劳动和知识生产——某种程度上,无止无歇。阿普尔在讨论控制的逻辑本质时指出:"在企业生产中,公司购买劳动力。也就是说,他们购买人们工作的能力,显然,也常常设法扩展劳动力的应用促使其更多产"(迈克尔·W·阿普尔,2008a:148)。营利性机构的雇主有权要求其员工按规定时间在岗,而在最基本的层面上,大学对其"雇员"的期望和其他类型的雇主并没有什么不同(唐纳德·肯尼迪,2002:304)。教师作为大学所"雇佣"的"知识劳动力",大学支付了一定的报酬方能占有教师的知识劳动功能,因而大学希望充分激发教师的知识劳动能力并不断提升其知识生产力。然而,大学不同于企业,教师也不同于企业雇员,某种程度上,大学不应单纯依凭"雇佣关系"来宰制教师。

知识人对大学知识场域中的游戏规则越熟悉、越内化,越遵照游戏规则来施展自己的行动,他们就越有可能获得相应的利益回报,同时,他们也越有可能被这套游戏规则所规训。如果违背游戏规则便有可能遭受相应的惩罚,那么人们可能不会轻易违背游戏规则;如果遵循游戏规则去施展自己的行动能够获得相应的利益,那么人们有可能会主动习得和内化游戏规则并遵循游戏规则去施展自己的行动。大学对知识人的规训源于知识人对利益的诉求,这种利益不一定是物质利益,也可能是非物质利益。从广义的层面而言,这种利益即是知识人所追求的那些物品,换言之,知识人所追求的物品即是他们所期望的利益(比如,文凭、职称、职位、资本、财富、权力、身份、地位、荣誉,等等)。在某种程度上,规训之所以发生,原因在于利益诉求,利益诉求是规训发生的某种原点,倘若知识人不存在利益诉求,便不会落入相应的规训系统当中。换言之,倘若知识人对这些利益毫无兴趣、对大学本身也毫无兴趣,那么大学的规则与规训系统对他们便束手无策。在大学里,知识人为了获得特定利益,可能会不断规约自己的行动策略,自觉地遵照着诸如学术评奖、职称晋升等知识游戏的游戏规则进行准备和行动,从而把

第七章　规则与规训：审视现代大学的运行

自身塑造为知识游戏的游戏规则希望他们成为的那个样子。最终,他们或许能够获得相应的利益回报,但在这个过程中,他们可能会被这套游戏规则所控制、宰制和规训。场域规则就像利益底线,倘若逾越场域规则就可能会无法获得利益或者丧失既得利益甚至遭受惩罚,那么行动者就不会轻易逾越场域规则,这是一种理性的逻辑。在知识场域中,直接或间接地体验过一系列奖励与惩罚,知识人便会充分认识到这套游戏规则的赏罚标准以及遵循或违背规则所产生的相应结果或后果。规则越明确,就越方便于知识人对照规则来施展自己的行动,因而也就越有利于大学对知识人施展规训。那些不参与游戏的人,便不会被游戏所规训,无论多么诱人的游戏赏品对他们也无法构成吸引力,无论多么精细的规训机制对他们也束手无策。倘若知识人对知识游戏的赏品毫无兴趣,他们不参与游戏,便无须迎合游戏规则去施展自己的行动,于是,他们或许便能够摆脱这套规则的规训——再强大的规则与规训系统也无法对不在其中的人施展规训。某种程度上,逃离规训的唯一方式是不落入其中。换言之,对游戏赏品毫无兴趣,绝不参与游戏,便不会落入游戏的规则与规训系统;不进入这个场域,便不会落入这个场域的规则与规训系统。然而,大学所布设的丰厚且诱人的赏品对知识人构成了强大的吸引力和诱惑力,而且,在更大的社会场域和文化场域中,大学是知识人重要的栖身之所与强身之所,大学本身对于知识人而言也极具吸引力和诱惑力,因而,源源不断地会有知识人想进入大学,源源不断地会有知识人奋力争夺进入大学的机会,大学永远不乏其"拥趸"与"信众",在这个层面上,大学相对于知识人始终处于高位、始终处于强势一方。因而,实际上,知识人很难抗拒大学,当他们选择进入大学时,也便难以抗拒大学的规训之力了。在现实情境中,大学的一系列制度迫使知识人不得不参与知识游戏,如果知识人不参与知识游戏,他们可能就无法在大学里获得合法的存在与良好的生存。当知识人进入了大学知识场域、参与了知识游戏,就决定了他们会受到大学知识场域中的规训之力的作用。即知识人在大学知识场域中的在场、在知识游戏中的在场既已表明他们已进入这套规训体系之中。实际上,知识人在大学知识场域中的在场、在知识游戏中的在场既已表明他们对大学知识场域、知识游戏及游戏赏品的价值和意义的认同、期待、兴趣以及倾向性,由此牵引着、指引着、引导着他们施展相应的行动策略,于是他们便落入了这张精细且严密的"规训之网"当中,成为某种"笼中之物"和"囊中之物"。倘若知识人在知识游戏中既已在场,并且尚未退场或者不准备退场、想要继续在场,那么他只得围绕知识游戏的游戏规则去施展自身的行动,否则便难以在这个场域中合法地存在。例如,"非升即走"制度使得青年教师必须遵照相应的规则在特定期限内生产出职称晋升所需要的知识成果(并且往往还要经历激烈的同侪竞争),否则可能就会丧失学术职位。不过,大学所施展的直接规训的边界主要限定在进入大学并试图在其中参与知识劳动以获取利益的知识人,对于那些不进入大学或者不希冀在大学里获得相应利益的人,大学对他们的规训便不直接存在。施展精细且严密的规训有赖于特定的空间(包括物理空间、制度空间、文化空间等)以及特定的制度、体系、规则与机制,因而,大学的空间布局与制度设计是有讲究的、是深思熟虑的。大学的校园(包括校园的空间布局、功能布局以及校园的景观、风格等)、建筑(包括建筑的内部空间、外部形态以及建筑的功能等)、围墙(包括有形的围墙与无形的围墙)等承载着大学的规训系统及其规训功能(或者说,这些物件都是大学规训系统的组成部分);大学需要一定程度的排斥性与封闭性,以排除外在因素的过度侵扰,从而营造适合于(并有助于激励)知识劳动和知识生活的特定氛围与环境;大学需要装配特定的奖励与惩罚机制,并且需要布设特定的游戏、规则与赏品;从而将知识人制造为大学所需要的特定的人("有用的"知识劳工)。某种程度上,大学的空间、制度、游戏、规则、赏品及奖励与惩罚机制等都是精心设计的结果,大学里的人是这种精心设计的空间、制度、游戏、规则、赏品及奖励与惩罚机制等以及相应的氛围、环境与文化下的制品和产物。可以说,大学是一种独特的场域空间,大学的规则与规训系统有其特定的运行逻辑。或者说,每个特定的场域都是独特的、都有其特定的规则体系和运行逻辑。

规则与规训：现代大学知识场域的运行逻辑

大学的规则与规训系统施展其作用是基于知识人对游戏规则的遵从或违背而对利益进行给予或剥夺（抑或进行奖励或惩罚）从而建构知识人对规则的习得、内化、遵从与迎合的过程。规则与规训系统塑造知识人遵从规则去施展自己的行动的惯习，这种惯习在无意识或潜意识的层面牵引着、指引着知识人遵照规则所鼓励和奖赏的方向打造自己，最终在知识人与大学的"合谋"之下制造出既驯顺又有用的知识劳工。在大学知识场域中存在着的知识人，某种程度上都是规则与规训系统下的制品和产物，他们进入大学之前已遭受过另一套规则与规训系统的打磨，他们在大学里被一套特定的制度体系、规则体系所裁剪、打磨、铸造，从而充分习得并内化大学的游戏规则，并自觉遵照规则来施展或规约自己的行为，遵循规则去做或者不做相应的事情，从而使自己符应规则所鼓励和奖赏的方向、使自己符合这个场域希望他们成为的那种人。现代大学日益容不下"闲逸的"知识人，而是需要大量"有用的"知识劳工。某种程度上，现代大学正在以其精细设计的制度体系与规则体系批量制造"有用的"知识劳工。有时候，在知识劳动中的"有用性"和生产力是知识人在大学知识场域中获得合法性存在的基础。现代大学通过批量制造"有用的"知识劳工、批量生产"有用的"知识产品，从而将其自身制造为"有用的"知识机构。在现代社会当中，倘若大学无法证明自身的"有用性"，那么其可能难以获得生存所需的资金与资源，并可

第七章　规则与规训：审视现代大学的运行

能会陷入某种生存危机。而且，大学的"有用性"也是大学在其所处场域中参与竞争的基础，于是大学通过特定的制度设计与规则创设，将这种"有用性"需求转嫁到大学内部的知识人身上，某种程度上，制造"有用的"知识劳工是现代大学寻求其自身的生存与发展的某种"理性策略"。

某种程度上，在知识人入场之前（当他们渴望入场时），大学场域中特定的制度体系与规则体系对知识人的规训便已经开始了（有时候，当知识人产生入场的念头时，场域中的规则与规训系统便已开始对其施展作用了）。例如，渴望进入大学学习的学生需要对照大学的招生标准进行准备和行动并通过一系列考试的制度性选拔；渴望进入大学从事学术研究的教师需要对照大学的教师招聘标准进行准备和行动并通过教师招聘的制度性考核；在这个漫长的准备和行动过程中，知识人逐步习得并内化相应的规则与标准，并逐步将自身打造为这套规则和标准所要求的、鼓励的和奖赏的那种模样。进入大学之后，在大学的一整套制度体系与规则体系中存在与生存，知识人进一步被制度化为特定的人。大学的规则与规训系统的强大之处在于，它在一个漫长的进程中隐蔽又温和、高效且强大、深刻并彻底地对知识人施展着规训之力，而且这一切似乎又是在潜移默化、悄无声息、自然而然的状态下发生的。因而，这种规训往往不太会遭受被规训者的抵制与反抗，甚至是在被规训者与规训者

"合谋"之下完成的,被规训者对此高度"配合"(甚至"迎合")。某种程度上,大学是这场规训的"主谋",而知识人是大学对其所施展的规训的"合谋者"与"配合者",甚至是"迎合者"。又如,大学对博士生的规训贯穿了他们读博之前、之中与之后。博士生招生规则标明了申请者所应具备的条件,渴望读博者需要遵循博士生招生规则所标识的方向去准备和行动(激烈的同侪竞争使得这个准备过程有时需要尽早开始,而且,申请者可能需要尽力为自己准备更多的竞争资本,而不只是达到招生规则所要求的基本条件)。正式获得博士生的身份,进入特定的大学以及学科领域和研究方向、选择特定的导师、进入特定的课题组、选择特定的研究主题,等等,这个过程逐步圈定了博士生所从事的研究领域以及未来的发展方向。在入学之前、之中与之后的漫长过程中,大学、学科、知识等充分地展开了其对知识人的精细且严密的规训。大学对知识人的规训既源于知识也源于制度与规则,但制度与规则是外在形式,而知识则是规训的内在来源。特定的知识、知识劳动与知识生活建构了特定的知识人及其特定的内在思维与行为方式,不同类型的知识、知识劳动和知识生活可能会建构出不同类型的知识人,因而知识人之间有时也会由于所涉足的知识的不同而存在区隔(当然,作为围绕知识开展劳动的知识人,他们之间存在许多共通之处,知识在他们的身体和精神上所留下的烙印是相似的,知识规训在他们的身体和精神上所留下的痕迹是相似的)。课程、考试、开题、答辩等一系列培养环节的实施逐步锁定博士生的知识劳动的范畴、内容与方式,并将他们制造为特定的知识人。此外,倘若博士生渴望从事学术职业,则需要发表一定数量、一定质量的学术成果,于是他们便逐步投入、卷入、落入或者陷入学术游戏之中,并被这场游戏的规则与规训系统逐步裁剪、加工、打磨、制造为特定的人("闲逸的"知识人抑或"有用的"知识劳工——遵照当下大学的制度体系与规则体系,后者的可能性也许更大)。然而,规则的规训不只是把人制造为规则想要的那种人,有时也可能把人异化为规则所意想不到的人。在某种程度上,现代大学知识场域对知识人的规训或许是一把"双刃剑"。

二、游戏与幻象:知识场域与知识人的规训

布迪厄强调,每个场域都有其特定的逻辑,而且这套逻辑通常不能在不同场域之间化约(皮埃尔·布迪厄,华康德,1998:134)。特定场域的特定逻辑主导着这个场域一系列游戏的规则的建构,这套规则决定着哪些资本在该场域中具有交换其他物品的效力,哪些资本是该场域的主导性资本,也决定着行动者如何参与游戏、如何争夺游戏赏品。通常情况下,行动者在场域中参与争夺需要遵循特定的规则才能取得成功、获得赏品。当然,如果可行的话,行动者也可能通过改变规则从而使自身在场域

中获得更多的竞争优势。无论是遵循规则还是改变规则,行动者在场域中存在、参与游戏、参与争夺始终难以绝对摆脱规则的规约,规则始终悬在他们头顶,或者说,他们始终处于规则之网当中并被规则紧紧包围着、包裹着、缠绕着、规制着。规则不等同于规律,比如自然规律是外在于人类社会而存在的客观物,而社会规则是内在于人类社会而存在的人造物。在人类社会中存在的规则是一种人造物,是人为的制品和产物,并带着人的意识、目的和意志,主要也作用在人的身上。规则可以看作是制度的一种化身,是制度的一种具体形态,在具体的游戏当中,制度有时候是以具体的规则来呈现和落实的。各种组织机构都会以特定的制度来规约其人员与活动从而维系组织机构的运行秩序。从场域的视角去审视,维系组织机构各类活动的运行秩序的制度就像维系场域中各类游戏的运行秩序的游戏规则。社会场域(以及一系列子场域或分支场域)是在一套复杂的规则体系的维系下运行的,是形形色色的规则(包括制度化的规则和非制度化的规则、成文的规则和不成文的规则、显性的规则和隐性的规则、公开的规则和缄默的规则,等等)在掌控着、左右着、塑造着、规训着我们的思维、观念和行为,使我们成为特定场域中特定的人。

大学是整个社会场域中的一个子场域或分支场域,它的重要特征在于其知识属性。从知识场域的视角审视大学,大学这个特定的知识场域也有其特定的规则、特定

第七章　规则与规训：审视现代大学的运行

的行动者、特定的资本、特定的游戏，等等；大学的游戏也是在一套规则的维系下运行的，它也有一套特定的逻辑。大学的特定规则筛选出了特定的人，也塑造出了（或者制造出了）特定的人。如果大学对教师的评价规则着重于论文发表，那么就可能会筛选出、制造出善于发表论文的教师；如果大学对教师的评价规则着重于教学水平，那么就可能会筛选出、制造出善于教学的教师；如果大学对学生的选拔和评价规则着重于应试能力，那么就可能会筛选出、制造出善于考试的学生。为了在大学当中获得生存与发展，知识人有足够的智慧和能力将自身打造为规则所鼓励和奖赏的那种人。通常而言，生存的需要决定着大学的知识人的行动策略往往遵循特定的规则而施展，于是，大学的规则与规训系统便在潜移默化中将他们塑造为（或者制造为）大学所希望的、想要的那种人（有时候，大学对知识人的塑造与制造也不一定会如其所愿）。特定的人是特定规则的制品和产物，规则即使只是细微的改变可能都会筛选出、制造出不同的人。如果改变了大学的游戏规则，那么大学所奖赏的品质、思维、观念和行为可能会有所不同，所筛选出来的人可能会有所不同，所制造出来的人也可能会有所不同。每个场域都有自身的规则，而且作为人造物、人为的制品，这套规则是可以被人改变的，大学这个场域也是如此。虽然大学的制度体系与规则体系总体上保持稳定，但微观层面、具体层面的规则时常处于流变状态。大学正是通过具体规则的创设与更改,直接引导着、规约着知识人的行动方向与行动策略,从而筛选出、制造出符应大学所需之人、所要之人。

然而,知识人在大学知识场域中并非全然是被规则与规训系统所塑造、制造、宰制和规训的被动个体,实际上,知识人既是规则的被制造者,也是规则的制造者。换言之,知识人既是规则的作用对象,也是规则的作用主体(即规则的缔造者、掌控者)。当然,并非所有知识人均能在制定规则中表达话语、施展影响、发挥作用,规则的制定通常纳入一部分知识人,并且特定规则的制定往往纳入特定的知识人。因而,从知识人群体当中脱颖而出成为能够制定规则或者影响规则的制定是知识人在大学知识场域中的一种争夺目标。倘若能够成为规则的制定者抑或在规则制定中表达话语、施加影响,那么知识人或能将自身的利益诉求加之于规则体系当中。知识人在大学知识场域中的生存依赖于资源和利益,而资源和利益的有限性及其分配的非均衡性使得知识人常常为之争夺。从知识场域的视角审视大学,占有知识这种资本并不断扩大对知识资本的占有是知识人参与争夺的基础,在大学知识场域中,知识是一种主导性资本,大学的学生选拔、教师招聘、职称晋升等知识游戏中的诸多重要资源的分配都与知识相关(知识游戏的游戏规则建基于知识及知识产品)。同时,决定这些游戏中的资源分配的权力也是知识人争夺的重要对象。权力不仅能够在具体游戏中决定资源的分配方式、分配过程、分配结果和分配格局,也能够通过介入规则的制定和更改从而为权力持有者再生产各种资本和权力。大学具有某种排斥性和封闭性,大学有其准入门槛,它为社会中特定的个体提供准入机会,大学设置了一套筛选的制度、规则与机制以便从众多对象中筛选出特定的个体,筛选机制也是排斥机制,筛选和选拔蕴含着排斥与淘汰。大学的筛选规则有其特定的内在逻辑,而非随意地、无序地筛选。在某种程度上,大学的筛选规则所青睐的是符应知识劳动与知识生活的特定的知识惯习。当然,筛选规则的具体呈现和具体运行并不一定直接依凭于抽象的知识惯习,而是依凭于各种形式的具体的知识产品(比如,考试成绩、论文等)。进入大学知识场域的知识人,是大学筛选体系中的胜利者,他们在大学里的存在已然表明他们身上具备大学所青睐的那种知识惯习或者具备其中的某些要素,因而他们与大学之间存在某种适配。在知识场域以及知识游戏、知识劳动和知识生活中长期存在会进一步塑造和强化知识人的知识惯习,使之与知识场域达至更深的适配;这种适配使知识人在知识场域中体验到某种契合感,从而深化其在知识场域中的存在,抑或使其与知识场域之间构筑起一种绑缚;这种适配、契合与绑缚可能会驱动或强化知识人入场与在场的倾向性而抑制或弱化其退离知识场域的倾向性,从而使之被知识场域深深"套牢"。这实际上也是大学对知识人的筛选、裁剪、加工、打磨、塑造与重塑的过程,从而将知识人制造为大学所需之人、所要之人。大学通过创设精巧的游戏、设计精细的游戏规则、搭配丰厚且诱人的赏品、营造高度竞争性的环境,从而吸引着、激励着、鞭策着知识人投身其中,并自觉遵照大学的游戏规则去施展自己的行动,从而将自身打造为大学所需之人、所要之人。在某种程度上,大学的规则与规训系统是在知识人与之"合谋"之下运行的,知识人自觉的"配合"使大学的规则与规训系统运行起来更为顺畅,不会遭遇过多的抵制与反抗。因而,这种规训也可以说是知识人的"自我规训"。某种程度上,最强大、最高效、最深入、最彻底的规训,是被规训者的"自我规训"。

知识人渴望获得入学机会、学术职位、学术奖励、职称晋升等"利益",于是他们积极参与相应的游戏,并遵照特定的游戏规则来施展自己的行动策略并将自身打造为特定规则所奖赏的那种人,然后他们才能在这场游戏中获得游戏赏品。某种程度上,知识人对游戏及其赏品的价值认可与意义认可是他们参与游戏的前提。正如布迪厄所说的"幻象",行动者认可了参与游戏的价值才会参与进来,或者说他们在游戏当中在场已表明他们对参与游戏的价值认可(皮埃尔·布迪厄,华康德,1998:135)。当行动者参与到游戏中、在游戏中在场时,他们便成为"游戏者"(参与游戏的人)。行动者只有参与游戏、在游戏中在场(即成为"游戏者"),游戏规则才能对他们施展直接规训,游戏规则无法对不在其中的人施展直接规训(有时有可能对游戏外的人施展某种间接规训,前提是他们对游戏及其赏品有兴趣;倘若行动者既不在游戏中也对游戏及其赏品毫无兴趣,即行动者与游戏没有任何有形的交集或无形的交集,那么游戏规则对他们既无法施展直接规训也无法施展间接规训)。知识人倘若对入学机会、学术职位、学术奖励、职称晋升等毫无兴趣,他们可能就不会参与相应的游戏,也便不会被特定的游戏规则所规训。然而,大学本身以及大学所布设的诱人赏品,对知识人而言是某种难以抗拒的"诱惑",难以抑止地会有源源不断的知识人渴望进入大学、愿意参与大学所布设的各种游戏。而且,一系列制度设计有时也使知识人"不得不"参与大学所布设的各种游戏。因而,某种程度上,在现代社会与现代大学当中,知识人似乎不可避免地需要参与各种游戏、成为游戏者。区别在于,有时或者有些知识人主动地、欣然地参与游戏,有时或者有些知识人被迫着、不得不参与游戏。但在另一个层面上,不存在"被迫"与"不得不",知识人始终拥有自我选择的空间和余地,倘若他们放下对游戏赏品的追求、渴求、欲求或奢求,这种"被迫"与"不得不"可能便会被消解;当他们"被迫着""不得不"参与游戏时,可能也是某种自我选择的结果——或许是为了"赏品"和"利益",抑或其他。

现代大学对闲逸性的容忍度已日益降低,现代大学已越来越无法容纳"闲逸的"知识人,现代大学已不太容许知识人在"象牙塔"中遵循闲逸的好奇、遵照自身的兴趣和节奏展开知识劳动与知识生活。现代大学创设了精巧的、精致的、精细的制度体系与规则体系以削弱知识人的闲逸性而增强其生产性,将"自主的""闲逸的"知识人制造为"有用的""高产的"知识劳工。批量制造"有用的""高产的"知识劳工,是现代大学应对外部竞争的某种"理性策略",知识劳工是大学知识生产力的依凭,也是大学参与外部竞争的资本和筹码。如果说知识人被绑缚在大学的规则与规训系统之中,那么,大学也同样被绑缚在某种规则与规训系统当中。大学之间在师资、生源、资源、声誉、地位等方面的竞争,使得大学也不得不参与各种各样的游戏,并遵照特定的游戏规则去行动,并被特定的规则与规训系统制造为特定的大学。与知识人一样,现代大学也日益失去闲逸性,或者说,正是因为大学日益失去闲逸性,使得大学内部的知识人也日益失去闲逸性。大学通过制度与规则的创设将其所面对的外部压力、竞争和挑战转嫁到大学内部的知识人身上,知识人是这些压力、竞争和挑战的最终承受者。如果大学无法享有闲逸性,那么大学的制度设计与规则创设则不会奖赏闲逸性,于是大学内部的知识人也难以享有闲逸性。在现代社会,闲逸和自主、坦然与从容,对于知识人和大学而言都是奢侈之物。特定的人是特定规则下的制品和产物,特定的大学也是特定规则下的制品和产物。理性的人和理性的大学会遵照规则去施展自身的行动,不断符应规则所鼓励和奖赏的方向,便能得到相应的赏品,这是一种清晰且理性的逻辑。有时候,正是因为如此理性地遵从规则所指引的方向去打造自我才丢失了自我,最终成为规则与规训系统的制品和产物。然而,当行动者已然落入(或者陷入)规则与规训系统当中,便难以抗拒这套系统的牵引、控制、宰制与规训。倘若想要摆脱场域中的规则与规训系统的牵引、控制、宰制与规训,除非不入场、不在场,并且对场域以及其中的游戏、赏品和利益毫无兴趣——有时候,"无欲则刚"。但这种"无欲无求"般的淡泊与淡然,又像是冰冷的机器而不像是有血有肉的人了。或许,作为"人"而存在,便已注定难以绝对摆脱对物质或精神的欲求,因而也已注定难以绝对摆脱所有的场域以及所有的规则与规训系统——人不是处在这个场域,就是处在那个场域;不在这个规则与规训系统当中,便在那个规则与规训系统当中。场域中的行动者始终都是某种"笼中之物",区别仅在于是哪个笼子的"笼中之物"。某种程度上,大学、企业或者任何组织,都有其特定的规则与规训系统,特定组织中的行动者会受到特定的规则与规训系统的裁剪、打磨、加工,并被制造为特定的制品。这种规则与规训系统并不一定是组织有意识地设计出来的,有时也可能只是组织的制度体系与规则体系运行过程中的某种客观产物。规则不是恒定的,而是变化的;因而,行动者的行动策略也不是恒定的,而是变化的。行动者遵循变化着的规则而不断改变自身的行动策略以适应规则的变化,便不断促进行动者自身的变化和进化。如果能够持续地适应变化着的规则,那么,行动者可能会持续进化并不断强化自身与场域的适配;倘若行动者无法适应规则的变化,则可能会削弱自身与场域的适配,并可能会被边缘化或者被淘汰。遵循规则——获得奖励和赏品,违背规则——无法获得奖励和赏品并且可能会遭受惩罚,行动者充分体验过这种联结关系,便会习得并内化相应的逻辑,并外化为自身的行动策略,这也是行动者在场域中寻求生存的某种理性策略。在大学知识场域中,知识人采取"理性的"策略参与知识游戏以及参与游戏中的争夺是一种自我选择与自我建构的过程和结果,他们选择入场并在场域中寻求存在与生存,便已然选择了入场和在场所将承受的一系列力的作用(当然,在这个过程中他们可能会有所获益)。因而在某种程度上,知识人在大学知识场域中被规训是知识人自我选择与自我建构的过程和结果,这个规训是一种自我规训的过程和结果。

三、人与游戏者:"有用性"与知识人的规训

现代大学面临着急剧变化的外部环境以及接踵而至的外部压力、竞争和挑战,与知识人一样,大学也在其所处场域中为存在与生存奋力争夺。某种程度上,"有用的"知识劳工是大学知识生产力的基本来源,是大学彰显自身"有用性"的可靠保障,也是大学参与外部竞争、寻求自身生存的资本和筹码。制造"有用的"知识劳工是大学的一种"压力传递"的策略,即大学将自身所面临的外部

压力传递到其内部的知识人身上,知识人成为大学压力的最终承受者。通过制度设计与规则创设,削弱知识人的闲逸性而增强其生产性,从而批量制造"有用的""高产的"知识劳工,是现代大学应对压力、竞争与挑战的某种"理性策略"。于是,在现代大学的制度情境与规则情境之下,"有用的""高产的"知识劳工存在的合法性不断增强,而"自主的""闲逸的"知识人存在的合法性或将不断式微。某种程度上,"有用性"已成为知识人的合法性之源,"有用性"的强弱决定着知识人及其知识劳动和知识产品在大学当中的存在境况与生存境况之优劣。

"知识生产模式转型"与"学术资本主义"等时代特征驱动着现代社会当中的知识生产的场所、目的、内容、范式、方法等发生剧烈变革。一方面,从事知识生产的场所日益增多,大学只是众多知识生产机构的其中之一,弥散在大学之外的诸多机构也在从事专业性的、高水平的知识生产;另一方面,知识生产的目的、内容、范式、方法也日益多元,传统上以知识本身为旨趣的学术探究只是现代社会当中众多知识生产范式的一种,越来越多的知识生产以实用性、商业性为目的,知识产品的类型也极大丰富;而且,"知识"本身的内涵、特征、价值、意义也在经历巨大变革,甚至知识本身也已成为一种商品和资本。现代大学正处在这样的时代特征当中,作为以知识为主要劳动对象、劳动材料、劳动产品的机构,在知识变革的时代,大学的知识劳动与知识生活毫无疑问处于新的境况当中，并且不可避免地面临新的挑战。此外，在现代社会，大学之间的竞争不只是区域性、国家性的，而是全球性的。现代大学在全球范围内展开对师资、生源、资源、声誉和地位的竞争，知识劳工、知识劳动、知识产品是大学参与全球竞争的资本和筹码。而且，大学本身也是国家之间开展竞争的资本和筹码。在现代社会，国家之间的竞争、企业之间的竞争都高度依赖于前沿的知识、尖端的技术以及掌握这些知识和技术的人才。现代大学既探究、生产、输出前沿知识与尖端技术，也培养、造就、汇聚掌握这些知识和技术的人才，因而大学对国家和社会具有特殊的价值和意义。现代大学已深度卷入国家发展与社会发展的进程当中，大学是国家战略的重要组成部分，是推动社会发展的轴心机构之一。某种程度上，在现代社会当中，大学具有超强的"有用性"，因而也具有超强的"合法性"。有时候，正是这种超强的"有用性"，使得大学备受期待，也承受着巨大压力，同时也难以避免被各种力量所影响、干预和控制。有时候，这种期待是一种过高的期待、过度的期待。现代大学的确具有超强的"有用性"，但倘若认为现代大学"无所不能""无所不为"，并给它强加过高的期待和过多的使命，那么这或是对大学的某种误解、误认和误用。大学的运行有其特定的逻辑和规律，大学的职能与功能有其特定的范畴和边界，大学既有所为也有所不为、既有所能也有所不能，大学的"有用性"也有其特定的限度。因而，对大学的误解、误认和误用，有

第七章 规则与规训:审视现代大学的运行

时可能会给大学造成某种危险和危机,也可能会给大学的知识人造成某种危险和危机。然而,事实上,现代大学已经被绑缚在某种巨大的架构之下以及某种强大的规则与规训系统之中,它已"身不由己"。现代大学是一个巨大的资源消耗性组织,大学高度依赖资金和资源,大学每天的运行都需要消耗大量资金和资源,但非营利性的大学自身的造血能力难以维系自身的运转,因而有时它不得不依赖外部资金(国家、社会、企业等提供的资金和资源)。因而,外部资金和政策有时直接牵动着、影响着、指引着大学的行动方向和行动策略。现代大学对外部环境的变化是高度警觉、高度敏感的,有时候,国家政策、市场需求的细微变化可能便会引发大学战略与策略的调整,大学通过制度与规则的创设和更改从而驱动大学内部知识人行动方向和行动策略的调整。因而,大学所面对的境况最终将通过大学内部的制度与规则的创设和更改从而转嫁为知识人所需应对的境况,知识人是大学压力的最终承受者。某种程度上,在大学场域中寻求生存的知识人直接受制于大学内部的制度与规则,因而,大学内部的制度与规则的变化将直接驱动知识人行动方向和行动策略的变化。当然,这有赖于大学的规则与规训系统的精细、强大、高效的运转。

大学处在特定时代当中,特定大学是特定时代的产物和存在物。制造"有用的"知识劳工是现代大学的行动逻辑,符应了现代社会的时代特征与时代需求。某种程度上,古典大学为"闲逸的"知识人提供了广阔的存在空间,在一定程度上,他们以闲逸的好奇为驱动,过着为知识而知识的知识生活。然而,在当下大学的制度情境与规则情境之中,知识人的闲逸性日益式微,"闲逸的"知识人的合法性与存在空间日渐坍缩;"有用的"知识劳工成为大学知识场域中的主体与主角,他们的"生产性"和"有用性"赋予了他们超强的合法性存在。某种程度上,知识人倘若想要在现代大学当中寻求存在与生存,便要遵从现代大学的规则与规训系统的裁剪、加工和打磨,"配合"大学将自身制造为"有用的"知识劳工。当大学的内在逻辑发生变化时,其相应的制度体系与规则体系也将发生变化,存在于其中的知识人的存在处境与生存处境也将发生变化。于是,知识人的存在方式与生存方式、行动方向与行动策略也将跟着变化,这是寻求生存的某种理性策略——人是特定处境的存在物和产物,人的存在是一个与其所在处境的适配过程;除非抽离于特定场域和特定处境,否则与之适配依然是某种必须;不然,可能会陷入存在危机与生存危机。有时候,我们不能低估场域中规则与规训系统对人的控制之力、宰制之力与规训之力;入场、在场之人面对这套规则与规训系统时往往只能"束手就擒";某种程度上,除了不入场、不在场、离场或退场并与场保持距离,难有别的方式可以充分抗拒场域中规则与规训系统的控制之力、宰制之力与规训之力。正如布鲁贝克所说的"认识论"和"政治论"两种高等教育哲学

(约翰·S·布鲁贝克,2001:13-18),"有用性"所彰显的"政治论"高等教育哲学是现代大学的主导性逻辑,而"闲逸性"所彰显的"认识论"高等教育哲学在现代大学的制度情境与规则情境当中似乎日益式微。某种程度上,这是大学自19世纪以来的总体演变趋势,而且这种演变趋势在20世纪中叶以来似乎有所强化。在19世纪,人们对大学在"古典"与"实用"之间的取舍与平衡似乎还有过争论;然而,自20世纪中叶以来,这种争论似乎已经日渐平息了,并非因为大学在"古典"与"实用"之间达成了良好的平衡,而是大学加速走向"实用"并且得到广泛的认可与认同。如今,"象牙塔"一词有时已成为对大学的某种调侃、讽刺和批判。"古典"与"实用"之争并非只是知识范畴之辩,亦是两种高等教育哲学的较量,反映着知识劳动的目的、内容、范式、方法等一系列的区分。当然,并非要在两种高等教育哲学之间决出胜负,并非要由一种高等教育哲学统领大学。事实上,大学是一个巨大的场域、一个广阔的空间,大学汇聚了诸多不同的学科知识以及各种类型、各种风格的知识人;有时候,正是因为这种多元的知识与知识人的庞杂汇聚并在其中不断发生着知识、观念和思想上的化学反应,从而使大学日益繁荣。因而,同存共生是促进大学知识繁荣的应有之义;某种程度上,大学既需要"有用性"也需要"闲逸性"。倘若大学过度推崇"有用性",并且难以容下"闲逸性",那么或许会使知识人陷入存在与生存的危险和危机,最终也将使大学自身陷入存在与生存的危险和危机。

在大学知识场域中,知识劳工的"有用性"主要附着在其所生产的知识产品之上,倘若知识劳工及其知识劳动无法生产出知识产品(或者"有用的"知识产品),那么知识劳工及其知识劳动便难以彰显"有用性"。知识劳工的"有用性"蕴含着多个层面的含义:一方面是知识劳工所生产的知识产品的"现实有用性"(即知识产品具有现实效益,比如,知识产品转化为商业产品或实用技术、换取大学外部的资金、创造经济效益或社会效益、满足市场的现实需求,等等)。另一方面是知识劳工所生产的知识产品的"符号有用性",即无论这些知识产品是否具有现实效益,它们为大学提供了一种符号资本,是大学参与外部竞争的资本和筹码,它们对于大学而言是"有用的";而且,在大学的制度体系与规则体系当中,这些知识产品是知识劳工换取职位、职称、身份、荣誉等利益的一种有用的符号、货币、筹码或者资本,它们对于知识劳工而言是"有用的"。知识产品的"有用性"是知识劳工的"有用性"的依凭,若知识劳工所生产的知识产品具有"有用性",便使得知识劳工本身具有了"有用性";若知识劳工生产出了"有用的"知识产品,便使得知识劳工本身成为了"有用的"知识劳工。某种程度上,在大学知识场域中,知识产品的"现实有用性"虽然也受到认可和重视,但大学对知识人的考核与评价更多是依凭于知识产品的"符号有用性"。例如,在职称晋升、学术评奖等知识游戏当中,并不看重知识人的知识产品所创造的或所能创造的现实效益,知识产品的符号价值是评判的主要维度(具体而言,在这些知识游戏当中,论文发表在什么类型和什么级别的期刊上以及该期刊的影响因子等外在的符号与标签是评价的主要依据,而论文是否转化为或者能否转化为现实效益并不重要,有时甚至论文本身的内容也不重要)。然而,在大学之外,在社会其他场域中,知识产品的评判逻辑和评判维度或许与大学截然不同。例如,在企业中,或许更看重知识产品的"现实有用性",更看重知识是否能够转化为实用技术和商业产品,而不太看重知识发表在什么级别的刊物上。在不同场域的不同制度逻辑与规则体系当中,知识产品的"有用性"的评判维度不同、侧重点不同、效力也不同,因而对知识人及其知识劳动的指引和规约也不同,由此可能会制造出不同类型、不同风格的"知识劳工"。在大学知识场域中,"高产的"知识劳工具有超强的"有用性"与"合法性";当知识劳工生产出越多的、越具有符号价值的知识产品,他们的"有用性"与"合法性"也越强,他们在大学里的存在境况与生存境况也越好。批量制造"有用的"知识劳工,是大学的规则与规训系统运行的主要方向,也是其运行的内在逻辑与外在结果。

制造"有用的"知识劳工是现代大学展示自身"有用性"的重要凭借,也是现代大学应对外部压力与竞争的重要途径。无论是大学还是知识人都被绑缚在某种规则与规训系统当中,大学和知识人都在各自所处场域中积极投身于(有时也是"不得不"投身于)各种游戏与争夺,并被制造(有时也是"自我制造")为"有用的"大学和"有用的"知识劳工。大学受制于外在的规则与规训系统,知识人则受制于大学的规则与规训系统;而且,大学和知识人都难以抗拒或摆脱规则与规训系统的宰制与规训。现代大学创设了一整套复杂且精细、强大又高效的制度体系与规则体系并精准地作用在大学里的每一个知识人身上,这套制度体系与规则体系以一系列具体的奖励与惩罚机制展开运作,不断吸引着、激励着、鞭策着知识人投身于知识劳动与知识游戏。于是,大学便得以充分地占有知识人的身体、脑力、智力、体力以及时间与精力,从而充分占有知识人的知识劳动功能。为了更充分地占有知识人的知识劳动功能,现代大学的规则与规训系统、制度体系与规则体系、奖励与惩罚机制仍在不断进化、不断强化、不断精细化(规则与规训系统、制度体系与规则体系、奖励与惩罚机制互为表里、互为依凭,它们是一个有机整体),以便充分抑制知识人的"自主性"和"闲逸性"并提高其"生产性"和"有用性",从而批量地制造"高产的""有用的"知识劳工。从"知识人"到"知识劳工",从"自主性"和"闲逸性"到"生产性"和"有用性",是现代大学的规则与规训系统运行的主要方向、内在逻辑和外在结果。某种程度上,知识劳工的"生产性"和"有用性"以及"高产的""有用的"知识劳工是现代大学的主体与主角,而知识人的"自主性"和"闲逸性"以及"自主的""闲逸的"知识人在现代大学里的存在空间在不断收窄、坍缩。当然,古典大学里的知识人也并非绝对是"自主性个体"和"闲逸性个体",古典大学及其知识人并非享有没有限度的"自主性"和"闲逸性",古典大学及其知识人同样面对着外部和内部的压力与竞争、控制与限制、宰制与规训。某种程度上,大学及其知识人从未有过绝对意义上的"自主性"和"闲逸性"。因而,对知识人的"自主性"和"闲逸性"以及"自主的""闲逸的"知识人的存在空间也不能过度奢望,过于理想化的诉求只会是一种虚幻的梦呓。而且,某种程度上,大学与知识劳工的"生产性"和"有用性"以及"有用的"大学和"有用的"知识劳工是现代社会的某种必需品。或许,大学及其知识人始终需要在"自主性""闲逸性"与"生产性""有用性"之间维系某种平衡,既不能在"生产性"和"有用性"当中过度沦陷,也不能对"自主性"与"闲逸性"抱持过于不切实际的幻想和奢求。

然而,有时候,我们也要警惕"有用性"的功利主义和工具主义逻辑对"闲逸性"的侵蚀以及对知识人及其知识劳动与知识生活的异化(最终也是对大学的异化)。现代大学的规则与规训系统是一把"双刃剑",它可能始终伴随着正向与负向的双重效应;"良好的"规则与"良好的"规则实施会让大学运行良好;"不良的"规则以及"不良的"规则实施,有时可能会使大学及其知识人陷入存在与生存的危险和危机。创设"良好的"制度体系与规则体系,是现代大学维系良性运行的关键依凭。然而,何谓

"好的""良好的""更好的"制度与规则以及如何创设之,始终是大学需要研究与思考之事,而且并非易事。有时候,为填补规则的"漏洞",大学会在规则之上不断"打补丁",或者不断增设新的规则,抑或推翻既有规则重设一系列新规则,于是建构起一整套庞杂、繁琐又精细、严密的规则体系。而且,为了营造竞争性的环境,为了持续激发知识人参与知识劳动的积极性和知识生产力,为了牢牢掌控、充分占有、深度宰制知识人的身体、时间、精力、脑力、智力、体力、能力、潜力,等等,在大学知识场域中,各类知识游戏层出不穷,这一系列知识游戏以及庞杂的、精细的、环环相扣的游戏规则将知识人深深地投入到一张巨大的、精细的、严密的"规训之网"当中,使知识人成为陷入其中的"笼中之物"和"囊中之物"。这张"规训之网"隐蔽且温和,知识人身在其中有时却感知不到它的存在抑或遗忘了它的存在;于是,知识人有时候坦然、安然、欣然地将自身悬在这张"规训之网"当中。在现代大学里,绩效与绩效考核搭配奖励与惩罚机制,成为牵引、掌控和宰制知识人的利器。绩效与绩效考核搭配奖励与惩罚机制,在大学当中构筑起一种高度竞争性的环境,知识人之间上演着激烈的生存竞争,而且在这种竞争当中往往存在某种"先行优势":可能一步领先则步步领先、一步落后则步步落后,初始的奖励和荣誉以及资本和权力会不断再生产新的奖励和荣誉以及新的资本和权力。因而某种程度上,知识人不仅要钻研游戏规则、习得游戏规则、内化游戏规则、遵从游戏规则,而且还要"迎合"游戏规则、"利用"游戏规则,并在潜移默化中或有意识地或无意识地将自身导向规则所鼓励的方向、将自身打造为规则所奖赏的那种人。无论知识人是主动地、欣然地参与游戏还是被迫着、不得不参与游戏,只要他们参与到游戏中、在游戏中在场,他们便成为"游戏者"。某种程度上,"游戏者"是游戏中的"物",是游戏布设者、游戏掌控者、游戏规则制定者手中的"物",游戏者在他们所布设的游戏中游动,成为被游戏、游戏规则和游戏赏品所裁剪、加工、打磨、制造的"物"(一种"有用的物")。相比于"自然人","游戏者"被祛除了一些"人"的属性(有时,游戏者的"自我"被抑制;有时,游戏者具有某种"工具性";有时,游戏者像遵从规则指令而运行的"机器")。某种程度上,在游戏当中没有"人",只有"游戏者";在知识游戏当中没有"知识人",只有"知识游戏者";那些对游戏及其赏品感兴趣、参与游戏并在游戏中奋力争夺的游戏者,已落入了一张精细且严密的"规训之网"当中,已成为某种"笼中之物"和"囊中之物"。从"人"到"游戏者",从"知识人"到"知识游戏者"和"知识劳工",或许存在某种"物化"和"工具化"的可能性;人在场域和游戏中被物化和被工具化有时也许是人获取游戏赏品、寻求在场域中存在与生存的某种代价。某种程度上,倘若在大学里过度盛行绩效主义、过度营造高竞争性环境、过度设计精细且严密的游戏与游戏规则,而知识人为了寻求在大学场域中的存在与生存又过度遵从或迎合游戏规则去制造自我,那么,大学及其知识人可能会陷入某种异化。

大学是一个特殊的知识场域,在某种程度上,即使整个社会都陷入深度的功利主义、绩效主义以及高度竞争性的氛围当中,大学也依然应该保持些许理想主义与闲逸主义,并给予知识人某种程度的包容、从容与闲逸。现代大学不仅需要"高产的""有用的"知识劳工,也需要"自主的""闲逸的"知识人。规则的规训是一把"双刃剑",这把剑的锋利刃口既可能朝向知识人,也可能反过来朝向大学自身。规则可以用来引导、激励、宰制和规训知识人,制造出大学所要的"有用的"知识劳工;规则也可能异化知识人,制造出大学所意想不到的人。当然,规则的存在是必要的、必须的,否则大学无法运行,更谈不上良性运行。某种程度上,不存在没有规则的场域,也不存在没有规则的游戏。即使场域初始时"没有"规则,它也会在运行中"自然而然"地产生规则。然而,大学(抑或任何场域)的良性运行不只是需要规则,更需要"好的""良好的""更好的"规则。因而,现代大学用以引导和激励、驱动及鞭策或者宰制与规训知识人的规则始终需要不断地修改和调整、优化及完善乃至重塑与再造。

参 考 文 献

Acker S. Gendered Games in Academic Leadership[J]. International Studies in Sociology of Education, 2010, 20(2): 129-152.

Ahearne J, Speller J. Introduction: Bourdieu and the Literary Field[J]. Paragraph, 2012, 35(1): 1-9.

Ahearne J. Fields and Fragments: Bourdieu, Pascal and the Teachings of Literature[J]. Paragraph, 2012, 35(1): 97-114.

Alshareefy R. How Language Teacher Identities Conflict in Light of Bourdieu's Concepts of *Habitus*, *Capital*, and *Field* [J]. L2 Journal, 2018, 10(3): 64-72.

Anggraini F, Abdul-Hamid M A, Azlina M K A. The Role of Intellectual Capital on Public Universities Performance in Indonesia[J]. Pertanika Journal of Social Sciences & Humanities, 2018, 26(4): 2453-2472.

Angus I. The University as Institution and Idea [J]. English Studies in Canada, 2012, 38(1): 21-25.

Bathmaker A-M. Thinking with Bourdieu: Thinking after Bourdieu. Using 'Field' to Consider In/Equalities in the Changing Field of English Higher Education[J]. Cambridge Journal of Education, 2015, 45 (1): 61-80.

Biesta G. Towards the Knowledge Democracy? Knowledge Production and the Civic Role of the University[J]. Studies in Philosophy & Education, 2007, 26(5): 467-479.

Blair A. Disciplinary Distinctions before the "Two Cultures"[J]. The European Legacy, 2008, 13(5): 577-588.

Bleiklie I, Powell W W. Universities and the Production of Knowledge — Introduction[J]. Higher Education, 2005, 49: 1-8.

Bölling M, Eriksson Y. Collaboration with Society: The Future Role of Universities? Identifying Challenges for Evaluation[J]. Research Evaluation, 2016, 25 (2): 209-218.

Calhoun C. The Public Mission of the Research University [M] // Rhoten D, Calhoun C. Knowledge Matters: The Public Mission of the Research University.

New York: Columbia University Press, 2011.

Claussen S, Osborne J. Bourdieu's Notion of Cultural Capital and Its Implications for the Science Curriculum [J]. Science Education, 2013, 97(1): 58-79.

Collyer F M, Willis K F, Lewis S. Gatekeepers in the Healthcare Sector: Knowledge and Bourdieu's Concept of Field[J]. Social Science & Medicine, 2017, 186: 96-103.

Considine M. Theorizing the University as a Cultural System: Distinctions, Identities, Emergencies[J]. Educational Theory, 2006, 56(3): 255-270.

Dashper K, Fletcher T. 'Don't Call Me an Academic': Professional Identity and Struggles for Legitimacy within the Vocational Field of Events Management Higher Education [J]. Journal of Hospitality, Leisure, Sport & Tourism Education, 2019, 25: 1-9.

Ellery K. Conceptualising Knowledge for Access in the Sciences: Academic Development from a Social Realist Perspective[J]. Higher Education, 2017, 74: 915-931.

Evans L. A Changing Role for University Professors? Professorial Academic Leadership as It Is Perceived by 'The Led'[J]. British Educational Research

Journal, 2015, 41(4): 666-685.

Fallis G. Multiversities, Ideas, and Democracy[M]. Toronto: University of Toronto Press, 2007.

Ferrare J J, Apple M W. Field Theory and Educational Practice: Bourdieu and the Pedagogic Qualities of Local Field Positions in Educational Contexts[J]. Cambridge Journal of Education, 2015, 45(1): 43-59.

Flisbäck M. Making Play or Playing the Game? On the Question of a "Cleft Habitus" at the Doorway to the Art Field[J]. Qualitative Sociology Review, 2014, 10(4): 52-67.

Fumasoli T. The Roles of the University in Society[J]. Higher Education Quarterly, 2016, 70(2): 106-107.

Geoghegan W, Pontikakis D. From Ivory Tower to Factory Floor? How Universities Are Changing to Meet the Needs of Industry[J]. Science and Public Policy, 2008, 35(7): 462-474.

Gopaul B. Inequality and Doctoral Education: Exploring the "Rules" of Doctoral Study Through Bourdieu's Notion of Field[J]. Higher Education, 2015, 70: 73-88.

Grbin M. Foucault and Space[J]. Socioloski Pregled,

2015, 49(3): 305-312.

Gumport P J, Snydman S K. The Formal Organization of Knowledge: An Analysis of Academic Structure [J]. The Journal of Higher Education, 2002, 73(3): 375-408.

Gumport P J. Universities and Knowledge: Restructuring the City of Intellect [M]// Brint S. The Future of the City of Intellect: The Changing American University. Stanford: Stanford University Press, 2002.

Heizmann H, Olsson M R. Power Matters: The Importance of Foucault's Power/Knowledge as a Conceptual Lens in KM Research and Practice[J]. Journal of Knowledge Management, 2015, 19(4): 756-769.

Hordern J. Exercise and Intervention: On the Sociology of Powerful Knowledge [J]. London Review of Education, 2019, 17(1): 26-37.

Ion I, Nicolae E. The Modern University as a Knowledge and Technological Transfer Institution. The Case of Romania [J]. Euromentor Journal, 2017, 8(1): 7-16.

Jaspers K. The Idea of the University [M]. Boston: Beacon Press, 1959.

Kauppinen I. Towards Transnational Academic Capitalism

[J]. Higher Education, 2012, 64: 543-556.

Kerr C. The Uses of the University[M]. Cambridge: Harvard University Press, 1963.

Kitagawa F. Constructing Advantage in the Knowledge Society: Roles of Universities Reconsidered: The Case of Japan[J]. Higher Education Management and Policy, 2005, 17(1): 1-18.

Kogan M. Modes of Knowledge and Patterns of Power[J]. Higher Education, 2005, 49: 9-30.

Lareau A, Evans S A, Yee A. The Rules of the Game and the Uncertain Transmission of Advantage: Middle-class Parents' Search for an Urban Kindergarten[J]. Sociology of Education, 2016, 89(4): 279-299.

Lazaroiu G. Besley on Foucault's Discourse of Education[J]. Educational Philosophy and Theory, 2013, 45(8): 821-832.

Leahy S M. The Barbarians at the Gate. Playing the Higher Education Game: Observations from the Periphery of the Field[J]. Journal of Further and Higher Education, 2012, 36(2): 169-185.

Lee A, McWilliam E. What Game Are We in? Living with Academic Development [J]. International Journal for Academic Development, 2008, 13(1): 67-77.

Lehtimäki H, Peltonen T. Relations of Power and Knowledge: University-Industry Relations in Business Studies in Finland[J]. Higher Education, 2013, 66: 203 – 216.

Lizardo O. Taste and the Logic of Practice in Distinction [J]. Czech Sociological Review, 2014, 50(3): 335 – 364.

Lööf H, Heshmati A. Knowledge Capital and Performance Heterogeneity: A Firm-Level Innovation Study[J]. International Journal of Production Economics, 2002, 76 (1): 61 – 85.

Lupu I, Empson L. Illusio and Overwork: Playing the Game in the Accounting Field[J]. Accounting, Auditing & Accountability Journal, 2015, 28(8): 1310 – 1340.

May T, Perry B. Cities, Knowledge and Universities: Transformations in the Image of the Intangible [J]. Social Epistemology, 2006, 20 (3 – 4): 259 – 282.

Mittelman J H. Global Governance and Universities: The Power of Ideas and Knowledge[J]. Globalizations, 2016, 13 (5): 608 – 621.

Mourad R P. Social Control and Free Inquiry: Consequences of Foucault for the Pursuit of Knowledge in Higher Education[J]. British Journal of Educational Studies,

2018, 66 (3): 321-340.

Münch R, Baier C. Institutional Struggles for Recognition in the Academic Field: The Case of University Departments in German Chemistry[J]. Minerva: A Review of Science, Learning and Policy, 2012, 50 (1): 97-126.

Neave G. The Future of the City of Intellect: A Brave New World—European Style[J]. European Education, 2002, 34(3): 20-41.

Nelsen L L. A US Perspective on Technology Transfer: The Changing Role of the University[J]. Nature Reviews Molecular Cell Biology, 2004, 5(3): 1-5.

O'Connor K, Yates L. Disciplinary Representation on Institutional Websites: Changing Knowledge, Changing Power? [J]. Journal of Educational Administration and History, 2014, 46(1): 1-16.

Olsson M. Power/Knowledge: The Discursive Construction of an Author[J]. The Library Quarterly: Information, Community, Policy, 2007, 77 (2): 219-240.

Ornstein A. Wealth, Legacy and College Admission[J]. Society, 2019, 56(4): 335-339.

Ravi J S. Making the Multiversity: An Open Higher Education Model [J]. Vikalpa: The Journal for Decision Makers, 2012, 37(3): 7-18.

Ricken N. The Deliberate University: Remarks on the 'Idea of the University' from a Perspective of Knowledge[J]. Studies in Philosophy & Education, 2007, 26(5): 481-498.

Schögler R Y. Translation in the Social Sciences and Humanities: Circulating and Canonizing Knowledge [J]. Alif: Journal of Comparative Poetics, 2018 (38): 62-90.

Scruton R. The Idea of a University[J]. The American Spectator, 2006, 39 (9): 48-50.

Sidhu R, Dall'Alba G. 'A Strategy of Distinction' Unfolds: Unsettling the Undergraduate Outbound Mobility Experience [J]. British Journal of Sociology of Education, 2017, 38(4): 468-484.

Sidhu R, Yeoh B, Chang S. A Situated Analysis of Global Knowledge Networks: Capital Accumulation Strategies of Transnationally Mobile Scientists in Singapore[J]. Higher Education, 2015, 69: 79-101.

Sigurdson K T. Clark Kerr's Multiversity and Technology Transfer in the Modern American Research University [J/OL]. College Quarterly, 2013, 16(2)[2019-08-26]. http://collegequarterly.ca/2013-vol16-num02-spring/sigurdson.html.

Sin I L. The Aspiration for Social Distinction: Malaysian Students in a British University[J]. Studies in Higher Education, 2009, 34(3): 285-299.

Smith P H. The Paradox of Higher Vocational Education: The Teaching Assistant Game, the Pursuit of Capital and the Self[J]. Educational Review, 2018, 70(2): 188-207.

Subramaniam M, Perrucci R, Whitlock D. Intellectual Closure: A Theoretical Framework Linking Knowledge, Power, and the Corporate University[J]. Critical Sociology, 2014, 40(3): 411-430.

Trotter L D, Mitchell A. Academic Drift in Canadian Institutions of Higher Education: Research Mandates, Strategy, and Culture[J]. Canadian Journal of Higher Education, 2018, 48(2): 92-108.

Van Geenhuizen M. From Ivory Tower to Living Lab: Accelerating the Use of University Knowledge[J]. Environment and Planning C: Government and Policy, 2013, 31(6): 1115-1132.

Venkatesan P. The Legitimation of Local Knowledges: Introducing the Postmodern into Laboratory Science[J]. Social Semiotics, 2008, 18(4): 481-491.

Vest C M. The American Research University from World War Two to World Wide Web: Government, the Private Sector, and the Emerging Meta-University [M]. Berkeley: University of California Press, 2007.

Walshok M L. The Transformative Role of Universities in a Knowledge Society[J]. Industry and Higher Education, 2005, 19(3): 209-215.

Wang C-L. Power/Knowledge for Educational Theory: Stephen Ball and the Reception of Foucault[J]. Journal of Philosophy of Education, 2011, 45(1): 141-156.

Warikoo N K, Fuhr C. Legitimating Status: Perceptions of Meritocracy and Inequality among Undergraduates at an Elite British University[J]. British Educational Research Journal, 2014, 40(4): 699-717.

Warshaw J B, Hearn J C. Leveraging University Research to Serve Economic Development: An Analysis of Policy Dynamics in and across Three US States[J]. Journal of Higher Education Policy and Management, 2014, 36(2): 196-211.

阿普尔,等.国家与知识政治[M].黄忠敬,刘世清,王琴,译.上海：华东师范大学出版社,2007.

阿普尔,克丽斯蒂安-史密斯.教科书政治学[M].侯定凯,译.上海：华东师范大学出版社,2005.

埃里克·古尔德.公司文化中的大学：大学如何应对市场化压力[M].吕博,张鹿,译.北京：北京大学出版社,

2015.

爱弥尔·涂尔干.教育思想的演进[M].李康,译.上海:上海人民出版社,2003.

安东尼·吉登斯.现代性的后果[M].田禾,译.南京:译林出版社,2011.

安东尼·史密斯,弗兰克·韦伯斯特.后现代大学来临?[M].侯定凯,赵叶珠,译.北京:北京大学出版社,2010.

安维复,郭荣茂.科学知识的合理重建:在地方知识和普遍知识之间[J].社会科学,2010(9):99-109+190.

奥尔托加·加塞特.大学的使命[M].徐小洲,陈军,译.杭州:浙江教育出版社,2001.

彼得·伯克.知识社会史(上卷):从古登堡到狄德罗[M].陈志宏,王婉旎,译.杭州:浙江大学出版社,2016.

毕芙蓉.文化资本与符号暴力——论布迪厄的知识社会学[J].理论探讨,2015(1):53-56.

毕天云.布迪厄的"场域—惯习"论[J].学术探索,2004(1):32-35.

边国英.学术文化的影响因素分析——《学术部落与学科领地》述评[J].北京大学教育评论,2007,5(4):167-174.

波丢.人:学术者[M].王作虹,译.贵阳:贵州人民出版社,2006.

伯顿·R. 克拉克.高等教育系统——学术组织的跨国研究[M].王承绪,徐辉,殷企平,等,译.杭州:杭州大学出版社,1994.

布尔迪厄.国家精英:名牌大学与群体精神[M].杨亚平,译.北京:商务印书馆,2020.

布尔迪厄.文化资本与社会炼金术:布尔迪厄访谈录[M].包亚明,译.上海:上海人民出版社,1997.

蔡先金.大学与象牙塔:实体与理念[J].高等教育研究,2007,28(2):33-38.

蔡元培.大学教育[M].北京:北京出版社,2018.

查尔斯·霍默·哈斯金斯.大学的兴起[M].梅义征,译.上海:上海三联书店,2007.

陈洪捷.观念、知识和高等教育[M].合肥:安徽教育出版社,2012.

陈建华.论知识/权力关系及其对教育知识价值取向之影响[J].比较教育研究,2006(3):13-18.

陈金圣,谢凌凌.大学管理中的文化冲突及调谐[J].当代教育科学,2012(5):6-9.

陈曦,胡晓娜.从知识的本质看大学的功用[J].内蒙古师范大学学报(教育科学版),2006,19(3):14-17.

程晋宽.从"象牙塔",到"知识工厂",再到"超级市场"——论大学管理模式的转变[J].教育与现代化,2006(4):46-52.

Clark Kerr.大学的功用[M].陈学飞,陈恢钦,周京,等,译.南昌:江西教育出版社,1993.

崔延强,吴叶林.异化与制度化:现代大学学术权力审思

[J].大学教育科学,2015(1):30-35.

大卫·帕尔菲曼.高等教育何以为"高":牛津导师制教学反思[M].冯青来,译.北京:北京大学出版社,2011.

戴维·斯沃茨.文化与权力:布尔迪厄的社会学[M].陶东风,译.上海:上海译文出版社,2006.

黛安娜·克兰.无形学院——知识在科学共同体的扩散[M].刘珺珺,顾昕,王德禄,译.北京:华夏出版社,1988.

德里克·博克.走出象牙塔——现代大学的社会责任[M].徐小洲,陈军,译.杭州:浙江教育出版社,2001.

丁亚金.现代大学的形象之争:"象牙塔"角力"服务站"[J].学园,2009(4):66-71.

杜瑛,戚业国.大学内部权力的冲突与融合——文化的视角[J].现代大学教育,2008(4):17-22.

樊浩.韦伯"理想类型"与现代伦理形态[J].社会科学战线,2013(12):204-214.

菲利普·阿特巴赫,莉斯·瑞丝伯格,劳拉·朗布利.全球高等教育趋势——追踪学术革命轨迹[M].姜有国,喻恺,张蕾,译.上海:上海交通大学出版社,2010.

弗兰克·H.T. 罗德斯.创造未来:美国大学的作用[M].王晓阳,蓝劲松,等,译.北京:清华大学出版社,2007.

福柯.规训与惩罚[M].刘北成,杨远婴,译.北京:生活·读书·新知三联书店,2012.

高山.大学学科文化冲突融合与创新研究[J].现代大学教

育,2012(5):72-76.

高耀明.象牙塔精神是高等教育的灵魂[J].教育发展研究,2011(5):3.

龚放.正确认识大学的运行逻辑与学术权力——关于大学"去行政化"的再思考[J].江苏高教,2015(3):1-7.

顾剑秀,罗英姿.是"管道的泄露"还是"培养的滞后"——从博士毕业生的职业选择反思我国博士培养变革[J].高等教育研究,2013,34(9):46-53.

顾远飞.市场化环境下的大学运行逻辑研究[D].武汉:华中科技大学,2010.

郭丽君,吴庆华.中外大学比较[M].北京:经济管理出版社,2012.

哈罗德·珀金.历史的观点[M]//伯顿·克拉克.高等教育新论——多学科的研究.王承绪,徐辉,郑继伟,等,译.杭州:浙江教育出版社,2001.

海尔格·诺沃特尼,彼得·斯科特,迈克尔·吉本斯.反思科学:不确定性时代的知识与公众[M].冷民,徐秋慧,何希志,等,译.上海:上海交通大学出版社,2011.

海斯汀·拉斯达尔.中世纪的欧洲大学——大学的起源[M].崔延强,邓磊,译.重庆:重庆大学出版社,2011.

韩延明.大学理念论纲[M].北京:人民教育出版社,2003.

韩益凤.平庸时代的大学[D].南京:南京师范大学,2015.

韩益凤.知识生产模式变迁与研究型大学改革之道[J].高教探索,2014(4):22-26+30.

何历宇.现代化进程中的知识与权力[J].复旦教育论坛,2004,2(1):20-25.

何淑通.论大学合法性的承认[J].教育学术月刊,2015(4):14-19+32.

亨利·埃兹科维茨,劳伊特·雷德斯多夫.大学与全球知识经济[M].夏道源,等,译.南昌:江西教育出版社,1999.

胡君进.学校与规训社会的诞生[J].重庆高教研究,2014,2(5):34-41.

胡玉鸿.韦伯的"理想类型"及其法学方法论意义——兼论法学中"类型"的建构[J].广西师范大学学报(哲学社会科学版),2003,39(2):33-37.

华勒斯坦,等.开放社会科学:重建社会科学报告书[M].刘锋,译.北京:生活·读书·新知三联书店,1997.

怀特海.教育的目的[M].庄莲平,王立中,译.上海:文汇出版社,2012.

黄福涛.外国高等教育史(第二版)[M].上海:上海教育出版社,2008.

黄文彬.大学场域中的边界问题[J].教育研究,2011(11):53-57.

霍斯金.教育与学科规训制度的缘起[M]//华勒斯坦,等.学科·知识·权力.刘健芝,等,编译.北京:生活·读书·新知三联书店,1999.

加缪.西西弗神话[M].丁世中,沈志明,吕永真,译.南京:

译林出版社,2017.

杰勒德·德兰迪.知识社会中的大学[M].黄建如,译.北京:北京大学出版社,2010.

金生鈜.规训与教化[M].北京:教育科学出版社,2004.

金生鈜.论教育权力[J].北京大学教育评论,2005,3(2):46-51.

金耀基.大学之理念[M].北京:生活·读书·新知三联书店,2001.

金子元久.大学教育力[M].徐国兴,等,译.上海:华东师范大学出版社,2009.

柯佑祥.理性主义、功利主义对现代高等教育发展的影响[J].高等教育研究,2008,29(3):13-18.

克拉克·克尔.大学之用[M].高铦,高戈,汐汐,译.北京:北京大学出版社,2008.

克拉克·克尔.高等教育不能回避历史——21世纪的问题[M].王承绪,译.杭州:浙江教育出版社,2001.

克里尚·库马尔.场所的必要性[M]//安东尼·史密斯,弗兰克·韦伯斯特.后现代大学来临?.侯定凯,赵叶珠,译.北京:北京大学出版社,2014.

孔子.论语[M].裔一,译注.南京:南京大学出版社,2019.

兰德尔·柯林斯.文凭社会:教育与分层的历史社会学[M].刘冉,译.北京:北京大学出版社,2018.

李钧鹏.知识分子与政治[J].社会,2011,31(5):1-47.

李孔文,王嘉毅.福柯知识权力理论及其教育学意蕴[J].

华东师范大学学报(教育科学版),2011,29(3):1-9+32.

李来容.中央研究院首届院士选举与知识场域的建构[J].史学月刊,2013(1):80-87.

李立国.大学发展逻辑、组织形态与治理模式的变迁[J].高等教育研究,2017,38(6):24-31.

李强.马克斯·韦伯法律社会学中的方法论问题[J].法制与社会发展,2007(1):73-81.

李全生.布迪厄场域理论简析[J].烟台大学学报(哲学社会科学版),2002,15(2):146-150.

李晓培.科学知识合法化的语境阐释[J].理论探索,2014(6):48-52.

丽贝卡·S.洛温.创建冷战大学:斯坦福大学的转型[M].叶赋桂,罗燕,译.北京:清华大学出版社,2007.

林华.课程、文本与知识规训——中小学生的家庭作业制度研究[D].宁波:宁波大学,2012.

刘宝存.何谓大学——西方大学概念透视[J].比较教育研究,2003(4):7-13.

刘海峰,史静寰.高等教育史[M].北京:高等教育出版社,2010.

刘建银.大学知识功能探析[J].高教探索,2017(2):13-19.

刘生全.论教育场域[J].北京大学教育评论,2006,4(1):78-91.

刘铁芳.什么是大学[J].福建论坛(社科教育版),2007

(11):95-96.

刘亚敏.大学发展中的开放与封闭:系统论的视角[J].现代大学教育,2006(1):14-17.

刘云杉.学校生活社会学[M].南京:南京师范大学出版社,2000.

陆益龙.定性社会研究方法[M].北京:商务印书馆,2011.

罗伯特·伯恩鲍姆.大学运行模式:大学组织与领导的控制系统[M].别敦荣,余学峰,张际标,译.青岛:中国海洋大学出版社,2003.

罗杰·盖格.大学与市场的悖论[M].郭建如,马林霞,等,译.北京:北京大学出版社,2013.

罗杰·金,等.全球化时代的大学[M].赵卫平,主译.杭州:浙江大学出版社,2008.

罗昆,阙明坤.博弈·边界·创新:我国大学内部治理的权力审视[J].现代教育管理,2016(5):14-18.

马克斯·韦伯.社会科学方法论[M].杨富斌,译.北京:华夏出版社,1999.

马克斯·韦伯.韦伯论大学[M].孙传钊,译.南京:江苏人民出版社,2006.

迈克尔·W·阿普尔.教育的"正确"之路——市场、标准、上帝和不平等[M].黄忠敬,等,译.上海:华东师范大学出版社,2008b.

迈克尔·W·阿普尔.教育与权力(第二版)[M].曲囡囡,等,译.上海:华东师范大学出版社,2008a.

迈克尔·W·阿普尔.意识形态与课程[M].黄忠敬,译.上海:华东师范大学出版社,2001.

迈克尔·阿普尔.官方知识:保守时代的民主教育[M].曲囡囡,刘明堂,译.上海:华东师范大学出版社,2004.

迈克尔·吉本斯,卡米耶·利摩日,黑尔佳·诺沃提尼,等.知识生产的新模式:当代社会科学与研究的动力学[M].陈洪捷,沈文钦,等,译.北京:北京大学出版社,2011.

毛亚庆,王树涛.论知识范式的转型与大学发展[J].教育研究,2008(7):49-53.

帕特丽夏·汤姆森.场域[M]//迈克尔·格伦菲尔.布迪厄:关键概念.林云柯,译.重庆:重庆大学出版社,2018.

彭正文.知识"资本化":文凭与收入相关性的社会学解析[J].山西师大学报(社会科学版),2012,39(4):35-38.

皮埃尔·布迪厄,华康德.实践与反思——反思社会学导引[M].李猛,李康,译.北京:中央编译出版社,1998.

皮埃尔·布迪厄.知识场域和创作计划[M]//麦克·F·D·扬.知识与控制:教育社会学新探.谢维和,朱旭东,译.上海:华东师范大学出版社,2002.

朴雪涛.知识制度视野中的大学发展[M].北京:人民出版社,2007.

乔元正.大学场域论释义:问题、特质与意义[J].高教探索,2015(4):28-31.

乔元正.知识与权力的共谋——兼论大学的权力性格[J].福建师范大学学报(哲学社会科学版),2013(1):124-129.

茹宁.大学学术场域论:府学关系的视角[M].北京:中央编译出版社,2014.

沙姆韦,梅瑟-达维多.学科规训制度导论[M]//华勒斯坦,等.学科·知识·权力.刘健芝,等,编译.北京:生活·读书·新知三联书店,1999.

施晓光.大学:三种意义上的释读[J].北京大学教育评论,2006,4(3):109-116+191.

石艳.我们的"异托邦"——作为社会空间的学校[D].南京:南京师范大学,2008.

石中英.知识转型与教育改革[M].北京:教育科学出版社,2001.

世界银行.构建知识社会——第三级教育面临的新挑战[M].国家教育发展研究中心,译.北京:高等教育出版社,2007.

斯坦哈特.隐喻的逻辑:可能世界中的类比[M].黄华新,徐慈华,等,译.杭州:浙江大学出版社,2009.

斯坦利·阿罗诺维兹.知识工厂:废除企业型大学并创建真正的高等教育[M].周敬敬,郑跃平,译.北京:高等教育出版社,2012.

宋建清.利奥塔的后现代知识观与教育观[J].学术探索,2012(11):161-163.

眭依凡.理性捍卫大学[M].北京:北京大学出版社,2013.

孙杰,刘莉萍.社会学视野下的大学特征——涂尔干与布迪厄教育社会学思想比较研究[J].高教探索,2011(6):46-50.

孙婧一.从"真实的话语"到"知识"——福柯论古希腊"真理"之转变[J].哲学动态,2018(2):72-79.

孙益.西欧的知识传统与中世纪大学的起源[M].北京:北京师范大学出版社,2012.

孙银光.制造群众:爱国主义教育的实践逻辑[J].中国教育学刊,2015(1):54-59+83.

谭小琴.追问大学知识资本化:方式、规范及其价值追求[D].北京:清华大学,2010.

汤美娟.现代"知识—权力"论的教育逻辑[J].当代教育科学,2015(11):3-5+9.

唐纳德·肯尼迪.学术责任[M].阎凤桥,等,译.北京:新华出版社,2002.

托尼·比彻,保罗·特罗勒尔.学术部落及其领地:知识探索与学科文化[M].唐跃勤,蒲茂华,陈洪捷,译.北京:北京大学出版社,2008.

王国银.知识政治学视域中权力的形相分析——从曼海姆、布迪厄到后现代[J].湖北社会科学,2010(3):34-36.

王海燕.知识工厂与美国大学——读《知识工厂》有感[J].高教研究与实践,2017,36(2):69-72.

王建华.真理、科学与大学[J].教育发展研究,2014(7):1-7.

王建华.知识社会视野中的大学[J].教育发展研究,2012(3):35-42.

王建民.场域:"大社会"的终结?——对布迪厄、华康德《实践与反思》的一种解读[J].学习与实践,2006(7):101-106.

王树生.迈向场域视角的反思性科学社会学——对布迪厄科学社会学思想的考察[J].自然辩证法研究,2013,29(12):21-27.

王有升.被规限的"教育"——学校生活的社会建构[D].南京:南京师范大学,2002.

王振辉.知识与权力:当代教育中的贫穷世袭[M].台北:五南图书出版股份有限公司,2013.

王志强.研究型大学与美国国家创新系统的演进[M].北京:中国社会科学出版社,2014.

吴刚.知识演化与社会控制:中国教育知识史的比较社会学分析[M].北京:教育科学出版社,2002.

吴松.象牙塔精神的守望与超越[J].中国大学教学,2002(9):13-15.

希尔德·德·里德-西蒙斯.欧洲大学史:第一卷 中世纪大学[M].张斌贤,程玉红,和震,等,译.保定:河北大学出版社,2008.

希拉·斯劳特,拉里·莱斯利.学术资本主义[M].梁骁,黎丽,译.北京:北京大学出版社,2014.

谢尔顿·罗斯布莱特.现代大学及其图新:纽曼遗产在英国和美国的命运[M].别敦荣,译.北京:北京大学出版社,2013.

徐吉洪.隐喻视角下大学理念的流变与反思[J].高校教育管理,2015,9(2):61-65.

徐文娜.学术权力主导的大学组织研究[D].沈阳:东北大学,2011.

雅克·韦尔热.中世纪大学[M].王晓辉,译.上海:上海人民出版社,2007.

雅罗斯拉夫·帕利坎.大学理念重审:与纽曼对话[M].杨德友,译.北京:北京大学出版社,2014.

雅斯贝尔斯.什么是教育[M].邹进,译.北京:生活·读书·新知三联书店,1991.

亚伯拉罕·弗莱克斯纳.现代大学论——美英德大学研究[M].徐辉,陈晓菲,译.杭州:浙江教育出版社,2001.

亚瑟·科恩.美国高等教育通史[M].李子江,译.北京:北京大学出版社,2010.

阎光才.理解大学——关于大学的几点断想[J].教育研究,2002(3):33-38.

阎光才.识读大学:组织文化的视角[D].上海:华东师范大学,2001.

晏成步.大学教师学术职业转型:基于知识资本的审视[J].教育研究,2018(5):148-153.

燕良轼.传统知识观解构与生命知识观建构[J].高等教育

研究,2005,26(7):17-22.

杨菁.从象牙塔到多元大学——论大学组织制度的变迁[D].北京:清华大学,2003.

杨天平,刘爱生.大学隐喻之分析[J].大学教育科学,2009(3):30-34.

杨艳萍.论利奥塔的"科学游戏"与"合法化"[J].哲学研究,2001(3):41-46.

叶赋桂.变与不变:大学的哈姆雷特之问[J].复旦教育论坛,2016,14(6):5-12.

殷杰,尤洋.科学知识合法化的新解释——社会认识论的视野[J].自然辩证法研究,2006,22(4):18-22.

于忠海.合法性与再生产:大学学术权力与行政权力博弈反思——布迪厄场域的视角[J].现代大学教育,2009(5):7-10+57+112.

余天放.元叙事危机与知识去合法化之困境——利奥塔"现代性知识"批判理论管见[J].人文杂志,2013(2):9-13.

俞俏燕.从大学隐喻流变看高等教育演变[J].教育研究,2008(2):44-45.

袁继红.当代社会科学哲学对理想类型方法的批判和改进[J].科学技术哲学研究,2015,32(2):14-20.

约翰·S·布鲁贝克.高等教育哲学[M].王承绪,郑继伟,张维平,等,译.杭州:浙江教育出版社,2001.

约翰·亨利·纽曼.大学的理想(节本)[M].徐辉,顾建新,何曙荣,译.杭州:浙江教育出版社,2001.

约翰·密尔.密尔论大学[M].孙传钊,王晨,译.北京:商务印书馆,2013.

张斌.学术场域的政治逻辑——一项关于学术权力的社会学考察[D].上海:华东师范大学,2013.

张广荣,赵兰香,刘卉.逻辑学[M].济南:山东人民出版社,2013.

张敬威,平和光.大学隐喻与高等教育哲学理念的演变[J].现代教育管理,2016(9):1-6.

张俊超.大学场域的游离部落——研究型大学青年教师发展现状及应对策略研究[D].武汉:华中科技大学,2008.

张维迎.大学的逻辑[M].北京:北京大学出版社,2004.

张相乐.关于大学本质的思考[J].中国电力教育,2011(1):1-2+7.

张之沧.从知识权力到权力知识[J].学术研究,2005(12):14-20+147.

章宁,俞青.冲突与和谐:大学跨学科学术组织的生态学治理[J].江苏高教,2016(6):31-34.

钟大鹏,张艳红.大学之魂:象牙塔精神[J].广西教育学院学报,2010(1):22-25.

周慧.福柯三角:知识—主体—权力[J].现代哲学,2013(5):67-75.

周玲.大学组织冲突研究——角色、权力与文化的视角

[D].上海:华东师范大学,2006.

周晓虹.理想类型与经典社会学的分析范式[J].江海学刊,2002(2):94-99+207.

周勇.教育场域中的知识权力与精英学子[M].北京:北京师范大学出版社,2010.

周宗伟.高贵与卑贱的距离——学校文化的社会学研究[M].南京:南京师范大学出版社,2006.

朱国华.场域与实践:略论布迪厄的主要概念工具(下)[J].东南大学学报(哲学社会科学版),2004b,6(2):41-45.

朱国华.习性与资本:略论布迪厄的主要概念工具(上)[J].东南大学学报(哲学社会科学版),2004a,6(1):33-37+74.

朱国仁.从"象牙塔"到社会"服务站"——高等学校社会服务职能演变的历史考察[J].清华大学教育研究,1999(1):32-38.

朱雯玲."从无知到有罪":福柯论"俄狄浦斯王"中的三重"知识—权力"交织[J].社会,2018,38(2):188-212.

兹纳涅茨基.知识人的社会角色[M].郑斌祥,译.南京:译林出版社,2000.